# Los rituales de protección y purificación

© 2023, Editorial libsa
C/ Puerto de Navacerrada, 88
28935 Móstoles (Madrid)
Tel. (34) 91 657 25 80
e-mail: libsa@libsa.es
www.libsa.es

Colaboración en textos: Jesús M. Silvestre García
Edición: Equipo Editorial LIBSA
Diseño de cubierta: Equipo de Diseño LIBSA
Maquetación: Diseño y Control Gráfico y Equipo de Maquetación LIBSA

ISBN: 978-84-662-4309-4

DL: M 1151-2023

# Los rituales de protección y purificación

Jesús M. Silvestre García

**LIBSA**

# CONTENIDO

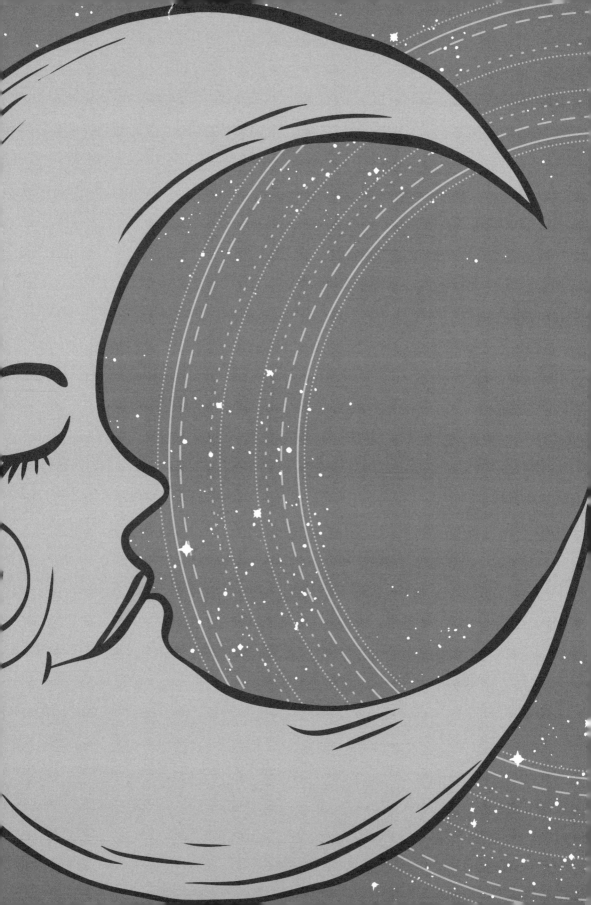

# PRESENTACIÓN

En un mundo cada vez más complejo, con amenazas cada vez más variadas, los rituales de protección y purificación se han convertido en una forma importante de ayudarnos a mantenernos seguros, sanos y protegidos. Estos rituales se han utilizado durante milenios por personas de todas las culturas y religiones, y han estado presentes en muchas tradiciones desde hace mucho tiempo: todos ellos tenían como objetivo protegerse y purificarse ante las fuerzas negativas y atraer la buena suerte y prosperidad. En este libro nos proponemos explorar estos rituales y su significado, al tiempo que se analiza su historia y evolución a lo largo de los siglos. Estudiaremos los diferentes rituales que hay y explicaremos su propósito y el simbolismo existente detrás de ellos, también hablaremos de cómo se pueden usar estos rituales en la vida diaria para protegerse a uno mismo y a los demás, así como para purificar el alma y el espíritu.

El libro sobre los rituales de protección y purificación se enfoca en explorar la importancia de estos rituales en diferentes culturas y sociedades a lo largo de la historia.

Asimismo, estos rituales también han sido asociados con la astrología, donde los planetas y los signos astrológicos se utilizan para determinar el momento adecuado para llevar a cabo estos rituales.

Como asegurábamos con anterioridad, los rituales de protección y purificación han sido una parte importante de muchas culturas y religiones, incluyendo la antigua Babilonia, Egipto, Grecia, China y Japón, así como la religión hindú y la Wicca moderna. En otras culturas han sido vistos como un medio para conectarse con los dioses o con los seres sobrenaturales, o como una forma de purificar el cuerpo y el espíritu.

En la sociedad moderna, los rituales de protección y purificación siguen siendo considerados una parte importante de muchas tradiciones y prácticas espirituales. Y se siguen utilizando para protegerse y purificarse, así como para atraer la buena suerte y la prosperidad. Sin embargo, también hay quienes ven estos rituales como algo antiguo y superado y se niegan a practicarlos, es otra opción.

Por otro lado, abordaremos la conexión entre estos rituales y las hierbas mágicas, piedras y minerales y su forma de utilizar estos elementos para proteger energéticamente, tanto al individuo como a su familia o su entorno, para conectarse con su poder interno y crear una vida más satisfactoria, así como una atmosfera más positiva en el hogar, todo ello para alcanzar éxito y felicidad. Expondremos cómo los rituales de protección y purificación pueden ayudar a los individuos a alejarse de la negatividad y a limpiar su cuerpo y su espíritu. Estos rituales también pueden ayudar a los individuos a encontrar su verdadera naturaleza y a estar en armonía con el universo. Los rituales de protección y purificación pueden ayudar a los individuos a sanar las heridas emocionales y a encontrar el equilibrio en sus vidas. Analizaremos cómo los planetas, los signos zodiacales y los elementos tienen una influencia profunda en la energía de los rituales de protección y purificación.

Finalmente, consideraremos la relevancia de los rituales de protección y purificación en la sociedad moderna, y exploraremos cómo estos rituales pueden ser una herramienta valiosa para aquellos que buscan una conexión más profunda con su espíritu y su entorno.

Además de incluirse ejemplos de rituales de protección, estos se describirán paso a paso para entenderlos mejor y poder adaptarlos a la práctica, en ellos se incluirán algunas sugerencias de cómo personalizarlos para que se adapten mejor a la situación deseada.

Como novedosa aportación hemos añadido la constelación de Ofiuco, descuidada desde hace milenios, y que ahora resurge como el Ave Fénix, relacionándola con los ritos de protección y purificación en la antigua Babilonia, Egipto, Grecia y las culturas precolombinas de América.

También, para facilitar la comprensión y la lectura hemos hecho las equivalencias a los dos hemisferios terrestres y algo hemos dicho sobre la astrología en los polos, siendo consciente que el ámbito de partida es el hemisferio norte.

En definitiva, este libro será un recurso útil para aquellos que estén interesados en aprender más acerca de los rituales de protección y purificación. Ofrecerá una mirada profunda y detallada en los orígenes y el significado que encierran estos rituales, así como la sugerencia de algunas formas de aplicarlos en la vida cotidiana. Esperamos que este libro resulte de gran ayuda para comprender mejor los rituales de protección y purificación, y esto permita llevar una vida más segura, saludable y protegida.

¡Gracias por el interés y bienvenido a esta aventura!!

# Primera parte

# INTRODUCCIÓN A LOS RITUALES

Cada acto de nuestro día, a menudo marcado por un ritmo incesante, puede convertirse en un ritual si se realiza con una intención especial. Cuando convertimos un momento cotidiano en un ritual, nos permitimos el lujo de conectarnos con algo diferente, más elevado, o simplemente entramos en contacto más profundo con nosotros mismos y nuestras necesidades más verdaderas.

Un ritual es un conjunto de actos, a veces codificados, durante una celebración o fiesta que hacen tangible y repetible una experiencia espiritual. El ritual requiere de una profunda participación emocional. Al principio quizá nos parezca inusual o extraño dedicar cualquier momento del día a un propósito superior. Sin embargo, al hacerlo, incluso una tarea repetitiva o poco querida se volverá más ligera y será una oportunidad para comprender algo nuevo sobre nosotros mismos y el mundo que nos rodea.

Dar vida a un pequeño ritual personal aporta paz y una sensación de armonía interior. Hay que encontrar el momento adecuado, el idóneo para cada uno y, cuando nos sintamos alineados con lo que hemos decidido hacer, realizar cada gesto con amor y cuidado. Los resultados pueden sorprendernos.

Un ritual es poner la mesa con amor, combinando los colores adecuados, encender una vela y colocar una pequeña flor. En una ocasión especial, o incluso en un momento difícil, poner la mesa como si fuera una fiesta ayudará a seguir adelante, a pensar que después de los tiempos oscuros siempre sale el sol. Es una forma sencilla de expresar el amor por nosotros mismos, por lo que tenemos y por nuestra valía.

Otro ritual es acostar a un niño contándole un hermoso cuento. Quizá el mismo cada noche porque lo pide. Una historia que le infunda seguridad y serenidad y que se cuente con amor.

Hay múltiples rituales de bienestar para el cuerpo y el alma y cada uno tiene su propia forma de aportar unos minutos de relajación. Por ejemplo, un baño caliente por la noche, con los productos esenciales favoritos, aleja el cansancio y la negatividad.

Un ritual es también levantarse cada mañana y expresar gratitud por todo lo que tenemos, encender una vela blanca y expresar mentalmente cómo nos gustaría que fuera nuestro día. En algunas tradiciones, limpiar el umbral cada mañana es una especie de «oración práctica» para disipar las energías negativas que se han acumulado durante la noche. Incluso la breve limpieza de la mañana puede convertirse en un momento ritual de cuidado de nuestro espacio, si se hace con la intención adecuada.

Por otro lado, en los círculos espirituales nos hemos familiarizado con la idea, basada en la física cuántica, de que los pensamientos son ondas energéticas y vibratorias que repercuten en el campo energético invisible que nos rodea. Si dirigimos las vibraciones de nuestros pensamientos de la forma adecuada, activaremos un potencial ilimitado. Al centrarnos en lo que deseamos, visualizándolo en nuestra mente y convirtiéndolo en objeto de nuestros pensamientos, aumentamos la probabilidad de que se manifieste en nuestra vida. En resumen, es nuestra conciencia la que crea nuestro mundo. Si tenemos pensamientos negativos, o nos centramos en nuestros miedos o en lo que no queremos que ocurra, eso es exactamente lo que nos sucederá; pero si reajustamos nuestros pensamientos y nos focalizamos en nuestros sueños, el universo los atraerá a nuestra vida.

Tal vez tú también, junto con millones de personas, hayas intentado utilizar el pensamiento positivo y los mantras, pero luego te has rendido y desilusionado porque tu vida no ha cambiado para mejor.

La teoría del cambio a través del pensamiento positivo parece demasiado buena y muy fácil para ser cierta, ¿no es así? La verdad es que no podemos pensar nuestro camino hacia una vida mejor, tenemos que actuar. Pasar a la acción, empezar a hacer, es la puerta que debemos abrir: el camino obvio hacia una vida mejor y que simplemente hemos ignorado hasta ahora. Sin embargo, ¿por qué hemos dejado que se nos escape de las manos?

*No estamos utilizando nuestro cerebro*. Tal vez hayamos malinterpretado los conceptos de pensamiento positivo y mantras. Nos enamoramos tanto de la idea de que los pensamientos podían cambiar nuestro mundo que nos convencimos de que los propios pensamientos tenían el poder «mágico» de hacer que las cosas sucedieran. No obstante, si nos detenemos un momento y lo pensamos en profundidad, nos damos cuenta de que estas cosas solo suceden en las películas del tipo *X-Men*. En la vida real tenemos que actuar. Pongamos un ejemplo: dos atletas sueñan con el éxito, aun así, uno de ellos entrena más a fondo y durante más tiempo que el otro y llega a ganar el oro olímpico. Ambos creían que lo conseguirían, y esa confianza en sí mismos era un ingrediente esencial, sin embargo, lo que realmente marcó la diferencia fue que el campeón olímpico también realizó las acciones necesarias para conseguir la victoria, entrenó más.

*No tenemos ganas de hacer un esfuerzo adicional*. Ante el reto de trabajar intensamente para conseguir nuestros objetivos, muchos de nosotros preferimos tomárnoslo con calma o buscar la comodidad en lo que ya conocemos. Un ejemplo: si preguntamos a un niño si prefiere comer chocolate ahora o más tarde, elegirá la opción «ahora». Forma parte de la naturaleza humana buscar la gratificación inmediata en lugar de posponerla por nuestro bien a largo plazo.

*Tenemos miedo a destacar*. Para todos nosotros, el hecho de convertirnos en personas disciplinadas y centradas en el cambio positivo es probable que nos haga perder algunos amigos. Si las personas que nos rodean se sienten perdidas y confusas, y no hacen nada al respecto, puede que les cueste aceptar que volvemos a encarrilar nuestras vidas. Me recuerda el dicho popular «mal de muchos, consuelo de pocos». Hace falta valor para destacar entre los demás y convertirse en la mejor persona que podemos ser. Esta cita de la maravillosa película *Coach Carter*, protagonizada por Samuel L. Jackson —que trata en realidad del poder de las acciones y los rituales cotidianos— lo dice todo: «*Nuestro mayor miedo no es que seamos incompetentes. Nuestro mayor temor es el de ser extremadamente poderosos. Es nuestra luz, no nuestra oscuridad, lo que más nos asusta. Actuar como un hombrecito no ayuda al mundo. No hay nada de iluminador en encerrarse para que la gente que nos rodea no se sienta insegura. Hemos nacido para manifestar la gloria que llevamos dentro. No está solo en algunos de nosotros, está en todos*».

*Nos aburrimos*. La razón más obvia por la que tenemos tanta dificultad con el cambio es que nos aburrimos. Existen numerosos estudios que relacionan el significado que damos a una actividad y la cantidad de placer que obtenemos de ella con la frecuencia con la que la realizamos. Por eso, todos los rituales aquí propuestos se explican en función de su significado espiritual, para que puedan resonar en nuestro interior y nos toquen en lo más profundo. Puntualicemos que hablamos de rituales que cambian la vida, no sobre hábitos que cambian la vida. Si simplemente tratara de animar a hacer cambios en el estilo de vida, hablaría de incorporar a la rutina prácticas que sean buenas para cada uno. Aunque esto puede ser un buen comienzo, las posibilidades de éxito a largo plazo se ven seriamente limitadas si no se infunde un significado a estas acciones. Ninguno de los rituales que se explican en este libro resultará aburrido, porque son muy estimulantes: cuanto más los llevemos a cabo, más aprenderemos sobre nosotros mismos (y, admitámoslo, el autoconocimiento es un tema que a la mayoría de nosotros nos resulta fascinante).

Por último, celebrar cada pequeño éxito invitando a los amigos a tomar el té o a una simple cena es expresar la gratitud por las cosas buenas que llegan a nuestra vida. Un ritual, cuando parte de nuestro interior, de lo más profundo de nuestro corazón, puede transformar maravillosamente la vida. Y por eso siempre han pertenecido a las tradiciones más antiguas del ser humano.

# Ritual y rito

Puede pasarse unas semanas intentando encontrar una definición única, satisfactoria y exhaustiva de la palabra «ritual», pero sencillamente no la tenemos. Podemos afirmar que los rituales son actuaciones sagradas, públicas y simbólicas, o actividades cotidianas privadas y mundanas, pero lo cierto es que se trata de un concepto difuso.

Es un dilema interesante, ya que los investigadores, tanto en psicología empresarial como en neurociencia, han demostrado que los rituales tienen efectos sociales, psicológicos e incluso fisiológicos en nosotros, que nos hacen menos ansiosos y más resistentes. Y este efecto es mensurable. De hecho, investigadores de la *Harvard Business School* descubrieron que realizar una tarea que consideramos un ritual puede reducir nuestro ritmo cardíaco, calmar la ansiedad y ayudarnos a rendir mejor.

Generaciones de antropólogos, sociólogos y teólogos han discutido sobre los orígenes de la civilización humana. El argumento solía ser que fue la agricultura la que hizo que nos estableciéramos en comunidades. Pero hoy muchos investigadores creen que el compartir rituales fue la clave: los lugares de reunión ritual son más antiguos que los lugares de cultivo.

Catherine Bell, erudita de estudios religiosos, escribió un par de libros sobre el ritual, y llegó a la conclusión de que las definiciones estrictas dejan fuera muchos aspectos importantes de la actividad ritual. Ronald Grimes, que fundó el campo de los estudios rituales, ha señalado que, incluso intentar clasificar los rituales en tipos, es una receta para el fracaso porque «no es una categoría analítica delimitada con precisión».

Así que, aunque los rituales nos definan, nos cuesta mucho definirlos.

Una forma de ver los rituales es como una serie de actividades prescritas como parte del culto. Y, de hecho, se ha descubierto que los rituales religiosos crean vínculos sociales, lo que puede conducir a un mayor sentimiento de pertenencia y, posteriormente, a un aumento del bienestar. Estos rituales pueden reducir los sentimientos de aislamiento e incluso los síntomas de depresión. Se ha descubierto, incluso, que las ceremonias religiosas públicas afectan a las ondas cerebrales, tanto de los participantes como de los espectadores, avivando reacciones emocionales que unen a las personas y las hacen más propensas a creer en la eficacia del ritual que se está celebrando.

Recientemente, una investigación ha demostrado que las reuniones rituales pueden tener el mismo efecto, aunque sean laicas (o, al menos, no formen parte de una religión organizada). No es necesario ser creyente para beneficiarse del apoyo social y el aumento del bienestar que ofrecen los rituales, pero sí parece serlo el compromiso personal directo.

«Ritual» es, ante todo, un adjetivo y, cuando es un sustantivo, se aplica a la codificación escrita de un rito. Las dos palabras, «rito» y «ritual», derivan del latín *ritus* para la primera y de *rituales libri* (libros que tratan de los ritos) para la segunda. Las palabras rito y ritual se utilizan a menudo indistintamente.

El rito es una ceremonia, que hace referencia a un conjunto de prácticas reguladas por la costumbre o por la ley, y se aplica tanto a los actos religiosos como a los civiles o políticos. Un rito sirve de elemento aglutinador de una comunidad, de acuerdo con el doble significado etimológico de «atar» y «reunir». La participación repetida en el culto según un determinado rito marca la pertenencia a la comunidad religiosa en cuestión.

*Los rituales tienen un poder especial para unir a las personas y darles sentido a su mundo.* Muchos estudiosos de la antropología, la psicología, la neurociencia y el comportamiento organizativo han desarrollado un sólido cuerpo de investigación sobre cómo funcionan los rituales y qué poderes tienen. Esta erudición puede ayudarnos a entender cuáles son los orígenes de los rituales, en la evolución y en la historia. También describe cómo funcionan los rituales y por qué son tan importantes para los humanos.

*Los rituales dan orden y significado.* Los estudios fundacionales sobre los rituales surgieron a partir del trabajo del sociólogo Émile Durkheim. Cuando estudió la religión, descubrió que los rituales son la columna vertebral del funcionamiento de los sistemas de creencias. Los rituales hacen que las creencias sean concretas y asequibles para las personas. La gente gravita hacia la función y el comportamiento estructurado que ofrecen los rituales. Esta estructura aporta a las personas una sensación de que las cosas están bajo su control y con sentido.

*Los rituales ofrecen a las personas un espacio seguro para experimentar.* El antropólogo Clifford Geertz descubrió que cuando la gente representa los rituales, puede saltar de lo que es el mundo «real» a otro más «ideal». Los rituales permiten a las personas imaginar otras formas de comportarse y de vivir, apartándose de sus normas y rutinas cotidianas. Proporcionan zonas seguras y estructuradas para construir maneras mejores de llevar la vida.

# Breve historia de los rituales de protección y purificación

Los ritos no son necesariamente religiosos, ya que a menudo marcan los actos cotidianos de la vida humana. En este sentido, separan a los humanos del mundo animal. Los primeros ritos, como el enterramiento de cadáveres, el encendido de hogueras o el levantamiento de piedras (menhires y dólmenes), muestran claramente que desde los albores de la humanidad están intrínsecamente ligados al ser humano y sistemáticamente a la religión, y que son actos exclusivos de nuestra especie.

Algunos especialistas tratan los rituales como elementos de lo sagrado. Pero la interpretación del ritual por parte de las ciencias humanas ha intentado superar el marco de una explicación puramente religiosa mediante interpretaciones sociales o conductuales.

Las ciencias sociales se interesan cada vez más por lo que podríamos llamar los «nuevos ritos», propios de las sociedades modernas. Estos han tomado prestados rasgos de ritos tradicionales, aunque se transforman ya que tienen lugar en un contexto social diferente que se describe como modernidad.

Los rituales de protección y purificación tienen muchas formas diferentes, desde la oración a la ceremonia, y pueden ser realizados por cualquier persona, no importa cuál sea su religión o cultura.

Los rituales de protección y purificación se remontan al antiguo Egipto, donde se creía que los rituales mágicos eran la única forma de proteger los templos y las tumbas de las fuerzas malignas y las energías negativas. Estos rituales consistían en la utilización de hierbas, inciensos y velas aromáticas para purificar el lugar, mientras que los amuletos eran usados para protegerlo.

En la India, los rituales de purificación son una parte importante de la cultura. Se emplean para limpiar el cuerpo físico, mental y espiritual. Por ejemplo, el ritual de la Bañera de Ablución, o «Abhisheka», es una forma de purificación que se efectúa para limpiar los malos pensamientos, las energías negativas y los deseos malignos. Algunos rituales también se llevan a cabo para purificar objetos como joyas, muebles o alimentos.

En el judaísmo, los rituales de purificación y protección son una parte integral de la cultura. Se utilizan para purificar el cuerpo y el alma de la persona. Por ejemplo, la ceremonia de «Mikveh» es un ritual de purificación que se realiza para limpiar el alma de la persona. Además, los judíos también utilizan amuletos como el *mezuza* para proteger sus hogares de la maldad.

En el cristianismo, los rituales de protección y purificación se centran en la limpieza del alma. Por ejemplo, el Sacramento del Bautismo se realiza para purificar el alma del pecado original y para iniciar a la persona en la vida cristiana. También se emplean los amuletos y las oraciones para proteger y bendecir a la persona. Los rituales de protección y purificación han existido durante miles de años y han sido influenciados por muchas culturas diferentes. Estos rituales se usan para proteger a la persona, el lugar o el entorno de todo aquello que pueda ser percibido como una amenaza o una energía negativa. Estos rituales se llevan a cabo de muchas formas diferentes, desde la oración a la ceremonia, y pueden ser ejecutados por cualquier persona, independientemente de su religión o cultura.

# Beneficios de los rituales

Algunos estudios han demostrado que el mero hecho de tener un cierto número de rituales en nuestras vidas es determinante, ya que pueden ayudar a encontrar un sentido de propósito y dirección y son una forma de conectar a una persona con su entorno, y la vida, la establecen a la persona en el mundo físico y la conectan con el mundo espiritual. Pueden ayudar a la persona a relacionarse de forma saludable con los demás, a establecer hábitos sanos y a mantener la calma y el equilibrio emocional. Llevar a cabo rituales puede ayudar a una persona a desarrollar un sentido de propósito, significado y dirección en la vida. Estos rituales también pueden ayudar a la persona a conectarse con sus raíces, su cultura y su identidad, lo que puede ayudar a su desarrollo personal. Por lo tanto, los rituales pueden ser determinantes para la vida de una persona.

Lo que importa no es tanto en qué consiste el ritual, sino el hecho de que lo sintamos como propio. Según Francesca Gino, profesora de la Escuela de Negocios de Harvard y autora de *The Right Choice*, cuanto más personalizados sean nuestros rituales y más constantes seamos en su cumplimiento, más impactantes y eficaces serán. A menudo nos precipitamos por la vida sin pararnos a pensar, pero los rituales pueden tener un impacto realmente fuerte en cómo nos sentimos y en los resultados que conseguimos. Al brindar antes de tomar una copa, o cantar el «Cumpleaños Feliz» antes de soplar las velas de una tarta, se realiza un ritual que lleva la atención hacia lo que se está punto de beber o comer, lo que hace que se disfrute más. La conciencia del momento presente es también un elemento esencial de la práctica de la atención plena, que nos sitúa en el aquí y ahora. Otras investigaciones han demostrado que un ritual de escritura expresiva puede realmente ayudarnos a sentirnos mejor, especialmente durante un periodo de duelo y pérdida. Incluso los rituales un poco «extravagantes», como llevar un par de calcetines de la suerte, pueden condicionarnos psicológicamente para el resultado final.

El creciente campo de la neuroplasticidad está descubriendo que nuestros cerebros no están cableados en un circuito fijo, sino que cambian y remodelan constantemente sus conexiones y actividades en respuesta a nuestras experiencias. Con la repetición, el cerebro aprende a asociar las experiencias sensoriales –los sonidos, olores, etc.– con una experiencia emocional. Una vez formados esos vínculos, las señales sensoriales pueden devolvernos a la experiencia vivida de forma muy poderosa y rápida. Así, el olor del salitre y sonido de olas evocan una sensación de paz y tranquilidad y nos trasladan al verano y las vacaciones.

Entre los principales beneficios de los rituales podemos destacar los siguientes:

✦ Proporcionan una conexión profunda con la espiritualidad: los rituales nos ayudan a conectarnos con nuestras creencias y nuestras responsabilidades espirituales, ya sea con nuestra religión u otra forma de práctica espiritual.
✦ Incrementan la conciencia: los rituales nos ayudan a aumentar nuestra conciencia y a darnos cuenta de nuestra conexión con el mundo, con los demás y con nosotros mismos.
✦ Reducen el estrés: los rituales nos ayudan a relajarnos, a conectar con nuestra parte interior y a disfrutar de un medio para liberar nuestras tensiones.
✦ Establecen una conexión con la comunidad: los rituales nos ayudan a establecer conexiones con nuestra comunidad, a compartir nuestras creencias y a unirnos con otros.
✦ Ofrecen una forma de expresión: los rituales nos ofrecen una forma segura y positiva para expresar nuestros sentimientos, nuestras ideas y nuestras opiniones.
✦ Nos ayudan a tomar conciencia de nuestra identidad: los rituales nos ayudan a darnos cuenta de nuestra identidad, nuestros valores y nuestras metas.

✦ Proporcionan una estructura: los rituales nos ofrecen un sentido de orden y de estructura, lo que nos ayuda a centrarnos y a establecer prioridades.

✦ Ofrecen una forma de expresar nuestras emociones: los rituales nos ofrecen una forma segura para expresar nuestras emociones.

✦ Nos ayudan a conectar con nuestra intuición: los rituales nos ayudan a conectar con nuestra intuición, a escuchar nuestro corazón y a tomar decisiones sabias.

✦ Nos ayudan a desarrollar la creatividad: los rituales nos ofrecen una forma creativa para conectar con nuestra espiritualidad y con nuestro yo interno.

✦ Proporcionan un sentido de pertenencia: los rituales nos ayudan a sentirnos parte de una comunidad, de una cultura o de una tradición.

✦ Nos ayudan a desarrollar una actitud positiva: los rituales nos ayudan a desarrollar una actitud positiva hacia la vida y a enfrentarnos a los desafíos con optimismo.

✦ Mejoran la autoestima: los rituales nos ayudan a aceptarnos a nosotros mismos y a construir una imagen positiva de nosotros mismos.

✦ Nos ayudan a superar nuestros miedos: los rituales nos ayudan a superar nuestros miedos y a enfrentarnos a situaciones difíciles con valentía.

✦ Nos ayudan a crear un sentido de propósito: los rituales nos ayudan a darnos cuenta de nuestro propósito en la vida y a encontrar la motivación para cumplir nuestras metas.

# Rituales para mejorar el rendimiento, los negocios y la salud

## RITUALES PARA MEJORAR EL RENDIMIENTO

Los neurocientíficos han descubierto que los comportamientos repetitivos y planificados de antemano pueden tener un efecto tranquilizador en nosotros, ayudándonos a reducir nuestra ansiedad y a mejorar nuestra concentración, atención y posterior rendimiento. Las pruebas demuestran que los rituales pueden regular la respuesta de nuestro cerebro al fracaso, haciéndonos más resilientes a largo plazo.

Curiosamente, cuanto más se estresa alguien, más probable es que recurra al comportamiento ritual para calmarse. Aquí es donde los rituales empiezan a confundirse con las supersticiones. A veces hay muy poco que los distinga. Por ejemplo, Serena Williams se ata los zapatos de la misma manera antes de cada partido. Eso es un ritual. También lleva los mismos calcetines sin lavar para cada partido durante un torneo. Eso es más bien una superstición. Una acción tiene un efecto tranquilizador, mientras que la otra es simplemente una forma de intentar aferrarse a un poco de buena suerte.

Para que no se piense que el ritual de un atleta es puramente para su propio beneficio, analizamos el conocido acto de LeBron James de lanzar tiza antes del partido en la mesa del anotador. Originalmente era una forma práctica de ayudar a mantener sus manos secas, y lo acabó convirtiendo en un ritual lanzándolo al aire justo antes del saque inicial para que el público participara y se emocionara. Era su marca. Uno de los mejores rituales hechos por un jugador antes de un partido. La forma en que LeBron James se acercaba al lugar donde descansaba la tiza era magnética. Llegaba, la tomaba con suavidad y después la soltaba al aire, para algarabía de su público. Cuando regresó a los Cavaliers de Cleveland, su ciudad natal, tras su paso por los Heat de Miami, todos los aficionados se unieron a él en el ritual antes de su primer partido en casa. Se ha demostrado que este tipo de sincronización del comportamiento libera endorfinas.

## RITUALES EN EL MUNDO DE LOS NEGOCIOS

Los rituales pueden modular nuestro ritmo cardiaco para calmar la ansiedad, ofrecernos cierta sensación de control sobre el mundo, provocar sensaciones placenteras mediante la liberación de sustancias químicas, ofrecer beneficios sociales e incluso mejorar nuestro rendimiento cognitivo y físico. Así que es natural que queramos cultivarlos. Tampoco es sorprendente que el ritual sea ahora un gran negocio. Los ejecutivos de marketing aprenden a entender el compromiso de sus clientes con los rituales, y afirman que esta es la clave para un compromiso duradero con la marca. Por ejemplo, Kellogg's convirtió el consumo de cereales en un ritual matutino para millones de personas.

Investigadores de la Universidad de Minnesota y de la Escuela de Negocios de Harvard descubrieron que asociar productos a rituales aumenta nuestro consumo de los mismos. Lo demostraron en un experimento que hicieron con el chocolate: los sujetos que adoptaron un comportamiento ritualizado mientras lo comían «evaluaron el chocolate como más sabroso, valioso y merecedor de un deleite conductual». Los comportamientos fortuitos no tuvieron el mismo efecto, únicamente los rituales prescritos que implicaban instrucciones específicas sobre cómo desenvolver la tableta y partirla de una forma concreta. Se puede hacer lo mismo con una zanahoria: añádale un ritual y la gente dirá que la zanahoria sabe mejor.

El mundo de los negocios ha conseguido que esta instrumentalización de los rituales se convierta también en algo propio. Las empresas gastan mucho dinero en instituirlos en el lugar de trabajo para fomentar el espíritu de equipo y aumentar la lealtad de los empleados.

## RITUALES PARA LA SALUD

Ted Kaptchuk es catedrático de medicina y profesor de salud global y medicina social en la Facultad de Medicina de Harvard y director del *Harvard's Program in Placebo Studies and the Therapeutic Encounter (PiPS)* en el *Beth Israel Deaconess Medical Center*. Ha estudiado la relación entre los placebos médicos y los rituales.

Kaptchuk señala que los rituales tienen efectos neurobiológicos que pueden dar lugar a la curación (como la estimulación de la producción de neurotransmisores que pueden afectar a la respuesta inmunitaria del organismo). Pero incluso la biomedicina convencional «con potentes medicamentos tiene un componente ritual que es clínicamente significativo». Eso no quiere decir que debamos abandonar los fármacos en favor de los cánticos, sino, como dice Kaptchuk, simplemente señalar que «parece que, si se puede persuadir a la mente, el cuerpo a veces puede actuar en consecuencia».

Si se quiere aprovechar el poder del ritual y sus beneficios, lo más importante que se debe saber es que las acciones deben ser significativas para uno. El ritual no tiene por qué ser público, social, ni siquiera festivo. Puede limitarse a fijar una intención, elegir las acciones rituales y repetirlas, o se puede tomar algo que ya se valore y disfrute y convertirlo deliberadamente en algo que se realice todos los días.

# Utensilios para los rituales

Los utensilios utilizados en los rituales tienen un significado simbólico para el practicante y son una forma de conectar con el elemento sagrado y los elementos espirituales. Los utensilios también pueden servir como una herramienta para la concentración, la meditación y la manifestación de intenciones. Estos utensilios pueden contener un significado simbólico, como una vela para representar la luz, una estatua para representar una deidad, una ofrenda para representar la ofrenda de gratitud. Los utensilios empleados en ciertos rituales también pueden ayudar a crear una atmósfera para la práctica, como el uso de música, incienso, flores y velas. Estos elementos pueden ayudar a guiar al practicante hacia un estado mental y emocional de profunda conexión con el elemento sagrado. Esto es especialmente importante cuando se trata de rituales de sanación, ya que estos rituales requieren establecer una conexión con la energía curativa.

A continuación enumeramos los utensilios o herramientas más importantes en un ritual.

## EL PENTAGRAMA

El pentagrama es una estrella de cinco puntas, un símbolo de la geometría sagrada que hace alusión al número áureo. Venerado y temido a la vez, el pentagrama se ha ganado desde hace tiempo sus credenciales como poder esotérico.

Se pueden encontrar rastros del pentagrama ya en la prehistoria, 3 000 años antes de nuestra era. Símbolo de la brujería neopagana y protector contra las fuerzas del mal, se ha relacionado con numerosos personajes como Pitágoras, Platón, Euclides y Leonardo da Vinci, entre otros.

Muchos de los cuadros de Leonardo da Vinci, entre ellos *La Gioconda*, *La* Última Cena y el *Hombre de Vitruvio* –que es la representación del hombre cósmico–, fueron realizados siguiendo complejas estructuras geométricas que hacen uso de la constante de la cifra áurea. De algún modo, Leonardo da Vinci pretendía mostrarnos que la naturaleza y el hombre se regían por la geometría sagrada y que, por tanto, estaban en relación directa con lo divino. En 1505 escribió: «*las proporciones se encuentran no solo en los números y las medidas, sino también en los sonidos, los pesos, el tiempo, las posiciones y en todas las formas de fuerza que puedan existir*».

Además, la estrella pentagonal, con sus cinco puntas iguales, representa cada uno de los cinco sentidos del ser humano: vista, oído, tacto, olfato y gusto. Asimismo, sus cinco brazos materializan los cuatro elementos: aire, agua, tierra, fuego y el quinto simboliza el espíritu, lo divino, lo sagrado. Cada una de las puntas representa también a un planeta: la primera a Saturno, la segunda a Júpiter, la tercera a Marte, la cuarta a Venus y la quinta a Mercurio.

El pentagrama invertido es el símbolo de las fuerzas desatadas, que ya no pueden ser controladas y que luchan entre sí. Es el principio del mal. En el libro del Apocalipsis se habla de una bestia con cuernos que surge del mar para la aniquilación final. Las cruces medievales escribían el 666 en el centro del pentagrama invertido, siendo este el sello de la bestia, de la insensatez, que se colocaba en la frente de los hombres, para la inteligencia, y en la mano de estos, para la acción.

## VELAS Y SU SIGNIFICADO SEGÚN LOS COLORES

Más que un elemento decorativo, las velas tienen poderes reales y abren una puerta entre los distintos mundos, el material y el espiritual; simbolizan el alma y la llama resplandece tanto en el plano físico como en el astral.

La vela representa los cuatro elementos de la naturaleza: la cera sólida simboliza la tierra, la cera fundida es el agua, la llama es símbolo del fuego y el humo representa el aire.

En la magia blanca, las velas pueden ser un elemento de un ritual o el propio ritual. En este caso, el color será de gran importancia.

Los colores llevan diferentes frecuencias vibratorias, siendo muy importante conocer su significado para dar más energía al ritual. Los principales colores que encontramos en un ritual, y su simbolismo, son los siguientes:

✦ **Vela blanca: pureza y divinidad**
- **Simbolismo**: purificación, verdad, protección, meditación, espiritualidad, paz, realidad.
- **Ritual:** la vela blanca simboliza la luz. Por lo tanto, es necesario para todos los rituales de protección y purificación. Al encender una vela de este color aumentarán los poderes psíquicos y la adivinación.
- **Nota**: la vela blanca puede sustituir a todos los demás colores.

✦ **Vela azul: clarividencia**
- **Simbolismo**: calma, meditación, apaciguamiento, perdón, inspiración, relajación, tranquilidad, paz, sabiduría.
- **Ritual**: las velas azules pueden utilizarse en rituales para restablecer el diálogo entre personas separadas. Ayudan a encontrar la tranquilidad. El azul es también un tono celeste que favorece la percepción extrasensorial. Las velas azules protegen contra la adversidad.

✦ **Vela roja: pasión y creatividad**
- **Simbolismo**: amor, pasión, poder, atracción, voluntad, valor, defensa, energía, curación, sexo, vigor, vitalidad.
- **Ritual**: las velas rojas calientan y dan fuerza, además de proteger contra el mal de ojo. Pueden utilizarse para rituales de fertilidad o de amor/pasión. Ayudan también a aumentar el valor y la fuerza de voluntad.

✦ **Vela verde: equilibrio y prosperidad**
- **Simbolismo**: éxito, dinero, prosperidad, libertad, suerte, abundancia, equilibrio, renovación, esperanza.
- **Ritual**: las velas verdes se utilizan para los rituales profesionales. Representan la prosperidad y son ideales si se inicia un negocio. También pueden utilizarse para los rituales de salud.

✦ **Vela violeta: espiritualidad y meditación**
- **Simbolismo**: meditación, paz, poder, protección del hogar, purificación, sabiduría, éxito, acceso al conocimiento.

- **Ritual**: las velas púrpuras ayudan a encontrar la paz mental y a abrir el campo de la conciencia. Ayudan a soltar y a calmar las tensiones.

✦ **Vela naranja: suerte y buena fortuna**
- **Simbolismo**: atracción, suerte, cambio, ánimo, control, poder, estímulo, ambición, valor, un nuevo comienzo.
- **Ritual**: las velas de color naranja son perfectas para los rituales de crecimiento. Su uso promueve el éxito y los logros. Favorecen la concentración y la creatividad.

✦ **Vela rosa: ternura y alivio**
- **Simbolismo**: relaciones, afecto, amistad, curación emocional, feminidad, romance, conversación.
- **Rituales**: las velas rosas son ideales para los rituales de amistad y amor para uno mismo o los seres queridos. Ayudan a curar las heridas psíquicas. Para acentuar los efectos, se puede utilizar una piedra de cuarzo rosa.

✦ **Vela amarilla: creatividad y comunicación**
- **Simbolismo**: creatividad, aprendizaje, comunicación, concentración, adivinación, imaginación, inspiración, sabiduría, inteligencia.
- **Ritual**: la vela amarilla se usa en los rituales para alcanzar objetivos y encontrar soluciones. Al ser el amarillo un color solar, permitirá obtener toda la energía necesaria para superar los obstáculos y encontrar nuevas ideas.

✦ **Vela negra: protección y desenmascaramiento**
- **Simbolismo**: destierro, anclaje, desapego, dignidad, fuerza, resistencia, apoyo, conjuración de energías negativas.
- **Rituales**: las velas negras se utilizan para los rituales de protección y de maldición. Alejan a las personas tóxicas, protegen contra el mal de ojo y expulsan el mal.
- **Nota**: utilizar velas negras no significa hacer magia negra.

## PLANTAS Y FLORES

Desde la noche de los tiempos, se han conocido las virtudes terapéuticas de muchas hierbas y plantas y se han empleado para tratar y curar enfermedades del cuerpo. Muchos pueblos han tenido también conocimiento de las propiedades espirituales de ciertas hierbas y plantas. Utilizadas según los cánones de psíquicos –pero no necesariamente en elaborados rituales– pueden proporcionar una amplia gama de beneficios a través de sus vibraciones cósmicas. Pueden usarse para adquirir confianza en uno mismo, promover la buena suerte en el juego, obtener un apoyo eficaz, recuperar a un ser querido, encontrar un trabajo, mejorar la armonía familiar, etc.

Estas hierbas y plantas pueden hallarse en herboristerías, floristerías, farmacias y, por supuesto, en tiendas esotéricas. Pueden usarse en forma de aceites esenciales, polvos o incienso, en caso de que los haya.

Las hierbas y plantas mágicas, aunque son poderosas y eficaces por sí solas, adquieren más poder y eficacia cuando cada una de ellas se asocia a uno de los siete planetas simbólicos (Sol, Luna, Marte, Mercurio, Júpiter, Venus, Saturno) y a uno o varios de los cuatro elementos (aire, agua, fuego, tierra), de cuyas influencias se apropian.

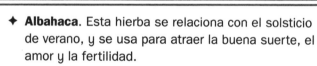

✦ **Albahaca**. Esta hierba se relaciona con el solsticio de verano, y se usa para atraer la buena suerte, el amor y la fertilidad.

✦ **Aloe Vera**. Esta hierba se relaciona con el solsticio de invierno, y se usa para la curación y la purificación.

✦ **Artemisa**. Esta hierba se relaciona con la constelación de Artemisa, y se utiliza para traer alegría, buena fortuna y energía positiva.

✦ **Canela**. Asociada con Plutón y se utiliza en rituales de transformación y renacimiento.

✦ **Clavo**. Asociado con el Sol y se utiliza en rituales de fuerza y liderazgo.

✦ **Estrellas de los tres Reyes Magos**. Esta hierba se relaciona con los tres Reyes Magos, y se usa para traer buena suerte, prosperidad y abundancia.

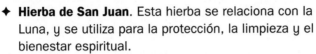

✦ **Hierba de San Juan**. Esta hierba se relaciona con la Luna, y se utiliza para la protección, la limpieza y el bienestar espiritual.

✦ **Hinojo**. Esta hierba se relaciona con la constelación de Orión, y se usa para abrir los caminos a la sabiduría y la comprensión.

✦ **Jazmín**. Esta hierba se relaciona con la constelación de Piscis, y se usa para invocar la energía de la intuición y la compasión.

✦ **Lavanda**. Esta hierba es una fuente de paz y calma. Se relaciona con el Sol, y se utiliza para traer alegría, optimizar la energía y crear un ambiente de armonía.

✦ **Manzanilla**. Esta hierba es conocida por sus propiedades curativas y mágicas. Se relaciona con la estrella Sirius, y se usa para invocar la energía de la tranquilidad y la curación.

✦ **Menta**. Esta hierba se relaciona con Marte, y se usa para atraer el poder de la autoridad y el éxito.

✦ **Orégano**. Esta hierba es conocida por sus propiedades curativas y mágicas. Se relaciona con la estrella Vega, y se utiliza para invocar la energía de la curación y la abundancia.

✦ **Pimienta negra**. Esta hierba se relaciona con la constelación de Escorpio, y se usa para invocar el poder de la fuerza y la determinación.

✦ **Romero**. Tradicionalmente, se ha usado como una hierba protectora para alejar a los espíritus malignos. Se relaciona con la Luna, ya que ayuda a alcanzar el equilibrio emocional, y su energía ayuda a invocar el poder de la protección.

✦ **Ruda**. Esta hierba se relaciona con la constelación de Libra, y se usa para atraer la buena suerte, el amor y la abundancia.

✦ **Salvia sagrada**. Esta hierba se relaciona con la constelación de Sagitario, y se utiliza para conectar con el poder de la sabiduría espiritual.

✦ **Salvia**. Esta hierba es conocida por sus propiedades curativas y mágicas. Se relaciona con el astro Júpiter, y se utiliza para la limpieza espiritual y la purificación.

✦ **Tomillo**. Esta hierba se relaciona con la constelación de Cáncer, y se utiliza para conectar con el poder de la intuición y la creatividad.

✦ **Toronjil**. Esta hierba se relaciona con la constelación de Acuario, y se usa para traer la paz, la felicidad y la libertad.

✦ **Verbasco**. Esta hierba se relaciona con la constelación de Verbasco, y se usa para la protección, la limpieza y el bienestar espiritual.

## GEMAS Y PIEDRAS

Las piedras preciosas y semipreciosas siempre se han asociado a la espiritualidad y los rituales de protección y purificación por sus propiedades beneficiosas, reconocidas desde tiempos antiguos.

Se ofrece a continuación una lista de las piedras más comunes, ya que cada una de ellas dispensa sus favores en uno o varios ámbitos específicos. Las personas pueden beneficiarse de sus buenas influencias, si las poseen, y, sobre todo, si las llevan encima en forma de joyas, amuletos o talismanes.

✦ **Ágata.** Ayuda a combatir las adversidades, las penas, así como las fiebres y las intoxicaciones debidas a las mordeduras de animales venenosos. Se recomienda utilizarla a personas con profesiones artísticas o creativas porque atraen a la buena suerte.

✦ **Ágata azul.** Favorece la amistad y la solidaridad. Intensifican las relaciones humanas y proporcionan un amor sincero y fiel. Tienen la virtud de aclarar la mente y desarrollar la capacidad de expresión oral o escrita.

✦ **Ágata de musgo.** Aumenta la vitalidad, fomenta la comprensión y la tolerancia, siendo ideal para llevar al principio de un matrimonio y durante el embarazo, debido a que activos finales producen el equilibrio de la energía del cuerpo. Regula también el sistema nervioso.

✦ **Ágata verde.** Favorece la relación de pareja y la solidez de la unión. Reequilibra la vida amorosa y emocional, y proporciona una profunda sensación de bienestar. Calma además la ira y reduce el acné juvenil.

✦ **Aguamarina**. Facilita la comunicación entre las personas. Puede ayudar a ganar un juicio y protege a los viajeros en los mares y océanos. También es adecuada para el chakra de la garganta. Combate las alergias, las irritaciones y los dolores de muelas.

✦ **Amazonita**. Ahuyenta los pensamientos negativos y sombríos y hace que uno se sienta alegre y optimista. Repara y cura las heridas morales y psicológicas, además de ayudar a afrontar las obligaciones con valor. Atrae la amistad sincera y fiel.

✦ **Ámbar.** Esta resina mineralizada es muy eficaz contra la desgracia. Utilizada en el chakra de la garganta, combate los ataques de asma, la gripe y los dolores de garganta. Es especialmente beneficioso para los cantantes en su profesión.

✦ **Amatista**. La amatista es una de las gemas más apreciadas desde la antigüedad, tanto por sus propiedades esotéricas como por sus beneficios curativos y astrológicos. Esotéricamente, la amatista es una piedra muy poderosa conocida por sus cualidades protectoras. Esta gema se cree que ayuda a la persona a conectar con su lado espiritual, expandiendo su conciencia y regalándole estabilidad emocional. Se ha utilizado durante mucho tiempo como una herramienta para meditar y para conectar con la energía espiritual. También se cree que proporciona una mayor comprensión del mundo espiritual y ayuda a abrir el tercer ojo.
Curativamente, la amatista se ha utilizado durante mucho tiempo como una herramienta de curación. Se cree que ayuda a aliviar el estrés y la ansiedad, así como a reducir la presión arterial y los síntomas de la depresión. También se cree que ayuda a reducir el dolor físico, el insomnio y los problemas de migraña. Esta gema se cree que ayuda a equilibrar los chakras y promover la armonía entre el cuerpo, la mente y el espíritu.

Astrológicamente, la amatista se cree que es una gema particularmente poderosa para las personas nacidas bajo el signo de Piscis. Se cree que esta gema ayuda a los nacidos bajo este signo a obtener un mayor equilibrio emocional y a conectar con su lado creativo. También se cree que ayuda a los Piscis a comprender mejor su propia intuición y a conectar con su lado espiritual. Esta gema también se cree que ayuda a proteger a los Piscis de los malos pensamientos, así como a fortalecer su capacidad de tomar decisiones sabias.

✦ **Ametrino**. El ametrino es una piedra preciosa de color verde pálido que contiene una combinación de óxido de hierro y alúmina. Se dice que esta piedra tiene grandes cualidades esotéricas, curativas y astrológicas. En cuanto a sus cualidades esotéricas, se cree que el ametrino es una piedra que ayuda a abrir la mente al desarrollo espiritual. Esta piedra ayuda a desarrollar la intuición y también ayuda a alejar la negatividad. Esta piedra es capaz de aumentar la claridad mental, incrementar la confianza en uno mismo y ayudar a la persona a descubrir los propósitos más elevados de la vida. En cuanto a sus cualidades curativas, el ametrino se cree que es útil para tratar enfermedades relacionadas con el sistema nervioso y el sistema inmune. Se dice que también es útil para tratar transtornos digestivos, problemas de visión y problemas renales. Además, se cree que esta piedra ayuda a aliviar el estrés, equilibrar la energía y promover la felicidad. Finalmente, en lo que respecta a sus cualidades astrológicas, el ametrino se cree que es una piedra protectora que trae buena suerte y prosperidad. Se cree que esta piedra ayuda a los signos del zodiaco de Aries, Libra, Sagitario y Capricornio a lograr sus objetivos. Esta piedra también se cree que ayuda a equilibrar los elementos de la tierra y el fuego para proporcionar una mayor armonía.

✦ **Aventurina**. Es la piedra del amor y la aventura. Su principal propiedad es la de fortalecer el amor y, sobre todo, ayuda a amarnos a nosotros mismos. Además, calma la ira y reduce el acné juvenil.

✦ **Azabache**. El azabache en una casa impide que los espíritus malignos residan en ella. Hace que el portador sea inmune al envenenamiento. Para conocer a los enemigos secretos, basta con tomar una pequeña cantidad de azabache en polvo como poción. Una persona que lleve un azabache nunca será alcanzada por un rayo.

✦ **Azufre**. Protege contra las infecciones y la contaminación. También es muy adecuada contra los resfriados. Ayuda a adquirir estabilidad, lógica, racionalidad y autocontrol y proporciona una gran protección para el trabajo y la carrera.

✦ **Berilo**. El amuleto de berilo favorece la comunicación y aleja a los enemigos. Es una piedra de carácter profético ya que en sus aguas se vislumbra el futuro próximo. Garantiza la armonía y el amor en el matrimonio si lo dos miembros de la pareja llevan un amuleto de berilio.

✦ **Calcedonia azul**. Devuelve la confianza en uno mismo después de las dificultades y alivia las penas. Favorece la concentración mental. También calma a las personas estresadas, con exceso de trabajo y ansiedad. Ayuda a combatir los ataques de ira.

✦ **Calcita naranja**. Es una piedra excelente contra los magos maliciosos y para la protección contra todo tipo de hechizos malignos. Neutraliza o retarda los actos negativos contra la familia o la casa. Al combatir el sufrimiento físico, es beneficiosa para los enfermos y convalecientes.

✦ **Crisocola**. Símbolo de belleza, amor, amistad y perdón. Genera tranquilidad y resulta excelente su presencia en una habitación donde hay discordia. También hace que prosperen los negocios, los contactos y las amistades.

✦ **Crisolita** (también llamada peridoto u olivino). Representa la alegría y la opulencia. Promueve la clarividencia y estimula y vigoriza tanto el cuerpo como el alma. Reduce el estrés, elimina las toxinas y alivia las heridas psíquicas.

✦ **Crisoprasa**. Es la piedra de la feminidad por excelencia. Proporciona confianza en uno mismo. En el plano físico, regula la presión arterial, fortalece el corazón, protege los ojos contra las infecciones y facilita el parto.

✦ **Citrino**. Favorece que uno se sienta feliz y de buen humor. Es excelente para los estudiantes en época de exámenes y para los que tienen que realizar un intenso trabajo intelectual. También tiene un efecto especialmente eficaz sobre el hígado, la vesícula biliar y los riñones.

✦ **Cornalina** (también llamada sardónice). Trae suerte en los juegos de azar. Detiene la ira y neutraliza todas las malas influencias astrales. Proporciona un cutis descansado y una piel bella al combatir los granos, las cicatrices y las estrías.

✦ **Cristal de roca**. Es la herramienta básica de la litoterapia. Puede utilizarse en todos los chakras y para todos los fines; es bueno para la salud en general. En particular, favorece la memoria, la imaginación, la intuición y las capacidades parapsicológicas o mediúmnicas.

✦ **Cuarzo rosa**. Convierte los corazones más duros en ternura. Cura el dolor del corazón y preserva el amor y la ternura en la pareja. También tiene la virtud de alejar a los enemigos, protegiendo de los celos y la agresión.

✦ **Diamante**. Si se lleva como amuleto, protege contra la magia negra y los hechizos malignos. Se dice que un guerrero que lleva un amuleto de diamantes en el brazo izquierdo es invencible.

✦ **Esmeralda**. Refuerza la memoria y ayuda al desarrollo físico e intelectual. Desarrolla la clarividencia y el conocimiento esotérico. Por otro lado, ayuda a curar las enfermedades oculares. En caso de disputas matrimoniales, esta piedra se convierte en un incentivo para la reconciliación.

✦ **Fluorita**. Promueve la energía en todos los niveles. Protege contra las debilidades físicas y espirituales y alivia todo tipo de molestias. Es la piedra favorita de los científicos e investigadores, ya que ayuda a la concentración y a la reflexión.

✦ **Granate**. Esta gema proporciona un estado de ánimo alegre y disipa la melancolía, a la vez que alivia las palpitaciones del

corazón y tiene un efecto positivo sobre la presión arterial y la circulación sanguínea. Estimula también los órganos sexuales y la producción de leche materna.

✦ **Heliotropo**. Llamada también «piedra de sangre», el heliotropo tiene muchas propiedades y virtudes conocidas desde la Antigüedad y que aún hoy aprecian quienes llevan esta piedra a diario. Actúa tanto a nivel físico, ya que actúa como purificador, como a nivel psíquico, pues ayuda a recuperar la alegría de vivir, elimina los malos pensamientos y aporta valor y protección.

✦ **Hematita**. Esta piedra ayuda a recuperar las ganas de vivir. Permite poner en su sitio las energías perturbadas, aleja los malos pensamientos y aporta valor y protección. Promueve la buena suerte en los negocios y también calma a los estresados y a los angustiados.

✦ **Jacinto**. Es una piedra de energía contenida. Dinamiza el comportamiento, desarrolla el entusiasmo y la alegría sin una excesiva exteriorización. Atrae a la buena fortuna con discreción. Por otro lado, es un potente estimulante de la sexualidad.

✦ **Jade**. Un amuleto de jade verde garantiza buena salud y larga vida. Según los chinos, se recomienda comer de un cuenco de jade para asegurar una longevidad excepcional. Esta piedra previene las catástrofes de todo tipo.

✦ **Jade nefrita**. Confiere ascendencia, poder y conduce al éxito en cualquier campo. Favorece una buena reencarnación. Emocionalmente, intensifica los sentimientos de amor, facilita la liberación emocional y reduce la irritabilidad. Además, hace que los sueños sean más intuitivos y refresca la vida emocional, transmitiendo una sensación de paz. En el plano espiritual, el Jade nefrita despierta el conocimiento oculto y promueve la meditación.

✦ **Jaspe rojo**. Conocido también como «piedra infernal». Antiguamente se utilizaba contra los lanzadores de hechizos, y ahora se emplea para luchar contra todo tipo de problemas, contra oponentes y enemigos, y para ganar casos judiciales. También estimula los órganos sexuales y la producción de leche materna.

✦ **Jaspe verde indio**. Funciona bien en todas las situaciones difíciles de la vida en las que hay que tener confianza.

Excelente para las pruebas y los exámenes. También es bueno para el amor y el valor.

✦ **Labradorita** (también llamada espectrolita). Es una piedra de clarividencia. Protege de las influencias negativas y armoniza el aura. Desarrolla los chakras de las manos, de ahí el magnetismo. Además, ayuda a resistir sin esfuerzo las malas influencias de ciertos planetas.

✦ **Lapislázuli**. Esta piedra semipreciosa favorece el descanso nocturno, especialmente el de los niños. Es la piedra de la sabiduría, la intuición y la verdad. El lapislázuli es conocido como una piedra poderosa para quien busca profundizar en la conexión consigo mismo. Se sabe que sus propiedades abren el chakra del tercer ojo, el centro de la intuición y la sabiduría interior. Al potenciar la capacidad de volverse hacia el interior y descubrir la verdad, su energía puede apoyar a cualquiera que esté dispuesto a entrar en su poder y autenticidad.

✦ **Magnetita** (también llamada piedra imán). Favorece el diálogo, ya que fomenta la comunicación entre los individuos. Ayuda a resolver los problemas de relación y a desarrollar la capacidad de seducción en el amor. Utilizada en joyas y colgantes, ayudará a restablecer el equilibrio entre los cakras básicos y los superiores; repara el cuerpo energético. La piedra de magnetita conecta a los utópicos y a los soñadores con la tierra ayudando a que pongan los pies en el suelo. También permite que se anclen a la tierra.

✦ **Malaquita**. Conocida como la «piedra de la transformación», sus propiedades aportan energía y concentración para un nuevo crecimiento, al tiempo que eliminan las ataduras que están reteniendo. Este mineral evita los juicios. Ayuda a desarrollar la capacidad de persuasión, por lo que fomenta especialmente el éxito en los negocios. Cuando se siente la atracción de esta piedra radiante, podría significar que ha llegado el momento de un cambio.

✦ **Mica**. Esta piedra hace que se brille en todas las circunstancias. Atrae el éxito, y también tiene el poder de mantenerlo para aquellos que lo han conseguido. En caso de disputa matrimonial, esta piedra se convierte en un incentivo para la reconciliación.

✦ **Moldavita**. Esta piedra es muy rara, ya que solo existe un yacimiento en todo el mundo. Favorece el desarrollo personal, el autocontrol y refuerza el gusto por la aventura y el riesgo. También es una poderosa herramienta de comunicación mental.

✦ **Obsidiana moteada**. Es un auténtico amuleto de buena suerte. Funciona como un poderoso escudo que protege de todas las energías negativas. Además, facilita la comunicación oral y escrita, desarrolla la capacidad de escucha y la tolerancia.

✦ **Ojo de gato**. Trae suerte y riqueza y favorece la visión nocturna. Además, ayuda a controlar los impulsos y las emociones contradictorias. Es la piedra indicada para los deportistas en formación.

✦ **Ojo de halcón**. Ayuda a combatir los problemas visuales. También promueve el éxito social e intelectual. Refuerza la determinación y la sensación de concreción. Multiplica por diez la energía, sin tener los defectos de otras piedras, es decir, impacientar y enfadar. Sus efectos son potentes y eficaces.

✦ **Ojo de buey**. Permite adquirir fuerza y valor y ayuda a ser combativo y eficaz. Evita pequeños problemas de la vida cotidiana. Al estimular el impulso vital y creativo, esta piedra es especialmente favorable para el inicio de nuevos ciclos vitales.

✦ **Ojo de tigre**. Es un verdadero escudo contra el mal de ojo. Actúa como un espejo que refleja las energías negativas hacia su emisor. Se pueden colocar varias piezas en el hogar para evitar que entre el mal.

✦ **Ónix negro**. Da autocontrol y sentido de la responsabilidad. Es ideal para quienes tienen que aprobar un examen o una entrevista de trabajo. También tiene la reputación de aportar alegría a quienes la poseen. Regula el ciclo menstrual.

✦ **Perla**. Llevada como amuleto, asegura la longevidad y trae buena suerte.

✦ **Piedra lunar**. Aporta la felicidad conyugal. Favorece los sueños premonitorios y desarrolla la imaginación. Da energía y estimula el corazón y la mente y, sobre todo, aporta alegría a quienes la poseen.

✦ **Pirita dorada**. Esta es la piedra de todos aquellos cuyo trabajo esté relacionado de algún modo con el fuego y la construcción. Da sensación de organización y también ayuda a mejorar la memoria. Es la piedra de la calma y buena para reducir el estrés.

✦ **Rodonita**. Resulta de gran utilidad para ayudar a combatir las dificultades de la vida. Protege de los celos y las agresiones. Multiplica por diez la fuerza de la personalidad y, al mismo tiempo, suaviza las aristas. Favorece la calma.

✦ **Rubí**. Proporciona fuerza física y espiritual. Da energía y aporta alegría a los que la poseen. También actúa contra la timidez.

✦ **Sodalita**. Ofrece una gran protección para el trabajo. Ayuda a adquirir estabilidad, lógica, racionalidad y autocontrol y a afrontar las obligaciones con valor. También atrae la amistad sincera y fiel.

✦ **Sunstone**. Da vitalidad y ayuda a la meditación. Aumenta la claridad visual y la fe o la confianza en uno mismo. También ayuda a combatir el estrés y a controlar mejor los ataques de ira.

✦ **Topacio**. Aporta sabiduría y belleza. Usada como amuleto, protege contra la locura.

✦ **Topacio azul**. Esta piedra abre a todas las inspiraciones y purifica el alma. Tiene un efecto positivo sobre el sistema nervioso y combate los dolores de cabeza y de garganta.

✦ **Turmalina negra**. Es un buen escudo contra las energías negativas. Es beneficiosa para los que están enfadados, ansiosos y también para los comerciantes. Permite concentrar las energías en un objetivo preciso y disuelve todos los bloqueos.

✦ **Turquesa**. Favorece los encuentros amorosos sinceros y el amor en general. Piedra sagrada desde tiempos antiguos, protege contra las agresiones, los accidentes y la muerte súbita o violenta. En resumen, protege contra todo mal.

✦ **Unakita**. Se puede utilizar para afrontar mejor la liberación de las adicciones. Ayuda a dejar de fumar, por ejemplo. Es una de las piedras más útiles para todas aquellas adicciones de larga duración. Permite al cuerpo eliminar las energías perjudiciales y favorece la regeneración de los tejidos.

✦ **Zafiro**. Desarrolla las facultades extrasensoriales. También es la piedra de la fidelidad en el amor y la pareja. Al estimular el impulso vital y creativo, es especialmente favorable para el inicio de nuevos ciclos vitales.

## INCIENSOS

El incienso de purificación es una mezcla de inciensos que permite la purificación de la casa, del cuerpo o del espíritu. Está especialmente indicado en los rituales de purificación de las ondas y energías negativas.

Originalmente, lo que llamamos «incienso» es una resina llamada *Olibanum*, que se extrae de un arbusto etíope llamado *Boswellia carterii*. Esta resina ha sido venerada desde tiempos antiguos, cuando se quemaba para honrar a los dioses.

La eficacia del incienso proviene del hecho de que cada aroma «vibra» en una determinada frecuencia y, al respirarlo, modifica la vibración y la frecuencia de nuestro propio cuerpo.

Desde el punto de vista químico, el incienso es una mezcla compleja de sustancias compuesta en un 30- 60 % por resinas solubles en alcohol, en un 20-25 % por gomas solubles en agua y en un 5-10 % por aceite esencial. Los ácidos boswélicos, que son importantes para fines medicinales, se encuentran en la parte de la resina del incienso en un porcentaje de hasta el 50 %. Además, se ha confirmado que estos ácidos tienen propiedades antibacterianas, antitumorales, reductoras del colesterol, inmunomoduladoras y analgésicas.

Los ácidos boswélicos son moléculas pesadas e insolubles en el aceite. No se separan de la mezcla original de aceite y resina durante el proceso de destilación y, por tanto, no se encuentran en el aceite esencial. Las mayores concentraciones de los valiosos compuestos de la *Boswellia* se han encontrado en la resina natural sin elaborar, así como en los extractos obtenidos con determinados disolventes.

Básicamente, es cierto que todas las sustancias de incienso muestran un cierto efecto de movimiento mental. Sin embargo, en el caso de las resinas de incienso, este efecto se describe con sorprendente frecuencia. Incluso se ha sugerido que el incienso puede contener la molécula embriagadora del cannabis, pero aún no se ha demostrado. Por otra parte, según las investigaciones farmacológicas actuales, parece que las sustancias incensol y acetato de incensol disponibles en la resina de incienso (especialmente en *Boswellia papyrifera*) son las responsables de la psicoactividad. Estos compuestos no solo inducen una sensación de calor en el cuerpo, sino que también son activamente eficaces a nivel psíquico. El espectro de efectos incluye propiedades ansiolíticas, antidepresivas y calmantes.

La combustión es el método más antiguo para acceder a los principios activos curativos de las plantas no comestibles, mucho antes de que existieran los ungüentos, los extractos de aceite o alcohol de las plantas o los medicamentos producidos artificialmente. La gente vivía junto al fuego y sentía los efectos beneficiosos de las diferentes plantas colocadas sobre las piedras calientes o las brasas. Desde hace miles de años, el agua del desierto se libera de los gérmenes quemando incienso con mirra; en los templos griegos de sanación de Asclepio, los poderes curativos del sueño se potenciaban con los aromas del incienso; y en la antigua Edad Media, los aromas del incienso se utilizaban en el cuidado de los enfermos afectados por la peste.

Existen 25 variantes de incienso, originarias de Arabia, África y la India, de las que destacamos las siguientes, por ser las más utilizadas:

✦ **Bejo** *(Boswellia carterii).* Es originaria de Somalia, Etiopía, Eritrea y Sudán. En estos países es uno de los inciensos más importantes para las ceremonias y festividades. Se quema para ahuyentar a los espíritus dañinos, para limpiar las viviendas o para liberar a las personas de las enfermedades. Desde el punto de vista etnomédico, se utiliza, generalmente, en forma de extracto acuoso (agua de incienso) para aliviar las enfermedades inflamatorias y las dolencias digestivas. Botánicamente, la *Boswellia carterii* y la *Boswellia* sacra son idénticas. Sin embargo, no es raro que se describan como especies diferentes en función de su presencia y de los perfiles de olor ligeramente distintos. Por ejemplo, el incienso de Omán se llama *Boswellia sacra*, mientras que la resina de goma de este incienso en Somalia procede de la *Boswellia carterii*. El perfil de la fragancia es suave, balsámico y con una ligera nota de pino.
✦ **Dakkara** *(Boswellia neglecta).* La *Boswellia neglecta* es una especie arbustiva del incienso morfológicamente muy diferente de las demás especies. Su resina también es muy

especial debido a que suele tener un color negro grisáceo y parece una piedra, al menos a primera vista. En el comercio se encuentra principalmente la variedad keniana «Dakkara», pero también hay otras variedades: «Borena» (Etiopía), «Muqlo», «Thurimel» y «Mirafur» (Somalia). Tradicionalmente, este incienso se utiliza como incienso ritual, como perfume, como repelente de insectos y, ocasionalmente, como aromatizante de alimentos. El aroma de este incienso es muy suave y discreto en comparación con las otras variedades. La Dakkara es muy adecuada para la limpieza, así como un ingrediente para los inciensos nocturnos relajantes y calmantes.

✦ **Maidi** *(Boswellia frereana).* Una de sus características más importantes es que se funde por completo en el carbón para quemar incienso, debido a su bajo contenido en goma y su alta concentración de aceite. Se caracteriza por sus propiedades para abrir el espíritu y hacer aflorar las emociones. Por tanto, es especialmente adecuado para las meditaciones y otros rituales de toma de conciencia. Desde el punto de vista etnomédico, el incienso Maidi es conocido para tratar la artritis, las inflamaciones de la piel, las enfermedades infecciosas y las dolencias digestivas. Los trozos pequeños también son muy buenos como goma de mascar. Tiene un sabor especial y agradable, refresca el aliento y también protege la salud bucal. Su perfil olfativo es resinoso, balsámico, nota cítrica dominante y nota de pino sutil.

✦ **Ogaden** *(Boswellia rivae).* Esta variedad se denomina «incienso dulce». Tiene, de hecho, un aroma comparativamente muy dulce, a veces incluso con un suave toque de palo santo, vainilla y canela. Sin embargo, el tono básico de la fragancia es resinoso y terroso. Visualmente, esta resina, algo comparable al incienso Neglecta, recuerda a una piedra. El color es entre gris y negro. Otra variedad es el incienso Rivae, que tiene un color miel y se comercializa con el nombre de «Qadhoon». La consistencia puede definirse como frágil y quebradiza, a menos que la resina esté todavía fresca, en cuyo caso suele ser blanda y pegajosa en su interior. El perfil olfativo es resinoso, terroso, dulzón y especiado.

✦ **Olíbano** *(Boswellia papyrifera).* Procede de los paisajes áridos de las tierras altas de Etiopía. La resina de esta especie es el incienso más comercializado. Hay dos calidades diferentes, que se distinguen menos por su fragancia que por el tamaño del grano; la segunda calidad, que consiste en trozos de unos pocos milímetros, es uno de los inciensos preferidos de la Iglesia católica. En Etiopía, esta variedad es especialmente popular cuando se toma el café de forma ritual, y no solo por esto, sino también por los aspectos protectores apotropaicos. En la etnomedicina etíope, el humo ascendente se reconoce como un remedio contra la fiebre. El perfil de la fragancia es resinoso, ácido, ligeramente dulzón y con una ligera nota de naranja. Tiene un perfil olfativo resinoso, terroso y dulzón. La combinación de estos inciensos, entre ellos o con otras plantas, es lo que se utiliza para los distintos rituales que se describen en este libro. También pueden utilizarse solos, sin mezclarse.

## SAHUMERIOS

El fumigar con hierbas y resinas naturales (o sahumerio) es una práctica utilizada desde el principio de los tiempos por muchos pueblos del mundo, desde los indios de América hasta los monjes budistas y los mayas. Consiste en quemar plantas secas o resina vegetal para limpiar la atmósfera. Tradicionalmente se le atribuían virtudes mágicas para ahuyentar a los espíritus malignos. Hoy en día se usa sobre todo para purificar la atmósfera y para el placer olfativo.

Varios estudios han demostrado que el humo de las plantas reduce considerablemente la presencia de bacterias en la atmósfera. Su combustión capta una gran cantidad de iones positivos que quedan suspendidos en el aire, arrastrando con ellos el polvo que se deposita en él. El aire cargado de iones negativos es mucho mejor para la salud (así lo ha demostrado la ciencia), especialmente para las vías respiratorias y el sistema inmunitario.

El campo electromagnético de nuestro cuerpo (la energía de la que estamos hechos) puede verse fuertemente obstruido por un exceso de carga iónica de carácter positivo. Quemar una vara de salvia, por ejemplo, puede darnos una sensación de ligereza al capturar las energías negativas. Después de una discusión, o cuando se está de mal humor, el sahumar captará las tensiones en suspensión y purificará el ambiente.

Como los efectos pueden durar hasta 30 días, es conveniente hacerlo cada luna nueva. Combinado con las energías del nuevo ciclo lunar, la fumigación será aún más beneficiosa.

Las principales plantas utilizadas en los sahumerios son:

✦ **Cedro**. Su humo es purificador y predispone a la calma y la serenidad. Se cree que atrae energías beneficiosas y promueve la armonía y el entendimiento entre las personas. Se utilizan principalmente astillas de madera o espinas de cedro rojo (*Thuja plicata*).

✦ **Laurel**. La quema de sus hojas ayuda a aliviar la tensión y a reducir la fatiga.

✦ **Lavanda**. Tiene propiedades calmantes sobre el sistema nervioso. Es recomendable emplearla antes de una meditación para relajar la mente.

✦ **Madera de cade** (enebro). Arbusto mediterráneo bastante común en las garrigas del norte de España y sur de Francia, su madera se usó durante mucho tiempo como fumigante para mantener alejados a los insectos y para higienizar los hospicios, ya que el humo del cade es un excelente bactericida. También ayuda a controlar las adicciones y la ansiedad.

✦ **Romero**. Planta sagrada para los egipcios en la época de los faraones. La ponían en el sarcófago para proteger al difunto en su último viaje. Se puede quemar de la misma manera que la salvia, haciendo un pequeño manojo. De hecho, ambos pueden combinarse muy bien. El romero evoca la noción de un «nuevo comienzo», ya sea el cambio de un hábito o el inicio de una nueva relación o carrera. Es perfecto para una purificación durante la luna nueva.

✦ **Salvia**. De tradición amerindia, pero también celta, la quema de salvia blanca (*Salvia apiana*) se utilizó en Europa durante las grandes epidemias. Produce un humo denso y «aglutinante» que capta todo lo que hay en la atmósfera.

✦ **Tomillo o hisopo**. Es un muy buen purificador. Resulta perfecto para limpiar el aire durante los resfriados. Previene las epidemias en casa.

✦ **Yerba Santa**. Esta planta (*Eriodictyon californicum*) crece en las colinas áridas de California y el norte de México. Utilizada también como infusión en la tradición de los nativos americanos para las dolencias del sistema respiratorio, la yerba santa permite conectarse con la tierra, fortalece la confianza en uno mismo y el crecimiento interior, a la vez que abre al amor. Es ideal para los corazones rotos.

## ACEITES

Cada día se sabe más sobre las propiedades de los aceites esenciales. De hecho, existen numerosos análisis moleculares que determinan científicamente sus propiedades terapéuticas.

Sabemos que, antes de ser utilizados en el plano físico, se utilizaron durante años en el plano espiritual. En los libros sagrados se mencionan y se usan habitualmente, tanto para los rituales como para purificar los lugares de culto o las personas.

En las civilizaciones del antiguo Oriente, los estamentos religiosos y civiles estaban interrelacionados, y reyes y faraones eran considerados representantes de los dioses, siendo su principal misión la de hacer cumplir las leyes del cielo en la tierra.

Es frecuente encontrar la presencia de aceites perfumados en las ceremonias (consagración, embalsamamiento egipcio, etc.) y, de hecho, las deidades siempre estaban vinculadas a los buenos olores.

Estos son los siete aceites esenciales principales:

✦ **Canela de Ceilán** *(Cinnamomum zeylanicum)*.
La canela es una de las especias más antiguas
del mundo, exportada desde Oriente desde hace
4 000 años. Es conocida por sus propiedades fortalecedoras
y purificadoras. Ayuda a abrirse, a reconfortarse, energiza,
favorece la sensación de felicidad y favorece el desarrollo de
la creatividad. Al estar rebosante de energía solar, la canela
representa el resplandor, el poder, la fuerza física y la vida
eterna.

✦ **Cedro del Atlas** *(Cedrus atlántica)*. Árbol sagrado desde los
tiempos bíblicos. Ocupaba un sitio importante en la vida
religiosa; se usaba a menudo en los rituales de ofrenda
y purificación, siendo los egipcios y los celtas quienes
empleaban su esencia para embalsamar a los muertos y para
conservar los papiros.

El cedro es un símbolo de fuerza y respeto, por sus
características físicas de ser sólido e incorruptible. Representa
la autenticidad y la rectitud.

El nardo, denso y a la vez ligero, es un vínculo directo entre el
chakra coronal y el chakra raíz, entre el cielo y la tierra.

En su simbolismo encontramos el poder abrasador del fuego
solar.

En un nivel físico, respirar su fragancia permite la relajación
de las contracturas de la mandíbula, la lengua y la barbilla,
que suelen aparecer al reprimir las emociones (ira, dolor,
lágrimas). En un nivel energético, abre el chakra del
corazón.

Es un símbolo de la muerte y la transformación, lo que lo
convierte en el aceite de paso por excelencia. Expresa el ciclo
del cambio, de la renovación eterna.

Este aceite se corresponde con las situaciones cruciales
de la vida, e invita a que hagamos una elección consciente
entre quedarnos o irnos. Nos pone en contacto con nuestras
resistencias más profundas e insta a pasar a la acción para
hacer explotar nuestro volcán interior. Representa la última
oportunidad para volver al buen camino y crear y actuar en
lugar de sufrir.

Expresa un vínculo entre la espiritualidad y la sexualidad, lo que lo convierte en el símbolo de una espiritualidad encarnada, de la celebración del acto sagrado y de la procreación.

✦ **Gálbano** *(Ferula gommosa)*. Se ha utilizado desde la antigüedad para tratar a los enfermos y embalsamar a los muertos. Cuenta la leyenda que los antiguos consideraban este aceite como sagrado porque su olor era tan agradable que espantaba a las serpientes y al diablo.

Hace referencia a la transformación interior y, cuando se inhala, alivia el sufrimiento, la ansiedad, el miedo a la soledad y al abandono. Es ideal para acompañar a las personas al final de la vida.

Inhalar los vapores de este aceite produce una tranquilidad inquebrantable, por lo que se convierte en un buen compañero para las personas que carecen de confianza. Es además muy beneficioso para quienes mantienen relaciones de dependencia, se olvidan de sí mismos con facilidad y no saben decir que no.

✦ **Mirra** *(Commiphora myrrha)*. En su *Tratado sobre los olores*, el filósofo Teofrasto describe la mirra como algo cálido y penetrante. Era considerado por los antiguos como un árbol aromático divino; entre los fenicios, la leyenda contaba que el árbol de la mirra fue cortado en dos para dar a luz al dios Adonis; para los egipcios, se asociaba con la energía de la noche y la muerte.

✦ **Nardo** *(Nardus jatamansi)*. Es una de las plantas aromáticas más antiguas. Lo empleaban los sacerdotes en los rituales religiosos y para el embalsamamiento.

Por inhalación, alivia el sufrimiento y la ansiedad y acompaña a las personas en los cuidados paliativos.

Representa el simbolismo de la vida y la muerte, la dualidad terrenal entre el día y la noche, la alegría y la tristeza, la salud y el declive.

Respirar su fragancia abre el plexo solar y permite que la energía fluya hacia el chakra del corazón, sede del amor y la relación con los demás. Da una conciencia de nosotros mismos en el cuerpo y en el espíritu.

✦ **Sándalo** *(Santalum album).* Árbol sagrado de la India, el sándalo se menciona a menudo en los antiguos libros sánscritos. Su esencia es apreciada y se emplea desde hace más de 4 000 años en la medicina ayurvédica.

Su fragancia estimula con fuerza y despierta, al mismo tiempo que induce a una conciencia inmediata e inquebrantable. Devuelve el vigor a los cuerpos y a las almas debilitadas, y hace volver a lo material. Facilita el afianzamiento a través del chakra raíz.

Su olor y vibración centran sus acciones en la mente, aportando fuerza, valor, conciencia y lucidez. Invita a hacer lo correcto en las elecciones importante de la vida. Al simbolizar la unión sagrada, inhalar su fragancia calma la mente y la prepara para la meditación.

## SAL

Puede llamar la atención que en los rituales de limpieza o protección se utilice la misma sal que se puede espolvorear en la ensalada. Cuando el objetivo es algo como proteger el hogar de la negatividad (o de las energías negativas), la sal común puede no parecer lo suficientemente poderosa, pero como herramienta espiritual conserva muchas de sus ventajas culinarias: es versátil, mejora el efecto general de un ritual y es fácil de usar. Por ello, no es de extrañar que las propiedades espirituales de la sal estén en parte arraigadas en los alimentos. La asociación de la sal con la limpieza, la protección y la pureza proviene probablemente del hecho de que sus usos ordinarios incluyen la purificación y la conservación de los alimentos. El color de la sal (blanco) la relaciona con la pureza, y su capacidad para mantener frescos los alimentos le confiere propiedades protectoras. Los usos simbólicos de un objeto suelen reflejar las características de sus usos cotidianos.

Los usos espirituales de la sal son tan variados como sus usos cotidianos o «mundanos». Para empezar a utilizar la sal como herramienta espiritual, es importante centrarse en sus poderes protectores. Para sentirse seguro mientras se viaja, es bueno llenar una pequeña bolsa con sal y otros elementos de protección, como las runas. También se puede hacer algo tan sencillo como tener un cuenco de sal en cada habitación de la casa. Esto ayudará a equilibrar y estabilizar la energía en toda la vivienda.

**La sal del Himalaya** o **sal Epson** es un mineral natural que se ha usado desde hace miles de años para fines medicinales, esotéricos y astrológicos. Esta sal mineral de alta calidad contiene una variedad de minerales y nutrientes, incluyendo calcio, magnesio, potasio, hierro y zinc. Estos minerales y nutrientes son los responsables de sus increíbles propiedades curativas, esotéricas y astrológicas.

Esta sal se ha utilizado durante siglos en la medicina tradicional y en la práctica de la astrología para tratar una amplia variedad de afecciones, tanto físicas como espirituales.

En lo que respecta a sus cualidades esotéricas, la sal Epson es considerada como una fuente de energía positiva y curativa, capaz de limpiar y purificar el ambiente de la casa, así como de promover la armonía y la felicidad. Esta sal se cree que también protege contra las energías negativas, las malas vibraciones y los malos espíritus.

Por otro lado, la sal Epson también es conocida por sus cualidades curativas. Se cree que esta sal es capaz de curar todo desde dolores musculares y articulares hasta problemas de piel y enfermedades respiratorias. Algunos incluso afirman que esta sal puede aliviar el estrés y mejorar el sueño.

Finalmente, la sal Epson también se utiliza en la astrología para predecir el futuro. Esta sal se cree que es capaz de influenciar el destino de una persona mediante la interpretación de los astros y los patrones de la Tierra. Esta sal se cree que es capaz de proporcionar información sobre el destino de una persona, así como de ayudar a los astrólogos a predecir el futuro.

En cuanto a sus propiedades curativas, la sal del Himalaya se ha utilizado comúnmente como un tratamiento para aliviar el estrés y la ansiedad, mejorar la salud digestiva y la circulación sanguínea, aliviar los dolores musculares y articulares, y mejorar el sistema inmunológico. Esta sal también se ha utilizado para tratar problemas de piel como eczema, psoriasis y acné.

En cuanto a sus propiedades esotéricas, se dice que la sal del Himalaya tiene el poder de absorber las vibraciones negativas de un ambiente. Esta sal se ha utilizado tradicionalmente en rituales de limpieza para purificar el aire y la energía, así como para alejar los espíritus negativos.

En cuanto a sus propiedades astrológicas, la sal del Himalaya se cree que es una fuente de energía positiva. Esta sal se ha utilizado durante siglos para aumentar la intuición, estimular la creatividad y abrir la mente al conocimiento espiritual. Se cree que esta sal también ayuda a equilibrar los chakras, que son los centros de energía del cuerpo.

En resumen, la sal del Himalaya es un mineral natural que se ha utilizado durante siglos para tratar afecciones físicas, purificar el aire y la energía, abrir la mente al conocimiento espiritual y equilibrar los chakras.

## UNGÜENTOS, JABONES, TINTURAS, SALES DE BAÑO, POLVOS Y COSMÉTICA PARA RITUALES

El uso de ungüentos por parte de hombres y mujeres se remonta a una época muy lejana. El deseo por mejorar el aspecto de la forma más rápida y sencilla posible, utilizando todo tipo de polvos, cremas, lociones y ungüentos, surgió hace mucho tiempo. Los registros escritos y pictóricos se suman a los restos de los propios materiales para revelar cómo nuestros antepasados no solo querían mejorar el aspecto y el olor, sino también mejorar aspectos tan irritantes para la vanidad como la calvicie, las canas y las arrugas. En muchas culturas antiguas, los ungüentos cosméticos y los perfumes tenían una estrecha relación con la religión y los rituales, especialmente con el entierro de los muertos.

A continuación, vamos a ver cómo tres grandes civilizaciones se ocupaban de la cosmética en los rituales:

✦ **Ungüentos y cosméticos egipcios**. Los antiguos egipcios se tomaban muy en serio la limpieza y la apariencia, porque la pureza del cuerpo y del alma tenían implicaciones religiosas. Era una cultura en la que los hombres y las mujeres de todas las clases estaban deseosos de lucir lo mejor posible, incluso cuando estaban muertos. Además, los egipcios establecían un claro vínculo entre los ungüentos y la divinidad. Por ejemplo, durante los rituales religiosos, los sacerdotes solían ungir las estatuas de los dioses con ungüentos y aceites perfumados y les aplicaban además maquillaje. Era tal la demanda de estos cosméticos, que algunos templos producían los suyos propios, especialmente en Karnak, donde se fabricaban ungüentos y aceites perfumados. Las inscripciones murales muestran varias recetas diferentes.

Otro indicio de la importancia de los ungüentos para los egipcios es su inclusión en los productos comercializados internacionalmente, así como el empleo habitual de utensilios finamente tallados. Estos objetos aparecen en documentos conservados como las cartas de Amarna del siglo xiv a. C.

Otra importante fuente de información sobre los antiguos ungüentos mediterráneos es el pecio de Uluburun (1330-1300 a. C.) que tenía en su variada composición muchas plantas y resinas que se habrían utilizado para producir perfumes. Por último, hay documentos visuales que muestran claramente los colores y en qué partes del rostro se aplicaba el maquillaje. Incluso hay representaciones en el arte de personas que se aplican ungüentos y cosméticos, como una joven que se pinta los labios mientras realiza actividades sexuales y que aparece en el Papiro Erótico o Papiro de Turín del siglo XII a. C.

Los ungüentos y cosméticos se preparaban en el antiguo Egipto empleando una amplia gama de materiales. El lápiz y la sombra de ojos, que llevaban figuras como Tutankamón y Nefertiti y que se han hecho tan famosas, se fabricaban moliendo minerales como la malaquita verde y la galena negra. Las paletas de pizarra usadas para crear la crema se han encontrado en muchas tumbas que datan del periodo predinástico (c. 6000 – c. 3150 a. C.). Otro cosmético habitual en las tumbas es una mezcla de ocre rojo y vegetales utilizada como colorete –su uso puede verse en los retratos de la reina Nefertiti en las paredes de su tumba–. Los cosméticos no solo servían para embellecer, sino que algunos también tenían valor medicinal, como los productos hidratantes a base de grasas y aceites o las lociones y ungüentos a base de natrón y cenizas para limpiar la piel. Las investigaciones sobre el maquillaje ocular a base de plomo, tan querido por los egipcios, revelaron que tiene efecto sobre el sistema inmunitario del organismo y reduce los efectos y el riesgo de muchos trastornos oculares. Por último, había otras aplicaciones cosméticas que tenían efectos más ambiciosos, como los ungüentos para repeler insectos, curar la calvicie, frenar la decoloración del cabello o suavizar las arrugas.

Los cosméticos y los perfumes eran a menudo productos caros de producir, y sus ingredientes podían ser difíciles de obtener. Quizá la sustancia de lujo más famosa sea el incienso. Obtenido como resina perfumada de varios tipos de boswellia, el incienso se utilizaba no solo como perfume para los vivos y los muertos embalsamados, sino también para disimular el mal aliento, fortalecer la piel y el cabello, y como aceite de masaje. Una segunda sustancia supuestamente cara es la mirra, una resina del arbusto del mismo nombre. La mirra se usaba como perfume, en los cosméticos y en las medicinas, y en la antigüedad procedía exclusivamente de Yemen y Somalia; de ahí la expedición de la reina Hatshepsut a la tierra de Punt a mediados del siglo xv a. C. para recoger mirra y replantarla, entre otras muchas plantas exóticas, en el templo de Deir el-Bahari. Debido a su alto valor, artículos como el incienso y la mirra se convirtieron en importantes mercancías en el mundo antiguo.

Los objetos que sobrevivieron, incluso mejor que los propios cosméticos, fueron los recipientes utilizados para el maquillaje, que iban desde simples tubos de caña hasta algunos finamente elaborados de vidrio coloreado (las mujeres y los peces eran una forma común que se utilizaba), loza y piedra (especialmente el alabastro). Para quienes podían permitírselo, la colección de ungüentos y cosméticos se guardaba en un cofre de madera junto con otros objetos personales como un espejo (de metal muy pulido), una maquinilla de afeitar y unas pinzas. No en vano, el símbolo del ojo pintado era uno de los componentes del jeroglífico egipcio de la belleza.

✦ **Ungüentos y cosméticos griegos.** Al igual que los egipcios, los griegos eran aficionados al maquillaje y, de hecho, su palabra *kosmetika* es la que da origen a la nuestra «cosméticos». El término griego tenía una aplicación un poco diferente, ya que en realidad se refería a los preparados que protegían el cabello, la cara y los dientes. El término para sublimar el maquillaje era *kommotikon*. Por otro lado, se sabe que los perfumes griegos se han utilizado al menos desde el periodo del Bronce Medio (siglos xiv-xiii a. C.) y se mencionan por primera vez en la literatura de *La Ilíada* y *La* Odisea de Homero, escritas en el siglo viii a. C. Todo tipo de plantas, flores, especias y maderas aromáticas, desde la mirra hasta el orégano, se infundían en el aceite. Como este se usaba como base (hoy es alcohol), la mayoría de los perfumes eran una pasta espesa, por lo que se necesitaba un instrumento especial en forma de cuchara para extraerlo de las pequeñas botellas en las que se almacenaba. Al igual que los ungüentos y cosméticos, los perfumes se empleaban para el placer, la seducción, como símbolo de estatus y en los rituales (especialmente en los funerales).

Las mujeres griegas utilizaban el delineador de cejas, el blanqueador de piel, el lápiz negro y la sombra de ojos. Los hombres, a excepción de algunos que desempeñaban un papel pasivo en las relaciones homosexuales, no se maquillaban. El tinte para el cabello pudo haberse utilizado por ambos sexos. Había dos tipos básicos: uno oscurecía el cabello y empleaba tintes como los extraídos de sanguijuelas –que se dejaban pudrir en vino durante 40 días–, y el otro tipo aclaraba el cabello y utilizaba una mezcla que contenía ceniza de haya y grasa de cabra.

El rojo se obtiene a partir del ocre rojo, como en Egipto, o de un tinte extraído de un tipo de liquen. Los lápices de cejas se hacían con un polvo de kohl que contenía hollín, antimonio, azafrán o cenizas. Las cenizas de todo tipo se consideraban una sustancia terriblemente útil y también se usaban para limpiar los dientes. Al igual que hoy, parece que cuanto más exóticos eran los ingredientes de un ungüento cosmético, más probabilidades tenía de alcanzar el éxito. Así, se aplicaban sustancias extrañas y maravillosas como la ceniza de caracol para eliminar las pecas, la grasa de lana de oveja se convertía en una crema facial y los excrementos de lagarto se frotaban en las manchas y arrugas de la piel.

✦ **Ungüentos y cosméticos romanos**. En el mundo romano, los cosméticos, cremas y ungüentos eran una preocupación de las mujeres, no de los hombres, y cualquier hombre que dedicara demasiado tiempo a su apariencia era a menudo ridiculizado. Un ejemplo famoso es el del emperador Otho (69 d. C.), que fue criticado por afeitarse a diario y aplicarse después una capa de pasta en la cara. Al igual que en el mundo griego, algunos escritores romanos –todos ellos varones– consideraban que el maquillaje era cosa de prostitutas o de mujeres casadas infieles que intentaban seducir a un amante, pero el arte, los artefactos y las referencias en la literatura, parecen indicar que, en general, las mujeres romanas de todas las clases continuaban la tradición del maquillaje de sus predecesoras griegas.

Los perfumes eran otra sustancia muy utilizada en el mundo romano y se empleaban para todo, desde añadir un toque de sabor al vino hasta hacer de los baños públicos un entorno aún más agradable para la relajación. Los ingredientes habituales de los perfumes incluían el uso de la canela, la palmera datilera, el membrillo, la albahaca, el ajenjo y todo tipo de flores, desde el lirio hasta las rosas.

Todos estos hábitos de utilización de ungüentos, cosméticos y perfumes pueden verse no solo en la literatura y el arte, sino también en los miles de pequeños frascos de vidrio, cerámica y cajas encontrados en las excavaciones arqueológicas de todo el mundo romano. Resulta particularmente interesante un hallazgo hecho en Londres: una barra de imperdible con cinco utensilios de bronce en miniatura acoplados: un recogedor de orejas, un limpiador de uñas, unas pinzas y dos aplicadores de ungüentos.

Naturalmente, los romanos hicieron algunos desarrollos en materia de ungüentos y cosmética, al igual que en otros ámbitos. Por ejemplo, consideraban que la leche de asno era un perfecto suavizador de la piel. La más famosa aficionada a esta leche fue Popea, la esposa del emperador Nerón (54-68 d. C.), que se bañaba a diario –un hábito que requería el mantenimiento de 500 burros–. Afortunadamente, los escritores romanos dedicaron muchas de sus páginas a los cosméticos y ungüentos, especialmente a aquellos con un posible beneficio para la salud. Ovidio (43 a. C. – 17 d. C.), por ejemplo, detalla una mascarilla para la cara con un ingrediente de nido de pájaro que consideraba útil para tener buen aspecto. Enumera los ingredientes de otro ungüento facial de la siguiente manera: huevos, cebada, resina, bulbos de narciso, miel, veza molida, harina de trigo y madera en polvo. Otro brebaje, el de blanquear la piel, utilizaba virutas de plomo blanco disueltas en vinagre y que se dejaban secar. Luego se mezclaban con tiza, también con vinagre, para hacer una pasta. Eran muy conscientes de que el plomo blanco era tóxico (de hecho, lo usaban como veneno) y, más que la ignorancia, el uso de estos materiales ilustra un enfoque flexible de los ingredientes que, a menudo, daba lugar a preparaciones con fines diversos.

A medida que la arqueología experimental va a más –y con la ayuda de la tecnología–, cada vez más investigadores estudian exactamente lo que los antiguos ponían en sus ungüentos, cosméticos y perfumes (incluso han intentado recrear algunos de ellos). Uno de los pioneros de este enfoque fue el químico italiano Giuseppe Donato, en la década de los setenta, y algunos de los perfumes que examinó llegaron a producirse comercialmente, como el perfume *Cleopatra* de Donato y Seefried, que se dice que se basó en el que llevaba la reina egipcia –que a su vez había escrito un libro sobre cosmética–. También se ha investigado la eficacia de algunos de los antiguos cosméticos que decían remediar problemas como las arrugas. Algunos expertos modernos avalan el uso de ciertos ingredientes naturales que, muy probablemente, los hacían eficaces o, al menos, tan eficaces como cualquier equivalente moderno.

## SAQUITOS DE HIERBAS

Los amuletos vegetales son pequeñas bolsas llenas de plantas y otros objetos simbólicos que se fabrican con un simple cuadrado o círculo de tela, del color adecuado, atado con un hilo del color correspondiente y que luego se carga de energía. Pueden llevarse encima o guardarse en casa para atraer lo que se desea. Es posible hacerlos de seda o terciopelo y bordados con símbolos de forma experta, o de simple algodón y atados con un cordel.

Es fácil preparar amuletos propios de plantas y cosidos a medida. He aquí algunas combinaciones sugeridas:

✦ **Para atraer el amor**. Hay que utilizar un círculo de tela rosa o roja (para un amor más apasionado), y llenarlo con flores de acacia, mirto, pétalos o capullos de rosa, flores de jazmín y lavanda. Seguidamente, se añade un corazón de fieltro rojo y una moneda o anillo de cobre. Se ata siete veces con un hilo o cinta azul.

✦ **Para curar un corazón roto**. Se utiliza un círculo de tela azul y se llena de consuelda, bálsamo de Judá (*Populus candicans*), matricaria, mirto y pétalos de rosa (blanca). A continuación, se usa un corazón de fieltro blanco cortado en dos trozos. Finalmente, se ata la bolsa con un hilo blanco.

✦ **Para la protección**. Se hace un círculo de tela azul, se llena de nueve hierbas protectoras (tomillo, lavanda, laurel, romero, albahaca, ruda, salvia, hierbabuena y canela) y se añade una moneda de plata o, mejor aún, una media luna de plata (pueden ser unos pendientes con esa forma). Para finalizar, se ata la bolsa con un hilo blanco o plateado.

✦ **Para encontrar trabajo**. Se hace un cuadrado de tela verde. Se llena con laurel, lavanda y raíces de jalapeño tuberoso (*Ipomoea jalapa*), conocido también como Juan el conquistador o Juan el vencedor. Se añaden otras cuatro hierbas, como son: romero, para aumentar la seguridad en sí mismo; alfalfa, para atraer la prosperidad y el éxito en el trabajo; salvia, para atraer la buena suerte; y tomillo para la protección en el camino hacia el éxito, regidas por Mercurio para trabajos relacionados con la comunicación; por la Luna para trabajos relacionados con la curación, el trabajo de las mujeres y la salud o la psicología; por Júpiter para trabajos que impliquen liderazgo, responsabilidad o relacionados con la ley; por Marte para trabajos con actividad combativa y agresiva; por el Sol para trabajos al aire libre, en la agricultura o relacionados con la naturaleza, o para trabajos agradables y fáciles; por Saturno para trabajos de arquitectura, historia o fuerzas del orden. Luego, se añade una moneda de plata, para la riqueza, y fotos de cualquier herramienta importante que se pueda utilizar en el trabajo. Finalmente, se ata la bolsa con hilo morado real.

✦ **Para el poder interior**. Se emplea un cuadrado de tela púrpura lleno de hojas de laurel, sangre de dragón, flores de saúco, raíces de la jalapa, hojas de roble y bayas de acebo y muérdago. Luego se ata la bolsa con hilo azul y se borda o dibuja un símbolo personal en ella.

✦ **Para la elocuencia**. Se utiliza un círculo de tela amarilla o iridiscente y se llena de hinojo, avellana, mandrágora y valeriana. A continuación, se añade una moneda de plata y se ata la bolsa con un hilo naranja o morado.

✦ **Para ganar un pleito**. Para este saco se confecciona un cuadrado de tela azul, se llena de laurel, raíces de jalapeño tuberoso y verbena. En caso de sufrir la persecución de un enemigo, se añade un piñón o un trozo de piña, tabaco y algunas semillas de mostaza. Después se coloca la imagen de un ojo abierto en la bolsa, para que la justicia observe. Finalmente, se ata la bolsa con hilo morado.

## INFUSIONES

La infusión es una forma de relajarse y reconectar con uno mismo y con la naturaleza. Tomar una es un ritual que permite anclarse en el momento presente y en el que cada gesto se lleva a cabo con cuidado, en un entorno tranquilo y apacible. Un verdadero momento de suspensión.

Junto al fuego, por la noche, la infusión acompaña el momento de la vigilia de forma fabulosa, ya que, entre sus vapores, se crea un momento de complicidad, un tiempo de escucha que propicia historias y confidencias.

Para disfrutar plenamente de una infusión, hay que:

✦ **Cuidar los gestos**. En la taza, tetera o recipiente más adecuado, se vierte el agua calentada a fuego lento (85 °C) sobre la bolsa o directamente sobre la mezcla de plantas.

✦ **Tener paciencia**. Las plantas liberan sus aromas y beneficios después de cinco a diez minutos de haber entrado en contacto con el agua caliente. Es aconsejable cubrir el recipiente para aprovechar todas las sustancias aromáticas. Mientras tanto, se puede disfrutar del cálido contacto de la taza en las manos.

✦ **Activar todos los sentidos**. Antes de la degustación, se debe respirar profundamente el fragante vapor de las plantas infusionadas. Luego, hay que tomar pequeños sorbos y disfrutar de todos los sabores de las hierbas, para disfrutar de la ola de calor, emociones y beneficios que invade el cuerpo.

# Estudio de los cuatro elementos

El agua, el fuego, la tierra y el aire están con nosotros en todas partes, todo el tiempo, a lo largo de nuestra vida y desde el nacimiento mismo de nuestro planeta. Son inseparables, pero diferentes.

Los que se interesan por las cuestiones esotéricas saben hasta qué punto los cuatro elementos, a veces combinados con otros, son esenciales y fundamentales. Sin ellos, incluso se podría decir que no puede haber armonía.

Estos elementos, dentro del simbolismo mágico, constituyen los componentes básicos de todo lo que existe y son, al mismo tiempo, visibles a invisibles, físicos y espirituales.

Según el pensamiento simbólico, todas las cosas han sido formadas a partir de estos cuatro elementos. Nuestro conocimiento científico actual, que afirma que hay muchos más «bloques constructivos», está en desacuerdo con esta afirmación, pero no es más que una versión más refinada.

Resultaría un poco frívolo y superficial tratar los cuatro elementos en términos puramente físicos. La tierra, por ejemplo, no solo se refiere al planeta en el que existimos, sino también al fenómeno de la terrosidad, de apoyo y estabilidad. De un modo similar, el fuego es mucho más que la llama.

Puesto que los rituales basados en la naturaleza emplean energías, instrumentos y símbolos naturales, es importante comprender todo su

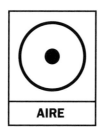

| FUEGO | AIRE | AGUA | TIERRA |

significado. Uno de los caminos por los que se puede conseguir esto es a través del estudio de los elementos.

El sistema de elementos fue ideado y refinado en el Renacimiento, pero sus raíces se extienden mucho más atrás en la historia. Las siguientes discusiones tratan del simbolismo y de los tipos de ritos relacionados con los elementos. Todos los contenidos en este libro están bajo el gobierno de uno (o más) de estos elementos. Esto es verdad también para todo lo que existe.

Aunque los elementos están descritos como «masculinos» o «femeninos», esto no se debe ver de un modo sexista. Esto, como todos los rituales, es simbólico –describe los atributos básicos de los elementos en términos fácilmente comprensibles–. No quiere decir que sea más masculino el realizar un ritual con fuego, o más apropiado para mujeres el usar un ritual con agua. Es simplemente un sistema de símbolos.

Cuando se practican rituales, se aprende muy rápidamente que los dos componentes principales de un ritual son la fe y la intención: es decir, que hay que creer en lo que se hace y expresar con claridad y precisión lo que se desea. Por supuesto, si esto fuera suficiente, sería demasiado fácil; el poder de manifestación es mucho mayor de lo que pensamos, y para algunas cosas es suficiente, pero cuando se empieza a practicar rituales más complejos, son necesarios los apoyos.

Estos soportes son muchos, desde un simple trozo de papel hasta un grupo de objetos rituales particulares, pero siempre con un hilo conductor que es la intención, porque no basta con hacer un altar con velas, incienso y realizar las fórmulas: hay que saber por qué se hace y elegir cada elemento con cuidado, según las correspondencias.

## AGUA

Si quisiéramos reducir el agua a una simple noción, podríamos sencillamente asociarla con la vida, porque es la fuente de todo lo que vive en la Tierra, y nosotros estamos compuestos en su mayor parte por ella. El agua es también una fuerza purificadora, a la vez que potencialmente destructiva (sobre todo por la erosión que provoca).

En principio, el elemento agua se define como frío y húmedo, pesado, oscuro y diluyente, pasivo, denso e inmóvil, femenino y de polaridad negativa. En el cuerpo humano, los elementos están asociados a los humores: el agua corresponde a la flema, que también se define como fría y húmeda (una persona flemática tiene, por tanto, un exceso del elemento agua).

El agua es el elemento de la purificación, la mente subconsciente, el amor y las emociones. Así como es un fluido, constantemente cambiante, fluyendo de un nivel a otro, del mismo modo nuestras emociones están en un constante estado de flujo. El agua es el elemento de absorción y germinación. El subconsciente está simbolizado por este elemento porque está girando, siempre moviéndose como el mar que no descansa ni de noche ni de día.

La ritualidad del agua involucra placer, amistad, matrimonio, fertilidad, felicidad, curación, dormir, soñar, actos físicos, purificación, etcétera. Un ritual de agua suele finalizar arrojando o situando un objeto en ella.

Este es un elemento femenino, y su color es el azul del agua profunda. Regula el Oeste y los meses del otoño, cuando los chaparrones lavan la tierra. La magia del agua se realiza con espejos, el mar, la niebla y la lluvia. Aunque no es necesario invocar estos elementos o trabajar con ellos directamente, es beneficioso ser consciente de ellos y recordarlos cuando se practique la magia.

Por último, el elemento agua rige lo emocional: en astrología, los signos de agua suelen ser los más sensibles (e incluso influenciables cuando el agua es mayoritaria en la carta), y tienen un temperamento variable. El agua también estimula la creatividad y la imaginación. En la quiromancia, las personas con las llamadas manos de agua (palmas y dedos largos) suelen mostrar esto, y están dotadas de empatía y compasión. Además, son personas capaces de conectar con su intuición y suelen sentirse atraídas por los reinos metafísicos y lo invisible.

## Correspondencias del agua

- ✦ **Símbolo alquímico**: triángulo isósceles apuntando hacia abajo.
- ✦ **Varios símbolos**: conchas, recipiente lleno de agua.
- ✦ **Simbolismo ritual**: bañarse, diluirse, flotar, sumergirse.
- ✦ **Elemento opuesto**: fuego.
- ✦ **Zodíaco**: Cáncer, Escorpio, Piscis.
- ✦ **Sistema solar**: Mercurio, Neptuno, Saturno, Plutón, Luna.
- ✦ **Estación**: otoño.
- ✦ **Momento del día**: atardecer.
- ✦ **Dirección**: Oeste.
- ✦ **Energía**: yin.
- ✦ **Colores**: plata, blanco, azul, cian, gris, índigo, lila, negro, púrpura, turquesa, verde (azul agua), violeta.
- ✦ **Centros de energía (Chakras)**: sacro y corazón.
- ✦ **Números**: 2 y 7.
- ✦ **Lugares**: habitaciones, arroyos, baños, fuentes, piscinas, playas, pozos.
- ✦ **Tarot**: La Papisa/Sacerdotisa (II), El Ahorcado (XII), El Arcano sin nombre (XIII), La Estrella (XVII), La Luna (XVIII), Conjunto de Copas.
- ✦ **Plantas**: milenrama, acónito, alquimila, aloe, columbina, anís estrellado, aliso, aster, bardana, belladona, botritis lunar, abedul, brezo, manzanilla, cardamomo, cedro, cerezo, castaño, consuelda, amapola, cuco, ciprés, datura, dedalera, abeto, fresa, frambuesa, fresno, carbón vegetal, gardenia, geranio, manzanilla, hamamelis, hierba gatera, haya, hibisco, tejo, iris, jazmín, narciso, beleño, hiedra, lila, loto, lirio, magnolia, margarita, castaño de indias, melisa, menta verde, mezquite, mimosa, mora, mirra, mirto, nardo de la India, lirio de agua, avellana, olivo, olmo, lirio de la pasión, bígaro, álamo, plátano, manzano, ulmaria, robinia, rosa, caña, pezuña de Venus, sándalo, sauce, sello de Salomón, escutelaria, saúco, tomillo, álamo temblón, uña de caballo, valeriana, vainilla, vid de violeta, volubilis.
- ✦ **Piedras y minerales**: ágata azul, aguamarina, imán, alejandrita, amatista, ametrina, angelita, aragonito, azurita,

berilo, calcita, charoita, crisocola, dioptasa, fluorita, jade, jaspe (oceánico), azabache, cianita, labradorita, lapislázuli, larimar, lepidolita morganita, obsidiana (con reflejos dorados), ópalo, piedra de luna, cuarzo, cuarzo rosa, zafiro, selenita, sodalita, estaurolita, sugilita, topacio (azul), turmalina (negra, azul, rosa, sandía), tsavorita, turquesa, circón (azul) + coral, nácar, perla.

✦ **Metales**: plata, cobre, mercurio.

✦ **Animales**: albatros, ballena, vaca, pato, castor, murciélago, caballo, perro, cigüeña, paloma, cormorán, sapo, cocodrilo, cisne, delfín, rana, grulla, garza, hipopótamo, manatí, libélula, liebre, nutria, marsopa, martín pescador, vencejo, mirlo, gaviota, oso polar, mapache, salamandra, serpiente, buitre

✦ **Sentido**: el gusto.

✦ **Principio**: atreverse.

✦ **Cuestiones, intenciones y poderes**: adaptabilidad, agricultura, amistad, bienestar, capacidades psíquicas, cambio(s), clarividencia, comienzos, compasión, consagrar/bendecir, conciencia (subconsciente), creatividad, crecimiento, deseo, adivinación, emociones, empatía, energía (general, psíquica, recepción), equilibrio, fertilidad, fuerza interior, gracia, embarazo/parto, curación, influencia, introspección, intuición, magia (animal, dracónica, lunar), clima (en general, tormentas), paciencia, angustia, poder, protección, pureza, purificación, reconciliación, renacimiento/renovación, inversión, sabiduría, secretos, sensibilidad, sensualidad, sueño, memoria(s), espiritualidad, estrés, sustento, transformación, trabajo chamánico, trabajar con los sueños, tristeza, vida.

## FUEGO

Si quisiéramos reducir el fuego a una simple noción, podríamos asociarlo simplemente con la destrucción, aunque esto sería demasiado reduccionista, porque el fuego es también una fuerza creadora. Es tanto un purificador como un creador, lo que lo convierte en un elemento complejo y poderoso, al igual que su opuesto. Calienta e ilumina, pero también representa nuestro propio calor corporal, la chispa de la vida.

El fuego es el elemento del cambio, el deseo y la pasión. En cierto sentido, contiene en su interior todas las formas de magia, puesto que la magia es un proceso de cambio.

La magia del fuego puede ser aterradora. Los resultados se manifiestan rápida y espectacularmente. No es un elemento para el temeroso. Sin embargo, es el principal, y por esta razón es muy usado.

El fuego es el reino de la sexualidad y la pasión. No es solo el fuego sagrado del sexo, es también la chispa de divinidad que brilla dentro de nosotros y de todas las cosas vivas. Es al mismo tiempo el más físico y el más espiritual de los elementos.

Sus rituales suelen involucrar energía, autoridad, sexo, curación, destrucción (de hábitos negativos, enfermedad), purificación, evolución, etcétera. Un ritual de fuego suele involucrar ahumar o quemar una imagen, hierba, o cualquier otro objeto inflamable, y el empleo de velas o pequeñas hogueras.

Sus rituales se practican normalmente junto a la chimenea, con fuegos encendidos en espacios libres salvajes o a la llama de una simple vela.

El fuego es masculino. Regula el Sur, el lugar de mayor calor, el color rojo y la estación del verano. Toda la magia de las velas se encuentra bajo los poderes de este elemento.

En principio, el elemento fuego se define como caliente y seco, ligero, claro y penetrante, activo, enrarecido y en movimiento, masculino y de polaridad positiva. En el cuerpo humano, los elementos están asociados a los humores: el fuego corresponde a la bilis amarilla (*cholera* en latín) que también se define como caliente y seca. Una persona con exceso de fuego se dice que es biliosa o colérica.

Por último, el fuego rige la voluntad: en astrología, los signos de fuego suelen ser los más enérgicos (y fácilmente agresivos si el elemento está demasiado presente), con un temperamento apasionado. El fuego es también ambición, liderazgo, deseo y sexualidad. En la quiromancia, las personas con manos de fuego (palmas largas y dedos cortos) suelen ser enérgicas y entusiastas; a veces carecen de empatía y pueden tener dificultades para comprender los problemas emocionales de los demás.

## Correspondencias del fuego

+ **Símbolo alquímico**: triángulo isósceles apuntando hacia arriba.
+ **Símbolo diverso**: llama.
+ **Simbolismo ritual**: quemar, calentar, encender.
+ **Elemento opuesto**: agua.
+ **Zodiaco**: Aries, Leo, Sagitario.
+ **Sistema solar**: Sol, Marte, Júpiter.
+ **Estación**: verano.
+ **Hora del día**: mediodía.
+ **Dirección**: Sur.
+ **Energía**: yang.
+ **Colores**: carmesí, dorado, naranja, rosa, rojo, blanco, amarillo.
+ **Centro de energía (Chakra)**: plexo solar.
+ **Números**: 1, 3 y 9.
+ **Lugares**: dormitorios, chimeneas, desiertos, hornos, saunas, termas, volcanes.
+ **Tarot**: El Emperador (IIII), El Carro (VII), La Fuerza (XI), El Diablo (XV), La Casa de Dios/Torre (XVI), El Sol (XVIIII), secuencia de Bastos.
+ **Plantas**: ajenjo, cohosh, ajo, aulaga, amaranto, anémona, eneldo, angélica, espino, aliso, asa-fetida, albahaca, albahaca santa, canela, cedro, cereza, castaño, roble, cardo bendito, crisantemo, clavo, amapola, cilantro, comino, lengua de ciervo, hinojo, fresno, trébol dulce, galanga, enebro, jengibre, ginseng, granada, hamamelis, heliotropo, haya, hibisco, acebo, sello de oro, tejo, laurel, levístico, mandrágora, castaño de Indias, menta piperita, menta verde, mezquite, hierba de San Juan, gordolobo, mostaza, boca de dragón, nuez moscada, nogal, caléndula, clavel, olíbano, olivo, ortiga, palmera, pimienta de Jamaica, pino, peonía, pimienta, prímula, romero, ruda, sanguinaria, sauce, fresno de montaña, saúco, girasol, verbena.
+ **Piedras y minerales**: ágata (con bandas rojas, marrón, fuego, negra, piel de serpiente), ámbar, ametrina, lágrimas de Apache, berilo (dorado), calcita (naranja, roja), cornalina, citrina, diamante, diamante Herkimer, granate, heliotropo, hematita, jaspe (rojo),

obsidiana, ojo de tigre, ónice, ópalo (fuego), peridoto, piedra solar, pirita, cuarzo, cuarzo ahumado, rodocrosita, rodonita, rubí, sardina, serpentina, espinela, estaurolita, topacio, turmalina (roja), tsavorita, circón (rojo) + coral (rojo).

✦ **Metales**: acero, antimonio, bronce, oro, hierro.

✦ **Animales**: abeja, águila, guacamayo, codorniz, caballo, cabra, cigarra, mariquita, halcón, grulla, erizo, garza, golondrina, lagarto, león, luciérnaga, mantis religiosa, oveja (carnero), pavo real, pájaro carpintero, puercoespín, chochín, petirrojo, salamandra, escorpión, serpiente, tigre.

✦ **Sentidos**: la vista.

✦ **Principio**: voluntad.

✦ **Cuestiones, intenciones y poderes**: acción, activar/despertar, ambición, amor, autoridad, batalla/guerra, buen humor, propósito, capacidades psíquicas, calor, ira, comunicación, concentración, confianza en sí mismo, consagrar/bendecir, valor, creatividad, defensa, deseo sexual, deseo, destrucción, adivinación, energía, espíritu/mente, fe, curación, honor, iluminación, influencia, inspiración, inteligencia, intuición, justicia, dejarse llevar, liderazgo, libertad, luz, magia (normalmente defensiva, dracónica, sexual), clima (normalmente rayos), motivación, pasión, poder, protección, pureza, purificación, sexualidad, estimulación, transformación, venganza, verdad, vida, voluntad.

## TIERRA

Si se redujera la tierra a un concepto simple, se podría asociar con la materia fértil, pues todo objeto o ser con cuerpo físico contiene una buena cantidad de este elemento. Por supuesto, también se puede asociar con la vida, especialmente si se añade la noción de la Diosa Madre. La Tierra es también, y sobre todo, nuestro planeta y nuestro hogar en el sentido más amplio del término. Es lo que nos alimenta y abriga, lo que nos proporciona las plantas para curarnos, etc.

En principio, el elemento tierra se define como frío y seco, pesado, oscuro, espeso y reposado, pasivo, espeso e inmóvil, femenino y de polaridad negativa. En el cuerpo humano, los elementos se asocian a los humores: la tierra corresponde a la bilis negra (*cholera nigra* en latín) que también se define como caliente y seca. Una persona con un exceso de tierra será propensa a la melancolía.

Este es el elemento con el que estamos más cercanos al hogar. La tierra no representa necesariamente la tierra física, sino esa parte de ella que es estable, sólida, segura.

La tierra es el fundamento de los elementos, la base. Es en este dominio en el que vivimos la mayoría de nosotros gran parte de nuestras vidas. Cuando andamos, nos sentamos, nos levantamos, nos arrastramos, comemos, dormimos, hacemos nuestros trabajos, cuidamos nuestras plantas o probamos sal estamos trabajando con el elemento tierra.

La tierra es el reino de la abundancia, la prosperidad y la riqueza. Aunque es el elemento más físico, esto no es negativo, porque los otros tres se apoyan sobre la tierra. Sin ella, la vida como la conocemos no existiría.

«Regula» todos los hechizos y rituales que involucran negocios, dinero, empleo, prosperidad en todas sus formas, estabilidad, fertilidad, etcétera. Un ritual de este elemento podría ser enterrar un objeto representativo de la necesidad en una parcela virgen de tierra, caminar a través de kilómetros de campo visualizando esa necesidad, o dibujar imágenes en el barro.

Es un elemento femenino. Nutre, es húmeda y fructífera, y son estas cualidades las que la hacen femenina. Tales atributos han impulsado a incontables civilizaciones a considerar la tierra como una gran Diosa Madre, la creadora de la Naturaleza, la Pachamama. Regula el punto Norte de la brújula, porque es el lugar de mayor oscuridad y del invierno. Su color es el verde de los campos y las plantas. Gobierna el magnetismo y la energía de las piedras, las imágenes, los árboles y los nudos.

Por último, la tierra rige la estabilidad: en astrología, los signos de tierra suelen ser los que más «tienen los pies en la tierra» y en contacto con la realidad. Si el elemento está muy presente en la carta, puede haber una tendencia a la frialdad y a un fuerte materialismo. La tierra fomenta la racionalidad, la jerarquía, la resistencia y el aguante. En la quiromancia, las personas con manos de tierra (palmas cuadradas y dedos cortos) suelen estar muy arraigadas y tienen una fuerte necesidad de estabilidad y seguridad en su entorno. También son personas que se sienten atraídas por la familia.

## Correspondencias de la tierra

✦ **Símbolo**: triángulo isósceles apuntando hacia abajo, cruzado horizontalmente en el tercio cercano al punto.
✦ **Varios símbolos**: bellotas, piedras, tierra, sal.
✦ **Simbolismo ritual**: enterrar, plantar.
✦ **Elemento opuesto**: aire.
✦ **Zodíaco**: Tauro, Virgo, Capricornio.
✦ **Sistema solar**: Tierra, Venus, Saturno.
✦ **Estación**: invierno.
✦ **Hora del día**: medianoche
✦ **Dirección**: Norte.
✦ **Energía**: yin.
✦ **Colores**: negro, marrón, verde, blanco.
✦ **Centro de energía (Chakra)**: raíz.
✦ **Números**: 4, 6 y 8.
✦ **Lugares**: bodegas, campos, bosques, cuevas, jardines, mercados, minas, parques, invernaderos, agujeros, valles.
✦ **Tarot**: La emperatriz (III), La justicia (VIII), El ermitaño (VIIII), La rueda de la fortuna (X), El mundo (XXI), secuencia de monedas/pentáculos.
✦ **Plantas**: artemisa, cedro, grano, roble, madreselva, clavo, consuelda, ciprés, abeto, arce, helecho, fresno, enebro, granada, avellana de bruja, acebo, jazmín, beleño, hiedra, magnolia, mandrágora, marrubio, olivo, olmo, pachulí, pino, potentilla, prímula, espino negro, junco, salvia, serbal, saúco, verbena.
✦ **Piedras y minerales**: ágata, ágata musgosa, alejandrita, amazonita, ámbar, andalucita, apofilita, madera petrificada, calcita (verde), cerusita, crisocola, crisoprasa, diópsido, esmeralda, fluorita, hematita, jade, jaspe, azabache, kunzita, malaquita, ojo de gato, peridoto, cuarzo (rutilo), cuarzo ahumado, sal, estaurolita, sugilita, turmalina (negra, marrón, verde, sandía), turquesa, unakita + coral (negro).
✦ **Metales**: mercurio, plomo.
✦ **Animales**: antílope, tejón, ganado, búfalo/bisonte, ciervo (macho), cabra, perro de las praderas, perro, cerdo, cuervo,

sapo, cocodrilo, cisne, pavo, elefante, arrendajo azul, glotón, hipopótamo, jaguar, libélula, nutria, marmota, gorrión, ganso, oso, pájaro carpintero, gallina, jabalí, serpiente, armadillo, topo, tortuga (de mar y de tierra).

✦ **Sentido**: el tacto.

✦ **Principio**: guardar silencio.

✦ **Cuestiones, intenciones y poderes**: abundancia, aceptación, negocios, agricultura, anclaje, ansiedad, dinero, otro mundo/inframundo, bienestar, propósito, calidez, comienzos, comunicación, consagrar/bendecir, conciencia, creatividad, crecimiento, ciclos, suavidad, resistencia, energía (general, recepción), encantos, equilibrio, espíritus de la naturaleza, familia, fertilidad, fuerza, hogar, embarazo/parto, curación, justicia, sentidos (olfato, tacto), magia dracónica, manifestación, clima, muerte, paz, paciencia, prosperidad, protección, comodidad, relaciones, renacimiento/renovación, éxito, riqueza, sabiduría, sensualidad, sexualidad, apoyo, estabilidad, sustento, vida, voluntad, viajes.

## AIRE

Si se quisiera reducir el aire a una simple noción, bastaría con asociarlo a la comunicación, porque este elemento lo conecta y lo rodea todo, tanto los seres como los objetos. Proporciona también el oxígeno, que es tan necesario. Aunque también hay que tener en cuenta que el aire lo transporta todo, incluso lo que puede ser perjudicial para nosotros.

En principio, el elemento aire se define como cálido y húmedo, ligero, penetrante, activo, enrarecido y siempre en movimiento, masculino y de polaridad positiva. En el cuerpo humano, los elementos se asocian a los humores: el aire corresponde a la sangre, que también se define como caliente y húmeda. Las personas «sanguíneas» tienen, por tanto, un exceso del elemento aire.

Es el elemento intelecto, el reino del pensamiento, que es el primer paso hacia la creación.

En relación con los ritos, el aire es la visualización clara, ordenada, pura, un poderoso instrumento para el cambio. Es movimiento, el ímpetu que envía la visualización hacia afuera, hacia la manifestación. Regula los rituales que involucran viaje, instrucción, libertad, obtención de conocimiento, descubrir objetos perdidos, desvelar mentiras, etcétera. También se puede usar para desarrollar las facultades psíquicas.

Los rituales que involucran este elemento suelen incluir el acto de situar un objeto en el aire o dejar caer algo desde el borde de una montaña o de otro lugar elevado, de manera que el objeto conecte físicamente con el elemento.

El aire es masculino, seco, expansivo y activo. Es el elemento que sobresale en los lugares de aprendizaje y que actúa cuando teorizamos, pensamos o ponderamos.

Regula el Este, porque esta es la dirección de mayor claridad, y la de sabiduría y conocimiento. Su color es el amarillo, el amarillo del sol y del cielo al amanecer, y su estación es la primavera. El aire gobierna la magia de los cuatro vientos, la mayoría de las adivinaciones, la concentración y la magia de visualización.

Por último, este elemento rige la comunicación, así como las habilidades no físicas: en astrología, los signos de aire suelen ser los más dotados para adaptarse, innovar, encontrar nuevas ideas y, por supuesto, expresarse y compartir mensajes. Tener el elemento en exceso se relaciona con la inestabilidad, la versatilidad y el nerviosismo. El aire estimula la inteligencia, aunque también puede sugerir que las personas bajo su influencia sean de «corazón de piedra». En quiromancia, los que tienen manos de aire (palmas cuadradas y dedos largos) son buenos para desarrollar ideas y resolver problemas. También son personas con un alma buena y leales en la amistad.

## Correspondencias del aire

✦ **Símbolo**: triángulo isósceles apuntando hacia arriba, cruzado horizontalmente en el tercio cercano al punto.
✦ **Varios símbolos**: flores fragantes, humo de incienso, pluma.
✦ **Simbolismo ritual**: abanicar, lanzar al aire, colgar, visualizar.

- ✦ **Elemento opuesto**: tierra.
- ✦ **Zodiaco**: Géminis, Libra, Acuario.
- ✦ **Sistema solar**: Mercurio, Júpiter, Urano.
- ✦ **Estación**: primavera.
- ✦ **Hora del día**: amanecer.
- ✦ **Dirección**: Este.
- ✦ **Energía**: yang.
- ✦ **Colores**: plata, blanco, azul claro, gris, amarillo (brillante o claro), lavanda, rosa, rojo.
- ✦ **Centros de energía (Chakras)**: garganta, glándulas suprarrenales.
- ✦ **Número**: 5.
- ✦ **Tarot**: El Compañero/El Loco, El Bateleur (I), El Papa/El Hierofante (V), El Amante/Los Enamorados (VI), La Templanza (XIIII), El Juicio (XX), Secuelas de Espadas.
- ✦ **Plantas**: ajenjo, acacia, milenrama, agrimonia, anémona, anís, anís estrellado, artemisa, espino, aliso, bambú, bergamota, borraja, cedro, castaño, roble, consuelda, agridulce, arce, eufrasia, helecho, fresno, retama, muérdago, tejo, laurel, lavanda, hiedra, mejorana, castaño de indias, mejorana, menta piperita, menta verde, mezquite, lirio de los valles, nuez moscada, mirra, avellana, nuez, caléndula, incienso, olivo, olmo, palma, pino, diente de león, plátano, reina de los prados, caña, sándalo, abeto, salvia, saúco, tomillo, trébol, álamo, verbena, violeta.
- ✦ **Piedras y minerales**: ágata (dendrítica), ágata azul, ametrina, angelita, aragonito, aventurina, celestita, crisoberilo, moldavita, ópalo, cuarzo (transparente), rosa de arena, sodalita, esfena, estaurolita, topacio (azul), turmalina (azul).
- ✦ **Metales**: aluminio, estaño, mercurio.
- ✦ **Animales**: águila, albatros, ratonero, cóndor, halcón, gacela, luciérnaga, gaviota.
- ✦ **Sentidos**: el olfato.
- ✦ **Principio**: conocimiento.
- ✦ **Cuestiones, intenciones y poderes** : aceptación, acción, negocios, aprendizaje, dinero, habilidades psíquicas, clarividencia, claridad, comienzos, comunicación,

concentración, conocimiento, consagración/bendición, creatividad, adivinación, encantamiento, energía, equidad, espíritu/mente, espíritus, despertar espiritual, curación, armonía, imaginación, inspiración, inteligencia, intuición, justicia, dejar ir, sentidos (oído, olfato, tacto, libertad, luz, magia (animal y dracónica), clima (en general, rayos, tormentas), motivación, orden/organización, pérdida, plano astral, poder, protección, limpieza, relaciones, sabiduría, memoria(s), espiritualidad, trabajo chamánico, vida, visiones, voluntad, viajes.

# Los planetas astrológicos

En astrología, cada uno de los planetas simboliza un aspecto diferente de nuestra vida y se asocia con cualidades y características específicas. Por ejemplo, el Sol representa la autoexpresión y la creatividad; la Luna nuestras emociones y nuestro hogar familiar; Mercurio la comunicación y la reflexión; Venus el amor, la riqueza y los valores; Marte la acción y el cuerpo físico; Júpiter el conocimiento y el desarrollo personal; y Saturno las reglas y las responsabilidades. Estos significados cobran aún más sentido cuando se determinan las actividades que deben realizarse en la hora de cada planeta.

Hay que tener en cuenta que las horas planetarias no se corresponden con los días de 24 horas y las horas de 60 minutos a las que estamos acostumbrados, ya que, en esta práctica, cada día comienza al amanecer y no a medianoche. Las horas se calculan en función del número de minutos que transcurren entre la salida y la puesta del sol, que luego se divide por 12 (esto determinará cuántos minutos tiene cada «hora» del día). Lo mismo se hace para las horas entre la puesta y la salida del sol, así, la duración de cada hora planetaria difiere de un día a otro, dependiendo de la hora de salida y puesta del sol.

Para entender las horas planetarias, hay que familiarizarse con el planeta o satélite regente de cada día de la semana. En astrología, la Luna rige el lunes, Marte el martes, Mercurio el miércoles, Júpiter el jueves, Venus el viernes, Saturno el sábado y el Sol el domingo. Dependiendo del planeta que rija ese día de la semana, marcará la «hora», que comienza con la salida del sol de ese día. El resto de las horas planetarias se sucederán en orden cíclico hasta la salida del sol del día siguiente, que comenzará con el planeta regente del día siguiente.

Una vez que se haya familiarizado con el significado de cada uno de los siete planetas tradicionales y escogido el método de cálculo preferido, se podrá empezar a aprovechar la energía de cada hora planetaria para maximizar la productividad, potenciar la armonía interior y atraer el éxito.

La hora del Sol es un buen momento para mejorar las habilidades profesionales y creativas, o para causar una buena impresión a los demás. La hora de la Luna es ideal para la introspección, para reflexionar sobre cuestiones familiares y emocionales o para atender las actividades domésticas del hogar.

Mercurio es el planeta de la comunicación, la escritura y la lectura, su influencia puede ayudar a mantenerse centrado en los objetivos y a que los pensamientos e ideas fluyan, aunque hay que esperar hasta la hora del Sol para presentar un proyecto final y que sea recibido más favorablemente.

El tiempo de Venus es ideal para tratar todo lo relacionado con el amor, la belleza y la socialización. La hora de Marte se centra en la acción, la automotivación y la energía física. Es posible superar los desacuerdos con la pareja durante la hora de Venus, ya que es más probable que se comprenda el punto de vista del otro y se llegue a una resolución amistosa. Si, en cambio, se utiliza la hora de Marte, es posible que surja un impulso de energía física o un aumento de las exigencias, cosa que podría llevar a una discusión.

Júpiter es el planeta de la suerte, la sabiduría y la fortuna: su hora planetaria es, por tanto, ideal para fomentar todos los proyectos de crecimiento y cultivar el éxito. Saturno devuelve al camino correcto: lleva a aclarar las responsabilidades y a mostrar disciplina. Si lo que se busca es afecto y dulzura, el tiempo de Saturno no es el mejor.

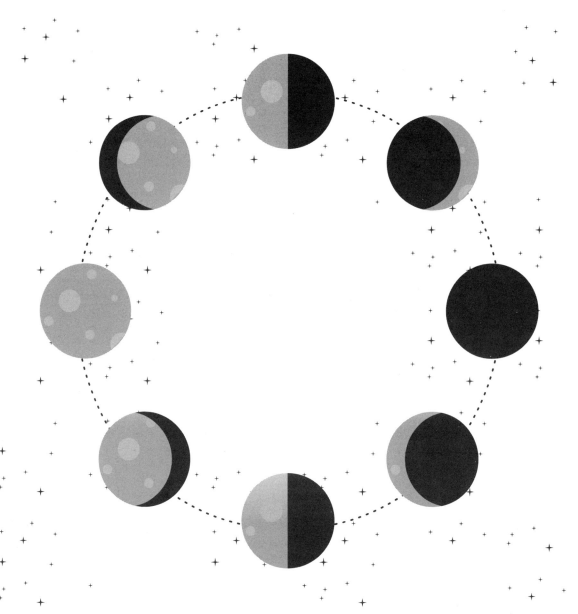

# El significado de las fases lunares

La Luna es el único satélite natural de nuestro planeta, y completa su órbita alrededor de la Tierra en aproximadamente 29 días y medio. Durante este tiempo, conocido como lunación, se produce el ciclo de fases lunares.

## LUNA NUEVA

Desde el punto de vista astrológico, la luna nueva es ese momento en el que la Luna está en conjunción con el Sol, es decir, cuando los dos astros se superponen. Se genera así una anulación mutua de las fuerzas solares y lunares, lo que manifiesta una complementariedad especial de las energías yin yang en la naturaleza.

El resultado es la aparición de la fuerza neutra, la fuerza «cero», que permite una forma de suspensión de las energías opuestas y su equilibrio a través de la fuerza de unificación polar.

Varios tratados espirituales hablan del equilibrio de las dos polaridades, masculina y femenina, tanto en nuestro ser como en la naturaleza circundante, y en este contexto el momento de la luna nueva representa esa unidad. Por ello, esta fase lunar simboliza el estado de armonía en el que la naturaleza se adentra en sí misma para encontrar un momento de pausa.

Este momento de paréntesis, o de suspensión (a través del equilibrio de las dos energías, el yin y el yang), permite la manifestación de la misteriosa energía del principio, una fuerza universal que favorece el buen uso del libre albedrío. Si entonces buscamos encontrar un acuerdo perfecto entre nuestra voluntad y la Divinidad, nuestra conciencia experimentará transformaciones espirituales excepcionales que la llevarán al estado de armonía.

Merece la pena recordar la importancia de este momento astral tal y como se nos revela en la tradición espiritual oriental, cuando el momento justo antes del máximo de la luna nueva se conoce como Shiva Ratri, la celebración de la misteriosa noche de Shiva. Una descripción de esta celebración aparece en la famosa obra *Shiva Purana, la leyenda inmemorial del dios Shiva*. Según este tratado, la noche anterior a la luna nueva es la noche de la trascendencia divina, y si nos dedicamos a las actividades espirituales podemos conseguir resultados extraordinarios, equivalentes a los que se conseguirían tras un año de práctica continuada.

Shiva Ratri, o la noche de Shiva, representa la última fase menguante de la luna. Genera un efecto de máxima purificación que se manifiesta tanto en el ser humano como en la naturaleza circundante. Así, tanto por esta razón como desde la perspectiva de una visión mística, se recomienda el ayuno completo (de alimentos) con agua, la introspección y el autoanálisis, la práctica espiritual y la oración durante ese día y esa noche de Shiva Ratri.

La luna nueva es también el comienzo del ciclo lunar que se extiende durante un periodo de 28 días. El primer día lunar, que se calcula a partir del momento del máximo de la luna nueva, se considera especialmente beneficioso para comenzar acciones importantes. Favorece la renuncia a los hábitos negativos (vicios, automatismos), el desapego a los valores materiales en el sentido de su integración en el plano espiritual, los cambios de domicilio, los cambios profesionales y los viajes (que también dependen de la posición de la luna en los signos zodiacales). De lo observado, se desprende que las actividades iniciadas en esta fase lunar tienen una eficacia mucho mayor que las iniciadas en otros momentos del mes.

Gracias a la poderosa manifestación del libre albedrío y al estado de neutralidad, prácticamente todos los estados, experiencias, emociones o sentimientos se amplifican mucho más en este periodo. Pero CUIDADO, la orientación hacia el bien o el mal depende en gran medida de nosotros. Por eso debemos tener mucha cautela con lo que deseamos y con lo que mentalizamos, porque las posibilidades de realización son mucho mayores que en otros periodos. Es muy importante ser plenamente conscientes de nuestras aspiraciones, evitar los excesos de todo tipo, ser responsables de las decisiones que tomamos, escuchar la voz del corazón y permanecer atentos a las señales y sincronías que surgen en nuestras vidas, porque es un momento en el que puede manifestarse la misteriosa transferencia de la voluntad individual a la voluntad divina.

## LUNA CRECIENTE

Si la luna nueva representa el inicio de la fase de crecimiento del ciclo lunar, la luna creciente simboliza el proceso de acumulación, sedimentación, regeneración y absorción. Significa el almacenamiento de energía y su distribución. La luna creciente favorece la absorción de minerales y vitaminas, lo que permite que los tratamientos destinados a la regeneración, la energización y la revitalización de la estructura física y sutil del ser humano tengan efectos mucho mayores durante este periodo.

Sin embargo, la acumulación de agua en el cuerpo y los pies también puede superar los límites normales durante este periodo, lo que obliga a quienes se enfrentan a estos problemas a recurrir a infusiones y plantas con efecto diurético. Además, el efecto de las drogas y los venenos es mucho más intenso durante este periodo (tanto el tabaquismo como los tranquilizantes, pero también las picaduras de avispa, los insectos, las setas venenosas, la inhalación de gases tóxicos, etc.), ya que el cuerpo absorbe y asimila cada sustancia muy rápidamente, en comparación con el periodo de luna menguante, en el que el efecto de los venenos es mucho menor, y el cuerpo se opone a las sustancias externas con mayor intensidad, lo que provoca un crecimiento del sistema inmunitario.

La primera fase de la luna creciente es significativa y por ello aparece en varias tradiciones y leyendas populares. Unos días después de la luna nueva, se puede observar en el cielo una media luna muy fina y fascinante, que tiene un valor especial ya que se asocia con la suerte, el cumplimiento de los deseos, el amor a primera vista, el juego y la inocencia. Esta es también la razón por la que en muchas tradiciones populares se dice que cuando se ve la luna creciente por primera vez (es decir, cada vez después de la luna nueva), si se pide un deseo en el corazón se hará realidad.

La luna creciente alcanza un momento de fuerza, de dinamismo, en el punto medio hacia la luna llena, es decir, cuando se forma el primer cuarto. El cuarto, desde el punto de vista astrológico, representa el ángulo de 90 grados entre el Sol y la Luna, también conocido como cuadratura. Es un aspecto que a menudo se considera nefasto, debido a las grandes energías que desata en el ser humano. De hecho, es un aspecto de la acumulación con efecto de choque para los menos preparados para digerir la avalancha de acontecimientos, información y sentimientos.

Desde el punto de vista de la orientación de las energías hacia el interior, la luna creciente facilita la asimilación de la información, la interiorización y la introspección, la resolución de los problemas del pasado, la superación del yo y el estar centrado. También se apoyan especialmente actividades como las compras, y en este sentido se afirma que durante la luna creciente debemos aprender a recibir, apreciar y valorar todo lo que nos llega.

## LUNA LLENA

La luna llena representa el periodo de apogeo de la influencia de la Luna sobre nuestro planeta. Es ese momento en el que el flujo alcanza su máximo, la receptividad crece, la sensibilidad de todos los organismos vivos se amplifica.

Debemos tener en cuenta que la influencia de la luna se manifiesta en primer lugar en los fluidos del organismo y en la psique. Por eso mismo, el simbolismo lunar se relaciona con el subconsciente, el agua, la sensibilidad, la receptividad, la adaptabilidad y el instinto.

Las investigaciones realizadas durante el periodo de luna llena muestran que la mayoría de las personas tienden a un comportamiento instintivo, lo que afecta drásticamente a la toma de decisiones y al discernimiento. Esta es una de las razones por las que no se recomienda tomar decisiones durante la luna llena, ya que estas pueden ser precipitadas, o el resultado de las influencias del entorno y de las distintas personas con las que nos relacionamos, así como de los últimos acontecimientos que nos han impresionado (y que aún están en la «superficie» de nuestro subconsciente).

La influencia nefasta de la luna llena se produce 18 horas antes y 18 horas después del momento del máximo. Este periodo de influencia representa una tolerancia de ± 8 grados del aspecto de oposición entre el Sol y la Luna.

Para comprender mejor la influencia de la luna llena, es necesario observar el movimiento de la Luna en forma de ciclo, que tiene un momento mínimo y otro máximo de influencia. El momento de mínima influencia es el periodo de luna nueva, mientras que el momento de máxima influencia es el periodo de luna llena.

Hemos mostrado cómo la fase de crecimiento (de la luna nueva a la luna llena) es una etapa de acumulación gradual, en la que los procesos de absorción, de sedimentación, son cada vez más intensos. Precisamente por esta razón, la última etapa de crecimiento, que culmina con la luna llena, es un momento de saturación en el que existe la posibilidad de que se produzcan manifestaciones excesivas, es decir, podemos acumular mucho más de lo necesario, comer más de lo que precisamos o asimilar más información de la que somos capaces de aplicar. En la tradición popular, se dice sobre la comida que es importante dejar siempre espacio para la digestión, es decir, no comer hasta que estemos llenos, sino parar un poco antes. Como conclusión importante, es necesario tener sentido de la medida y del equilibrio, especialmente durante esta fase de máxima influencia de la luna.

Hay un momento muy importante en el ciclo lunar, destacado sobre todo en la tradición astrológica oriental, que muestra que en los dos días anteriores a la luna llena, la influencia de este astro se vuelve especialmente beneficiosa para nuestro planeta. Es un día privilegiado, conocido como el día de la belleza y la armonía universales (la denominación oriental de Tripura Sundari simboliza la Gran Fuerza Cósmica de la Belleza y el Amor divino). Es el día en que el sentido de la medida, la armonía y la sensatez son mucho más accesibles para todo ser humano, en el que podemos atemperar las intenciones y ambiciones egoístas tomando conciencia de nuestras verdaderas aspiraciones. Es por eso un día que merece ser consagrado al amor, al arte de la belleza y a las acciones llenas de altruismo.

El resultado de las observaciones sobre este periodo muestra que Tripura Sundari es un día eficaz para implicarnos en acciones de gran profundidad, en armonía con las aspiraciones de nuestra alma, en el que se pueden remediar muchos de los problemas de relación existentes, que amplía la creatividad, las inspiraciones artísticas y la expresión de sentimientos y experiencias; un día ideal para evocar el momento mágico del comienzo de una relación afectiva, para dejarse inspirar por la llamada del corazón, siguiendo sus intuiciones y superando el pragmatismo mental –que suele ser un obstáculo importante en la armonización de una relación–.

Además de estas explicaciones, existen también conformaciones de carácter sutil que nos permiten comprender mejor por qué la luna llena también puede suponer una influencia nefasta. Estas explicaciones se basan en diversas observaciones sobre las transformaciones que aparecen especialmente en los seres humanos durante el periodo de la luna llena. Hemos mencionado que este periodo amplifica la receptividad y la sensibilidad psíquica y mental, pero también debemos comprender que un factor importante en esto es precisamente la influencia del entorno con el que más interactuamos. Aquí nos referimos no solo al entorno social en el que vivimos, sino más bien al contexto global existente en nuestro planeta. La luna llena amplifica los procesos de recepción y asimilación de las vibraciones del entorno, sea cual sea su naturaleza. Así, si las vibraciones del entorno son beneficiosas, las energías con una frecuencia de vibración elevada se depositarán en nuestro subconsciente, generando predisposiciones hacia estados de conciencia más elevados. Por el contrario, si las vibraciones del entorno son hostiles o contienen un predominio materialista, nuestro subconsciente se verá saturado por energías de baja frecuencia vibratoria, generando predisposiciones hacia comportamientos violentos, agitación mental, inquietud interior, acciones instintivas y animales.

No es necesario analizar las estadísticas para darse cuenta de la orientación predominante de las personas en la sociedad actual. Desgraciadamente, la perspectiva materialista y las tendencias instintivas de supervivencia siguen dominando. Precisamente por eso es tan importante protegerse durante los periodos de luna llena. Debemos evitar tomar decisiones importantes, ya que nuestro discernimiento puede verse perturbado por las influencias nefastas de este periodo. Es igualmente importante evitar las discusiones innecesarias, iniciar nuevas acciones, viajar (si no es posible, entonces será imperativo ser muy cuidadoso y descansar, invocando la protección divina tanto antes de salir como durante el viaje), hacer planes, hacer promesas, acciones arriesgadas (travesuras). Debemos eliminar también cualquier toxina o alimento artificial de nuestra dieta.

La luna llena amplifica nuestros estados negativos, como el orgullo, la ira, el egoísmo, las tendencias dominantes, etc., por lo que es muy importante cultivar, especialmente durante este periodo, el sentido común, el desapego, la humildad, la sencillez, la buena voluntad, la satisfacción y, si se es creyente, la fe en Dios. Por eso no está recomendado hacer el amor durante el periodo de influencia nefasta de la luna llena. Durante el acto de amor, debido a la profunda fusión y dilatación de las auras de los dos amantes, existe una gran posibilidad de captar inconscientemente las vibraciones negativas existentes en el entorno. Se ha observado que las parejas que no han respetado esta recomendación se enfrentan con mucha más frecuencia a problemas y tensiones dolorosas, que muchas veces no tienen una motivación real, y aumentan las manifestaciones de celos, las tendencias posesivas y, a veces, incluso los estados de violencia verbal, psíquica y hasta física.

Hace miles de años, cuando las vibraciones de nuestro planeta tenían una frecuencia vibratoria elevada (esto hace referencia a la idea de que hace miles de años, cuando la conciencia, los pensamientos y los sentimientos de los seres humanos eran más positivos, la frecuencia vibratoria de la Tierra era mucho más alta. Esto significa que había más energía en el planeta, lo que podría haber permitido a las personas experimentar una conexión más profunda con la naturaleza, los demás y sí mismos), diferentes pueblos realizaban rituales iniciáticos precisamente en el momento de la luna llena, porque entonces el apogeo cíclico lunar amplificaba la receptividad a las vibraciones superiores existentes en el aura de la Tierra.

Debido a las influencias sobre la psique, muchas personas durante la luna llena se enfrentan a estados de agitación, miedos, ansiedades, así como a problemas durante el sueño (cuando el contacto con el subconsciente es mucho más intenso). Evidentemente, estas influencias varían de una persona a otra y dependen en gran medida de la salud mental, el equilibrio psíquico, las aspiraciones principales y la confianza en uno mismo. En estos casos, se recomienda utilizar plantas medicinales con efectos calmantes, ya sea en forma de macerado en frío o por vía sublingual (en polvo), como la salvia, la valeriana, la acacia, etc.

## LUNA MENGUANTE

El periodo de luna menguante es especialmente favorable para todos los procesos de purificación y desintoxicación; apoya todos los tratamientos destinados a mejorar o curar una enfermedad. Es el momento indicado para el tratamiento de dolencias tanto agudas como crónicas (enfermedades caracterizadas por el crecimiento de los tejidos, como infecciones, acumulación de toxinas, depósitos de piedras), así como para el alivio del dolor, el inicio de dietas, etc.

El poder curativo del tratamiento es mayor en el periodo en que la luna transita por el signo del zodiaco correspondiente al órgano o parte del cuerpo que se está tratando.

Los tratamientos y las curas de desintoxicación deben comenzar el día siguiente al periodo nefasto de la luna llena para poder beneficiarse de las dos semanas completas en las que la luna está menguando.

En medio de este periodo, el día en que se forma el último tercio, debemos tener mucho cuidado de no sobrecargar el cuerpo físico. Esta cuadratura entre el Sol y la Luna amplifica los procesos de purificación y eliminación de toxinas del cuerpo, pero a menudo a través de formas más agresivas, lo que genera dolor o incluso choque en el plano físico. Por eso se recomienda una actitud responsable y templada para estar en armonía con la capacidad de eliminación de nuestro cuerpo. El sentido común nos enseñará siempre, simplemente tenemos que escuchar nuestra voz interior.

# Los signos astrales

El zodíaco se nos presenta como un verdadero viaje simbólico, un «camino evolutivo» completado a través de doce etapas en total, divididas en cuatro fases según los ejes de los solsticios y equinoccios.

La primavera, con el equinoccio del 21 de marzo, 23 de septiembre en el hemisferio sur, fue elegida como punto de partida del zodíaco porque asociamos sus características con la fuerza creativa y entusiasta de todo comienzo. Ninguna etapa es absoluta, y menos las iniciales o las finales que siempre se repiten –de hecho el zodiaco se representa como un círculo–.

El zodíaco es la expresión de un orden natural que se expresa, o más bien se implementa, a través de una ciclicidad que es también una sucesión de niveles superiores, en los que la conciencia se convierte. Lo que se representa en sus doce sectores es, precisamente, el «hombre completo».

Describiremos el significado esencial de cada arquetipo del zodíaco, que simboliza una función psicológica específica dentro de la conciencia. Juntos representan la totalidad de la conciencia humana.

La palabra arquetipo deriva del griego antiguo ⬚ρχέτυπος con el significado de imagen: *arché* ('original'), tipos ('modelo', 'marca', 'ejemplar'). El término se utiliza en filosofía para referirse a la forma preexistente y primitiva de un pensamiento (por ejemplo, la idea platónica); en psicoanálisis, por Jung y otros autores, para hacer referencia a las ideas innatas y predeterminadas del inconsciente humano.

## ARIES: EL VALOR

*Signo de fuego, cardinal, masculino, casa de Marte*

Este arquetipo está asociado a un ciclo completamente nuevo de devenir evolutivo. Expresa el impulso que precede a todo nacimiento, a todo comienzo. Es el despertar de la naturaleza, la fuerza instintiva que rompe los viejos condicionamientos, destructiva y creativa al mismo tiempo. Es la fase de renovación, el impulso vital hacia la liberación y la autoafirmación. Los signos cardinales reflejan la necesidad evolutiva de iniciar una nueva dirección o un nuevo patrón de comportamiento. La representación simbólica del arquetipo cardinal es un patrón de energía que emana del centro hacia fuera (energía centrífuga).

Aries corresponde a una sensación incesante de autodescubrimiento y a un continuo sentido del devenir. Necesita libertad e independencia para actuar de acuerdo con los deseos y experiencias que considere necesarios. Es a través de las acciones realizadas y de las relaciones instintivas con cada nueva experiencia que Aries aprende más sobre su identidad.

El punto de polaridad de Aries es Libra, lo que indica que todos debemos aprender a equilibrar y armonizar nuestras necesidades con las de los demás. Libra representa las lecciones indispensables de la igualdad y el equilibrio frente a la dominación y la prepotencia. Cuando hacemos esto, la auténtica belleza de Aries puede por fin brillar y podemos animar y motivar a los demás a ser y realizar lo que son intrínsecamente, es decir, seres únicos y especiales.

### Simbología estacional

Es el comienzo de la primavera en el hemisferio norte, la naturaleza despierta y todo se abre para que comience el nuevo ciclo de la vida.

### Mitología

✦ **Atenea/Minerva**. Caracteriza el elemento del signo. Aguerrida, fuerte, decidida; en la sombra Minerva es consciente de que la guerra es como la destrucción y no busca la lucha por la lucha, sino que actúa en defensa de sus propios derechos comprometidos y los de los demás. Es la mujer Aries la que asume el papel de líder, de cabeza de familia, sin renunciar a su propia feminidad. Atenea representa a la mujer Aries que no se somete a la voluntad del varón, que a menudo está en conflicto o compite con él.
El signo de Aries es el primero del zodíaco, el que en el cuerpo humano representa la cabeza. En el mito, Atenea surgió de la cabeza de su padre Zeus (como en la versión romana Minerva surgió de la cabeza de Júpiter).

✦ **Ares/Marte**. En la versión de Ares, es el hombre agresivo de Aries, que lucha por ganar, rebelde y pendenciero, prepotente más que decidido, voluble en el amor y en los intereses. Al igual que Marte, representa al hombre del signo que sabe luchar y lo hace lealmente, en defensa antes que en ofensa, celoso de su familia por la que ningún sacrificio parece demasiado grande. Es más humano y juguetón que el otro, pero no tiene menos agallas cuando se ve acorralado: deja las cosechas y el arado y empuña la espada.

✦ **Vellocino de oro**. Es Aries en su versión generosa, cuando es capaz de sacrificarse para ayudar a los demás. El mito occidental más antiguo relacionado con Aries es el de los argonautas en busca del vellocino de oro, un mito heroico que celebra el ingenio, la virilidad y el valor.

## TAURO: EL BIENESTAR

*Signo de tierra, fijo, femenino, casa de Venus*

En el arquetipo de Tauro podemos enraizar o dar una base sólida a ese sentido de identidad (signo de tierra) y establecer una relación con nosotros mismos (diálogo interior). Tauro es un signo fijo, por lo que se asocia al funcionamiento estático, lo que alude a la naturaleza de este arquetipo. Aquí tenemos la condensación y concreción de las energías vitales. En la naturaleza es la fase de abundancia exuberante, con ritmos más lentos y estables. Las cosas empiezan a tener forma y utilidad, mientras se definen las escalas de valor y el sentido de la posesión.

Tauro, como tal, corresponde al instinto de supervivencia que determina la necesidad de ser autosuficiente y dueño de sí mismo. La resistencia al cambio en los signos fijos puede ser bastante intensa en relación con nuestras inseguridades cuando se nos pide que cambiemos viejas pautas de comportamiento.

El punto de polaridad de Tauro es Escorpio, que se asocia generalmente con la conciencia de los niveles más profundos de la realidad, así como con el proceso de evolución, metamorfosis y transmutación. Por lo tanto, este arquetipo simboliza la necesidad de afrontar y superar todas las limitaciones internas que impiden el crecimiento.

**Simbolismo estacional**

Es el signo que representa la primavera (hemisferio norte). Toda la naturaleza está ocupada dándose una nueva vida: los árboles se cubren de hojas, el clima se vuelve más suave y el universo parece querer apaciguarse para permitir que la nueva savia dé sus frutos.

**Mitología**

✦ **Gea**. Todos los signos de tierra tienen como arquetipo principal a la Gran Madre en sus diversos matices. Para los Tauro, sea cual sea su sexo, Gea es la primera divinidad que genera a todos los demás dioses; es la fertilidad independientemente de la sexualidad. Ella es el alimento.

✦ **Inanna**. Antigua diosa sumeria del amor, la sensualidad y la fertilidad. Todas las antiguas diosas que presidían el amor tomaron el nombre de Ishtar, Isis, Afrodita o Venus. Tienen mitos que poco a poco se han vuelto más complejos, pero la base es la tríada: amor-nacimiento-crianza. Representan al Tauro, hombre o mujer, ocupado en el día a día para mantenerse a sí mismo y a su familia.

## GÉMINIS: LA COMUNICACIÓN

*Signo de aire, móvil, masculino, casa de Mercurio*

Géminis se asocia con la adquisición de diversos datos e información del entorno exterior. Este arquetipo simboliza la necesidad de ordenar y clasificar el mundo de forma lógica y empírica (signo de aire de orientación mental). Es la conquista del aire por la vegetación, que se eleva con su follaje y se expande a través del polen. Es expresión de la curiosidad, movimiento, interacción. La representación simbólica del arquetipo del mueble es una espiral concéntrica que refleja la adaptabilidad al cambio.

Géminis simboliza la necesidad de dar nombres y clasificaciones al entorno fenoménico, haciendo hincapié en los hechos más que en las verdades metafísicas más profundas.

El punto de polaridad de Géminis es Sagitario, que se asocia con el hemisferio derecho del cerebro y la intuición, y corresponde a la necesidad de comprender la existencia desde un punto de vista cosmológico, filosófico o metafísico. El signo simboliza, por tanto, la estructura cognitiva.

### Simbolismo estacional

Es un signo de transición. Representa el paso de la primavera al verano en el hemisferio norte. La naturaleza está ocupada completando su primera maduración, el clima empieza a ser más cálido, el verano se hace sentir aunque todavía no de forma decisiva.

### Mitología

✦ **Cástor y Pólux**. Al igual que los demás gemelos pertenecientes a las distintas religiones, son símbolo de Géminis, de la llamada doble personalidad de los nacidos bajo este signo. En realidad, el concepto de dualidad es un error en el que caen muchas personas, mal informadas por ciertos astrólogos. Un signo doble significa simplemente estar a caballo entre dos estaciones. Las dos personalidades, la divina de Pólux y la terrenal de Cástor, son en su mayoría distintas en los diferentes representantes. Pólux representa al Géminis serio, distante, diplomático y algo hipócrita, o dotado de sentido de la oportunidad si se prefiere. Cástor representa al Géminis excesivamente imaginativo, a menudo mentiroso, a veces superficial, amable y generoso, pero también cruel y desleal.

✦ **Helena y Clitemnestra**. Son las gemelas de Cástor y Pólux. Helena es la esencia divina, tiene las características femeninas de Pólux. Clitemnestra es la mortal, y posee las características femeninas de Cástor.

## CÁNCER: EL FUNDAMENTO O ARRAIGO

*Signo de agua, cardinal, femenino, casa de la luna*

Este arquetipo corresponde a nuestra imagen de nosotros mismos y a nuestra estructura egocéntrica. Estas permiten una integración consciente de nuestras lecciones evolutivas a través de la emocionalidad (signo de agua). Es la fase de gestación de los frutos y de las nuevas semillas. En el solsticio de verano, el máximo esplendor del sol define el arraigo y el enraizamiento de las energías y una inmovilidad momentánea en la que la conciencia retrocede, a través de la memoria, la pasividad y las emociones.

Cáncer corresponde a la naturaleza de la madre, la figura femenina clave y el papel que desempeña en nuestras vidas. El punto crucial dentro de estas correlaciones es la alimentación emocional.

El punto de polaridad de Cáncer es Capricornio, la lección de la madurez emocional y de asumir la plena responsabilidad de los propios actos. Por ello, el arquetipo refleja la naturaleza de nuestros patrones de condicionamiento cultural y social. Debemos ajustarnos a la opinión predominante en la sociedad. A través de la polaridad Capricornio, asumimos la responsabilidad de nosotros mismos y de nuestras acciones y aprendemos a realizarnos a través de nuestro propio esfuerzo y autodeterminación.

## Simbolismo estacional

Corresponde al comienzo del verano en el hemisferio norte, cuando la luz es más intensa y la duración del día supera a la de la noche.

## Mitología

✦ **Luna**. Generalmente se dice que los nacidos bajo este signo se sitúan bajo el dominio de la luna. Pero esta tiene muchas caras y, si está representada por Latona, la noche por excelencia, primera esposa de Júpiter y madre de Apolo y Diana, tenemos a un Cáncer, hombre o mujer, que acaba olvidándose de tener una pareja y sexo. Celoso hasta la locura de su querido vástago, dedica toda su vida a su crianza. Si está en la versión de Hécate, es el padre castrador, el que ve en los hijos una extensión de sí mismo, no seres independientes con personalidad y vida propias.

✦ **Mercurio**. Esta es la versión más espiritual, referida al protector de la medicina y guardián de las puertas del más allá. Hermes Trismegisto –que tenía dominio sobre los cielos, la tierra y el mundo de los espíritus– es una de las mejores representaciones de la personalidad de los nacidos bajo este signo, que se basa en la sensibilidad, la capacidad de percepción y que tiene picos mediúmnicos.

## LEO: LA AUTOEXPRESIÓN O LA CREATIVIDAD

*Signo de fuego, fijo, masculino, casa del Sol*

El arquetipo de Leo está esencialmente relacionado con la autorrealización creativa. Simboliza la necesidad de tomar el control del propio destino y de realizarlo por la fuerza de la voluntad (signo masculino). Es un arquetipo

ardiente, que refleja el sentido de un propósito y un destino particular, que en su interior es conocido y completo y exige ser realizado creativamente. Aquí tenemos el máximo desarrollo de la vegetación y de los frutos, de ahí la plena afirmación de la individualidad y la soberanía egoicas. La vida madura y se expresa como una manifestación visible y continua del ser. Las distorsiones esenciales de este signo son la formación de una estructura piramidal de la realidad que crea una orientación vital más o menos narcisista y delirios de grandeza.

Leo corresponde a una compulsión de facto por ser considerado maravilloso y especial por los demás. Cuando el alma vincula el propósito particular de uno con una necesidad socialmente relevante, las cualidades innatas de liderazgo y la fuerza de voluntad del Leo pueden brillar.

El punto de polaridad de Leo está en Acuario, lo que, como acabamos de ver, indica la necesaria conexión entre un propósito privado y otro socialmente relevante, así como la necesidad de desarrollar una conciencia objetiva, de nosotros mismos y de la vida en general, y de desprendernos de la estructura piramidal.

### Simbolismo estacional

Representa el pleno florecimiento del verano. El calor seco caracteriza el clima. Las precipitaciones se reducen. Todo en los campos madura. Es el tiempo de la gran cosecha. La noche es cálida y estrellada y todo parece querer descansar en la quietud de las largas siestas.

### Mitología

✦ **Apolo.** Es el arquetipo por excelencia del Leo, sea cual sea su sexo. Al igual que el dios al que le gusta dar una imagen de esplendor y de grandeza, consienten con una pizca de dignidad a los demás, siempre considerados un escalón por debajo. No son simpáticos, pero uno no puede dejar de admirarlos por su forma de proceder entre lo regio y lo desprendido, casi sin dejarse tocar por los asuntos humanos. Son el Leo que tanto se quiere a sí mismo, que no desea tener rivales, que no duda en recurrir a maniobras cuestionables para despejar del camino a cualquier rival. Al igual que el dios (démosle el beneficio de haber sido instigado por su madre Latona) que no dudó en matar a los hijos de Niobe, la mezquina mujer que se había atrevido a decir que sus propios vástagos eran más hermosos que los de la diosa.

✦ **Hércules**. Es la otra cara del Leo, que representa a los sujetos, hombres o mujeres fuertemente humanos. Es el Leo que siempre habla demasiado alto, que invade los espacios de los demás, con las mejores intenciones del mundo, pero siempre de forma prevaricadora hasta el punto de ser insultante. Es excesivo en todas sus manifestaciones, a menudo rechazado, pero posee fundamentalmente un sentido de la dignidad que, a fuerza de humillación, puede alcanzar la perfección, mezclando las cualidades de Apolo con su propia y cálida humanidad.

## VIRGO: LO PRÁCTICO

*Signo de tierra, móvil, femenino, casa de Mercurio*

Virgo es un arquetipo de transición, es decir, en el que se pasa de una «visión» y un desarrollo egocéntricos (subjetivos) simbolizados por Aries-Leo, a una «conciencia» y un desarrollo egocéntricos (objetivos), simbolizados por Libra-Piscis. La conciencia egocéntrica significa que el ser conecta progresivamente su identidad con sistemas cada vez más grandes, hasta llegar a lo universal. En este arquetipo, tomamos conciencia de nuestras carencias, imperfecciones y defectos, lo que pone de manifiesto sentimientos de inferioridad, inadecuación y duda. De esta conciencia surge la necesidad de mejorar, depurar y adaptar. Básicamente, tenemos que hacer estallar el ego orgulloso que viene de Leo. Además, Virgo corresponde a un comienzo de conciencia/consideración de los demás. Una de las lecciones más profundas de Virgo es el discernimiento que significa separar la realidad actual de todas las ilusiones que puedan estar presentes en nuestra mente.

El punto de polaridad de Virgo está en Piscis, que simboliza la culminación de todo un ciclo de evolución. Piscis refleja la necesidad de perdonarse a sí mismo y de tolerar todos sus defectos, imperfecciones y errores.

Con la cosecha, es el momento de volver a poner lo recolectado en los graneros. La naturaleza comienza a secarse y a encogerse, diferenciándose y adoptando aspectos y límites precisos. Es la fase de reorganización y discriminación funcional de los resultados obtenidos. En Virgo, el peligro es permanecer tan apegados a las imperfecciones, los defectos y las carencias, que nos convirtamos en nuestro peor enemigo. En el escenario más negativo, nos quedamos completamente paralizados e incapaces de actuar.

## Simbolismo estacional

Representa el inicio del ciclo otoñal. Los frutos han madurado o están madurando. Los días comienzan a acortarse y aparecen las primeras lluvias acompañadas de tormentas. Es hora de que la cosecha se complete. Se hace un balance del año y se prepara para comenzar un nuevo ciclo.

## Mitología

✦ **Astrea/Diké.** Es uno de los arquetipos más antiguos. Esta diosa, habiendo venido a la Tierra para ayudar a los hombres, huyó a los cielos molesta por su maldad. En lugar de encontrar soluciones a los problemas ofrecidos por el azar o creados por ella misma, huye.
✦ **Deméter**. Segunda Madre de la Tierra. Bajo la apariencia de una madre que llora la pérdida de su hija Perséfone, representa a los nacidos bajo este signo que no soportan nada que no esté en consonancia con sus deseos, que no dudan en vengarse de por vida si alguien no sigue sus consejos, lo que, en realidad, es una fina imposición.
✦ **Perséfone**. Hija raptada de Deméter y esposa de Plutón, representa a la Virgo que, bajo el aire recatado, anhela experiencias sentimentales y/o eróticas, posiblemente sin darlas a conocer.

## LIBRA: EL EQUILIBRIO

*Signo de aire, cardinal, masculino, casa de Venus*

El arquetipo de Libra se asocia con el establecimiento de diversas relaciones. Evalúa su identidad a través de la confrontación con los demás, tomando conciencia de ella en un contexto social. El inicio de las relaciones desencadena la necesidad de escuchar objetivamente a quienes nos rodean para comprender la realidad desde su punto de vista, no el nuestro. Esto hace que se tome conciencia de la relatividad de las necesidades personales y del valor de la vida en general. Además, aprendemos a identificar objetivamente la realidad tal y como se presenta a los demás, para saber qué y cómo darles según la necesidad real. Esta es una lección crucial para Libra debido a su necesidad de integrarse en la sociedad y de operar en las relaciones en pie de igualdad, en lugar de hacerlo en base a la dominación y sumisión. Libra refleja la ley natural de dar, compartir y aceptar. Venus está asociada a la psicología de la escucha de los demás, sin embargo, Libra se asocia a una psicología de todo tipo de extremos y desequilibrios y a la necesidad de alcanzar o conocer un equilibrio.

Libra simboliza la necesidad de completarse a través de las relaciones con los demás. En su expresión distorsionada, se manifiesta como una necesidad de sentirse indispensable. En esencia, desplazamos nuestras necesidades emocionales proyectándolas en nuestra pareja para verlas satisfechas. Hasta que no hayamos aprendido a satisfacer nuestras necesidades en nuestro interior, los extremos, los desequilibrios y las codependencias permanecerán en nuestras relaciones.

El punto de polaridad de Libra está en Aries y simboliza la necesidad de encontrar el valor para afrontar el camino en solitario y desarrollar nuestra propia identidad.

Hemos llegado al equilibrio de los días y las noches, lo que presagia una fase de descanso en la que las formas exteriores empiezan a dar paso a las interiores.

### Simbolismo estacional

Es el signo que corresponde al comienzo del otoño en el hemisferio norte. Los frutos que aún no han alcanzado la madurez maduran. El vino fermenta en cubas y barriles. La naturaleza se prepara para recibir la semilla. Los días son más frescos y se alternan lluvias y claros.

**Mitología**

✦ **Vulcano**. El dios cojo que forjaba armas y joyas representa bien a una parte de los nacidos bajo este signo. Su gusto por la belleza es indudable, ya que fue el creador de todas las joyas de las diosas, y porque fue el marido de Venus, aunque esto fue una broma que le gastaron sus padres, Júpiter y Juno, que se arrepintieron de haberle repudiado y expulsado del cielo. Para compensarlo, le dieron a la más bella, que le fue infiel en numerosas ocasiones. Vulcano era también el dios que en las disputas no estaba de acuerdo con nadie por principio, pero siempre analizaba los hechos. El sentido de la justicia de Libra es proverbial. Es experta en resolver las disputas de los demás, salvo que ella misma no puede tomar decisiones rápidas.

✦ **Amor y Psique**. Los dos tiernos amantes, él dios y ella mortal, representan las dos placas de Libra, que vibran desunidas cuando el ego está sin el otro, mientras que alcanzan el equilibrio cuando se encuentran y se funden.

## ESCORPIO: LA REGENERACIÓN O LA TRANSFORMACIÓN

*Signo de agua, fijo, femenino, casa de Plutón*

El arquetipo de Escorpio simboliza el alma y el proceso de metamorfosis y evolución. Plutón, Escorpio y la casa 8 reflejan áreas de seguridad emocional enterradas en el inconsciente que cada uno de nosotros posee a través de nuestra correlación con el alma. Por eso este arquetipo representa las compulsiones, las obsesiones y la resistencia al desarrollo (signo fijo). En este arquetipo, nos enfrentamos a nuestras limitaciones y debilidades que debemos superar si queremos evolucionar. En consecuencia, podemos experimentar sentimientos de poder o de impotencia. El arquetipo simboliza la conciencia de las fuerzas universales para fundirse con ellas, representadas en última instancia por Dios y Satán, el bien o el mal. El arquetipo refleja el choque entre el ego y el alma en relación con los dos deseos que coexisten en esta última. El alma quiere crecer, pero el miedo a lo desconocido, unido a los patrones preexistentes de seguridad emocional, crea la necesidad de alimentar los deseos de separación y la vieja orientación en la vida.

Escorpio pretende penetrar en las profundidades de toda dinámica que impida un mayor desarrollo. Esto crea la necesidad de comprender psicológicamente nuestras motivaciones, intenciones y deseos, así como la necesidad de comprender a los demás de la misma manera. Además, la necesidad de evolución y transmutación crea la necesidad de experimentar o cuestionar lo que se define como tabúes prohibidos por la sociedad. Escorpio se asocia con la dinámica de la manipulación, el abuso, la derrota y la traición.

El punto de polaridad de Escorpio es Tauro, que simboliza la necesidad de aprender la autonomía y la confianza en sí mismo. En esencia, debemos crear en nuestro interior los símbolos de poder y transformación.

Es la fase final del ciclo vegetativo, cuando las hojas caen y se descomponen. Los impulsos energéticos llegan aquí a su agotamiento mientras que los valores objetivos y externos se desintegran como el orden alcanzado, generando humus y fuerza regenerativa.

### Simbolismo estacional

Representa la primera fase del invierno. El mundo se esconde en la belleza de sus colores, el gris y la oscuridad se convierten en las notas dominantes del cielo, las lluvias se hacen cada vez más frecuentes, aparece la nieve, todo se retrae y se adormece mientras la personalidad de Escorpio se esconde tras un manto de aparente fijeza.

### Mitología

+ **Príapo**. Dios recordado por sus genitales exagerados, de los que se dice que recuerdan a la sexualidad de Escorpio. En realidad, el enorme sexo de Príapo estaba relacionado con la fecundación, pero de la naturaleza de la que era protector. Este dios retrata bien al Escorpio que ama la naturaleza, que se encuentra más a gusto como hombre de los bosques que como prisionero del hormigón.
+ **Orión**. El mítico cazador oprimido por los dioses, que trató de superar el destino adverso utilizando sus propias armas. Suficientemente bueno

como para vencer a Diana, que en lugar del premio prometido lo hizo morir por un escorpión, representa a los nacidos bajo el signo cuando están en las garras de una crisis autodestructiva, cuando abrumados por la vida tocan fondo. Al igual que Orión se situó en el cielo en la constelación que lleva su nombre, los Escorpio pueden volver a la superficie, renovados en su espíritu, tras las experiencias más difíciles que les ofrece el azar o su propio comportamiento.

✦ **Plutón.** Dios del inframundo, representa la fuerza secreta de Escorpio, ese poder de autorregeneración que le permite volver a encontrarse a sí mismo tras las pruebas más difíciles.

## SAGITARIO: EXPANSIÓN DE LOS CONOCIMIENTOS Y HORIZONTES

*Signo de fuego, móvil, masculino, casa de Júpiter*

Sagitario tiene que ver con la necesidad de comprender nuestra conexión con el universo en un contexto cosmológico, filosófico o metafísico, que crea el sistema o la estructura de creencias con el alma. Este arquetipo simboliza la intuición, porque somos conscientes de que formamos parte del universo. La intuición significa que sabemos sin saber cómo. Simboliza nuestra capacidad de enseñar y generar sabiduría, pero implica un problema: la necesidad de aprender a comunicar el conocimiento intuitivo de forma que pueda ser entendido por la mayoría (punto de polaridad Géminis). En otras palabras, dado que dicho conocimiento es intuitivo, generalmente experimentamos frustración al intentar comunicarlo en un sistema lógico de lenguaje que pueda ser entendido por nuestros compañeros. Como todos los signos de fuego, Sagitario está asociado a la necesidad de libertad e independencia, necesarias para que el individuo entre en armonía con las ideas hacia las que se siente intuitivamente atraído, es decir, el arquetipo no permite ninguna restricción a lo que uno siente que quiere creer y experimentar.

El sentimiento de un destino especial que tiene Sagitario está ligado a la estructura cognitiva específica hacia la que se orienta, que determina cómo interpreta cualquier acontecimiento y, en última instancia, la vida misma. En un nivel profundo, Sagitario se asocia con los principios que describen cómo funciona la propia creación. Por eso, el arquetipo tiene que ver con la verdad y la honestidad. Sin embargo, si se distorsiona, puede asociarse con la deslealtad y la mentira. Otra distorsión común de este arquetipo es la necesidad de convencer o persuadir a los demás de las ideas que el individuo percibe como verdaderas.

El punto de polaridad de Sagitario está en Géminis, lo que refleja la necesidad de darse cuenta de la relatividad y la diversidad de los caminos que conducen a la misma meta, así como la necesidad de dar cabida a diferentes puntos de vista que expresan la ley natural.

### Simbolismo estacional

La maduración del final del otoño en el hemisferio norte.

### Mitología

✦ **Quirón**. El centauro, nodriza seca de los héroes abandonados cuando eran niños y falsos hijos de Júpiter, representa la parte más noble del signo. Quirón es un centauro; se le representa en el acto de disparar una flecha y es un símbolo de poder e ingenio. Su flecha no pretende herir el cielo, sino establecer contacto con él, con lo lejano. Representa al Sagitario aventurero, que galopa hacia nuevas metas, que desafía el peligro confiando tanto en sus propias fuerzas como en la protección celestial. Quirón es mitad hombre y mitad caballo, pero en su mito prevalece el lado humano.

✦ **Hyssion**. Padre de los centauros. Mató a su suegro, fue perdonado por Júpiter y como recompensa se enamoró de Juno. Júpiter le envió una nube a semejanza de la diosa a la que deseaba. Néfeles, la nube, dio a luz entonces al primer centauro, del que también descendió Neso. Este representa la parte menos noble de Sagitario, es decir, los que viven con buenas intenciones, pero pecan con gran placer, sin tener en cuenta las consecuencias.

✦ **Diana**. Esta virgen siempre enfadada representa al Sagitario hablador, impaciente y superficial cuyo lema es «haz lo que yo diga, pero no lo que yo haga».

## CAPRICORNIO: LA CULMINACIÓN

*Signo de tierra, cardinal, femenino, casa de Saturno*

En el arquetipo de Sagitario hemos establecido nuestro sistema de creencias, armonizando con las leyes y principios naturales del universo. Ahora, en Capricornio, creamos una estructura interior (arquetipo femenino) en la que estas mismas creencias se cristalizan, es decir, se materializan en la realidad exterior (arquetipo tierra). Capricornio refleja la naturaleza de los patrones de condicionamiento cultural, en relación con los cuales puede manifestarse una distorsión representada por la represión y la supresión de nuestras emociones naturales, causada por la dinámica y la necesidad de ajustarse a las normas socioculturales. También se manifiesta en este arquetipo la dinámica del control, es decir, la necesidad de controlar tanto el entorno externo como a las personas o nuestras propias emociones (represión), una reacción provocada por el miedo a perder ese dominio sobre las circunstancias de nuestra vida.

Capricornio simboliza la necesidad de hacerse oír en la sociedad. Sin embargo, es esencial que esta voz provenga de nosotros mismos, sin depender ni estar dominados por un papel social determinado. Una distorsión común es la identificación excesiva y egocéntrica con una carrera o un papel social, provocada por la dinámica de un estatus social muy elevado. Cuando esto ocurre, el peligro es querer seguir una determinada carrera solo por la posición social. Una enseñanza o intención esencial para este arquetipo es la necesidad de aceptar la responsabilidad de nuestros actos y de madurar emocionalmente. Por eso se asocia a la moral.

El punto de polaridad del signo es Cáncer, que ilustra la enseñanza fundamental de la interiorización de la seguridad emocional, que no puede depender ni del estatus social ni de la carrera emprendida. También refleja la necesidad de admitir nuestra vulnerabilidad, así como la capacidad de nutrirnos a nosotros mismos y a los demás.

En el solsticio de Invierno todo lo que se podía lograr está ahora completo, y la nueva vida es un germen protegido en la oscuridad de la conciencia.

Es la fase del desprendimiento, del silencio, de la concentración, de la responsabilidad de una nueva concepción.

**Simbolismo estacional**

La inactividad invernal en el hemisferio norte.

**Mitología**

✦ **Pan**. Dios sabio, virtuoso, culto, tenaz, físicamente no favorecido por la naturaleza, con sus amores no correspondidos y su valor silencioso representa muy bien a Capricornio en su mejor momento. Valiente y nunca manso, tímido, puede llegar a reprimir el lado humano sin afectar a la rica espiritualidad.

✦ **Amaltea**. Ya sea cabra o ninfa, el hecho es que amamantó al pequeño Júpiter quien, una vez que se hizo dueño de todas las cosas, creó la constelación de Capricornio como compensación. La cabra y la ninfa representan bien el alma sencilla de los nacidos en el signo, personas que evitan las florituras, van al grano y llevan a cabo acciones importantes sin andarse por las ramas.

## ACUARIO: LA LIBERTAD DE LOS CONDICIONAMIENTOS EXTERNOS

*Signo de aire, fijo, masculino, casa de Urano*

En el arquetipo de Acuario tenemos que liberarnos de todos los viejos patrones para llegar a nuestra esencia interior y peculiar. Los budistas llaman a este estado «diamante del alma». Acuario refleja la necesidad de soltar los recuerdos de vidas pasadas que influyen en nuestro comportamiento actual. La  liberación se logrará mediante la armonización con la ley natural. El arquetipo del acuario es importante porque desencadena la transformación a nivel personal y colectivo. Tenemos que cuestionar las normas, las costumbres y los tabúes de la sociedad para que se produzca la diferenciación y la liberación. Debemos encontrar dentro de nosotros mismos la fuerza para ser individuos únicos, sin conformarnos con los patrones culturales condicionantes. Una de las enseñanzas más profundas de Acuario es aprender a estar solo si es necesario; refleja la capacidad de desprenderse del entorno y de la propia emocionalidad. En esencia, nos alejamos de la inmediatez del ego (punto de polaridad Leo) y aprendemos a ver la vida y a nosotros mismos de forma objetiva e impersonal, además de alejarnos de las masas.

La aplicación negativa de Acuario es el desapego de la emocionalidad y de la interacción con los demás. Este arquetipo también nos hace conscientes de nuestra diferencia con la mayoría de las personas que nos rodean, mostrándonos lo que es peculiar y único en nosotros. Esta es la razón por la que necesitamos unirnos a otros con una mentalidad similar a la nuestra, encontrando fuerza y apoyo en personas que también se sienten diferentes y buscan realizar su individualidad independientemente de la sociedad de masas.

El punto de polaridad de Acuario es Leo. Refleja la necesidad presente en todos nosotros de darnos cuenta de lo que es peculiar y único en nosotros. Un problema común es el de sentirse inseguro. Otro problema que surge es la dependencia del grupo de nuestros compañeros en el contexto de la autorrealización creativa, que el individuo no pondrá en práctica si los que le rodean no han actuado antes de la misma manera. El punto de polaridad refleja la necesidad de hacernos cargo de nuestro destino especial y forjarlo mediante la fuerza de voluntad.

Es la primera asimilación de energía de la nueva semilla, que comienza a tomar posesión de su esencia como futura planta. Las energías entran en la etapa superior en un sentido universal. El ego ha abandonado su egocentrismo y trabaja con fines comunes.

### Simbolismo estacional

Es la antesala de la primavera. La semilla ha echado sus raíces y la planta, a través de la savia que fluye por ellas, se prepara para salir a la superficie.

### Mitología

✦ **Prometeo**. Es el arquetipo que mejor representa las cualidades del signo que, si no se mantienen a raya, pueden convertirse en defectos.

Prometeo creó al hombre por sí mismo y quiso darle todo el conocimiento de Dios. Según otras versiones del mito, robó el fuego a los dioses (también puede entenderse como conocimiento) para dárselo a los hombres y, a partir de ese momento, los hombres pasaron de ser seres ingenuos y buenos a convertirse en lo que aún hoy tenemos ante nuestros ojos. Acuario tiene la peculiaridad de dar todo a todos y de estar a la cabeza de esta masa conocedora.

✦ **Juno**. La reina de los dioses es el arquetipo, por encima de todas las mujeres del signo, aunque encarne sus lados menos excitantes. Es la segunda esposa de Júpiter, ha intrigado para suplantar a su anterior esposa y, consciente de sus propias intrigas, controla a su consorte y castiga a las pobres víctimas y al fruto de la culpa. Representa a los que predican bien, se revisten de respetabilidad y luego sufren de envidia y utilizan métodos injustos para deshacerse de los rivales.

## PISCIS: LA SUBLIMACIÓN DEL RETORNO AL ESPÍRITU

*Signo de agua, móvil, femenino, casa de Neptuno*

En el arquetipo de Piscis ponemos fin a todo un ciclo de evolución para dar paso a uno nuevo (simbolizado por Aries). El Piscis representa una combinación de todos los arquetipos que le precedieron. Hay que destruir todas las barreras egocéntricas, físicas, emocionales y espirituales que impiden una conexión directa y consciente con el origen. El arquetipo simboliza las verdades externas y universales, lo absoluto y lo infinito. Piscis se asocia con el impulso trascendente en la conciencia. En ella se experimenta la inmortalidad del alma. El punto en el que se sitúa Neptuno, Piscis o la casa 12 en la carta natal simboliza la forma natural en la que cada alma tiende a evolucionar. El anhelo de un significado supremo se refleja en Piscis en el deseo de reunirse con la fuente, por eso simbolizan todo tipo de ideales.

Piscis representa los fenómenos de la conciencia. Una manifestación negativa del arquetipo es la psicología de la evasión o la evitación de la realidad, la creación de una vida imaginaria muy activa en un intento de escapar de la verdad. Una lección clave de Piscis es eliminar el victimismo (punto de polaridad en Virgo). El punto fundamental es interpretar la decepción en un sentido positivo, para asimilar la enseñanza de que somos cocreadores con la fuente y que el significado supremo solo puede encontrarse en el alma a través de una conexión directa con el Creador.

El punto de polaridad está en Virgo, lo que indica la necesidad de crear rituales, técnicas y métodos específicos para promover nuestro desarrollo espiritual de forma práctica. Una vez asimiladas las enseñanzas del punto de polaridad, el arquetipo de Piscis puede expresarse como iluminación divina y progreso espiritual ininterrumpido. El individuo ha analizado y anulado todas sus ilusiones. Ahora el alma puede, a su vez, ayudar a otros a eliminar la suya. En las formas superiores de evolución, Piscis se revela a través de los grandes maestros espirituales de nuestro tiempo.

En la naturaleza es una fase de transición, en la que nada es más o menos. En esta fase, las energías se disuelven en la esfera indiferenciada de lo posible, lo inefable, la vida latente. La parte se funde en la conciencia del Todo indiviso, a la espera de la nueva individuación.

### Simbolismo estacional

Es el momento de transición entre el final del invierno y los primeros signos de la primavera. Las nieves se derriten y brotan las primeras plantas. Todo está aún sin definir, pero se prepara para renacer.

### Mitología

✦ **Piscis**. Los dos grandes peces –que alguna versión del mito los identifica con delfines– que salvaron a Venus y a Cupido de las lujurias del gigante Tifón, y que fueron colocados en el cielo por Júpiter como agradecimiento, representan la mejor parte del signo. Son el amigo o la amiga generosos, altruistas, desinteresados, quizás utópicos, pero indudablemente queridos, siempre presentes en momentos de necesidad y que no envidian la ayuda moral y material prestada.

✦ **Dercetus**. Es otra de las grandes madres de la antigüedad. Intenta sustituir a Venus como diosa del amor, pero se descubre su juego. Venus, enfurecida, le inspira una loca pasión por un sacerdote. Nace una hija, o un hijo, Derceto. Deja morir a su amante, abandona a la criatura y se suicida. Las versiones son muchas, pero la sustancia no cambia, Derceto representa a los nativos del signo que sueñan con metas inalcanzables, se mienten incluso a sí mismos, son neuróticos y están perpetuamente descontentos. A la hora de hacer cuentas huyen, evitando toda responsabilidad, despotricando contra el cruel destino y sin reconocer sus propios errores.

✦ **Constelación de Ofiuco:** es uno de los 88 círculos celestes reconocidos por la Unión Astronómica Internacional. Está situada en el hemisferio sur, entre las constelaciones de Libra, Cefeo, Tucana y Escorpión. Esta constelación fue reconocida por primera vez por el astrónomo griego Ptolomeo en el año 150 d. C. y fue nombrada en honor al dios griego de la sabiduría, Ofiuco. Se trata de una constelación relativamente moderna, ya que fue reconocida oficialmente por la Unión Astronómica Internacional en 1922.

En la mitología griega, Ofiuco representaba a una criatura mitad hombre y mitad serpiente, y era uno de los primeros en enseñar el arte de la adivinación a los mortales. Se le atribuye haber concedido el don de conocer el destino a los humanos. Esta constelación se asocia además con la figura de la Serpiente Emplumada, una deidad importante dentro de la cultura azteca que simbolizaba la sabiduría. En la antigua Grecia, Ofiuco era considerado un dios que traía prosperidad y buena suerte a aquellos que se comprometían a respetar su culto. Por esta razón, era venerado por muchos y su constelación era considerada una señal de esperanza para aquellos que la veían en el cielo.

En la mitología egipcia, Ofiuco era conocido como el dios Thoth, el dios de la sabiduría y el conocimiento. Fue representado como una ave con cabeza de hombre y cuerpo de serpiente, y era venerado como el creador de las escrituras sagradas. La cultura egipcia asoció a Ofiuco con la idea de una energía superior que se encuentra en todas las cosas vivas. Esta energía es la fuente de conocimiento y sabiduría que se necesita para entender el mundo. También en la mitología egipcia, Ofiuco se relaciona con la diosa de la fertilidad y la renovación, Isis. Se cree que la constelación marcaba el inicio de la estación de las inundaciones, que traían nueva vida y renovación a la tierra. Por esta razón, la constelación de Ofiuco es considerada un símbolo de la fertilidad y la renovación en la mitología egipcia.

La cultura romana también tenía una relación con Ofiuco. En la mitología romana, se asociaba a Ofiuco con la figura de Jano, un dios importante que simbolizaba la sabiduría y el conocimiento de los humanos. Jano era representado como una figura con dos cabezas, una de hombre y otra de serpiente. En la mitología de los pueblos indígenas de América del Norte, Ofiuco era conocido como el Gran Espíritu, una entidad sobrenatural que habitaba en todas las cosas y que simbolizaba la armonía entre la naturaleza y los humanos. Por esta razón, era considerado un dios protector y se le atribuían grandes poderes de curación.

En la mitología sudamericana, Ofiuco está relacionado con el mito de la serpiente emplumada o Quetzalcóatl, que es un personaje importante en la mitología mesoamericana. La leyenda cuenta que Quetzalcóatl es un dios serpiente alado que representa la sabiduría, la justicia y la moralidad.

En la cultura maya, Ofiuco se asocia con la diosa Kukulcan, una deidad de la guerra y la sabiduría. Se cree que Kukulcan traía renovación y transformación a la tierra y a las personas.

En la mitología de la India, el dios Shiva era asociado con la Constelación de Ofiuco. Shiva era una deidad importante dentro de la cultura hindú y era venerado como el dios de la destrucción y la regeneración. El simbolismo detrás de este dios se relaciona con la idea de que el fin de algo es el comienzo de otra cosa.

En la mitología china, Ofiuco era conocido como el Señor de la Sabiduría. Esta figura era venerada como el dios que otorgaba conocimiento a los humanos y les ayudaba a comprender el mundo que les rodeaba. Esta constelación también se asociaba con la figura del dragón, una criatura mítica con gran poder y sabiduría.

En la mitología japonesa, Ofiuco era conocido como el Señor de la Sabiduría, un dios con gran conocimiento y sabiduría que concedía a los humanos. Esta constelación se asociaba con la figura de una serpiente con alas y cabeza de hombre, que simbolizaba el equilibrio entre el cielo y la tierra.

En conclusión, la Constelación de Ofiuco es una de las constelaciones más conocidas y veneradas desde la antigüedad. Esta constelación es asociada con múltiples mitos y culturas, incluyendo la cultura griega, egipcia, romana, los pueblos indígenas de América del Norte, del Sur, la India, China y Japón. Ofiuco es considerado el dios de la sabiduría y el conocimiento, y se le atribuyen grandes poderes curativos. Así pues, en astrología, la constelación de Ofiuco es considerada como un símbolo de la sabiduría, la conciencia y la comprensión profunda. Se cree que las personas nacidas bajo la influencia de Ofiuco son espiritualmente avanzadas y buscan constantemente la verdad y la comprensión. Estas personas suelen ser intuitivas, conscientes y tienen una capacidad de adaptación y transformación natural.

En cuanto al **hemisferio sur** y a las **regiones polares** hemos de decir lo siguiente:

Las regiones polares son aquellas que se encuentran cerca de los polos norte y sur, y suelen tener una luz limitada y un clima frío. En estas regiones, las constelaciones y signos zodiacales aparecen en diferentes posiciones y con diferentes intensidades debido a la posición de la Tierra y la inclinación de su eje. Por lo tanto, la astrología en estas regiones puede ser diferente a la de los hemisferios norte y sur. Esto significa que los signos zodiacales que vemos en el hemisferio norte no son los mismos que vemos en el hemisferio sur.

Signos del Zodíaco en el hemisferio sur:

✦ **Aries**: 21 de abril a 20 de mayo
✦ **Tauro**: 21 de mayo a 20 de junio
✦ **Géminis**: 21 de junio a 20 de julio
✦ **Cáncer**: 21 de julio a 20 de agosto
✦ **Leo**: 21 de agosto a 20 de septiembre
✦ **Virgo**: 21 de septiembre a 20 de octubre
✦ **Libra**: 21 de octubre a 20 de noviembre
✦ **Escorpio**: 21 de noviembre a 20 de diciembre
✦ **Sagitario**: 21 de diciembre a 20 de enero
✦ **Capricornio**: 21 de enero a 20 de febrero
✦ **Acuario**: 21 de febrero a 20 de marzo
✦ **Piscis**: 21 de marzo a 20 de abril
✦ **Ofiuco**: es una constelación que se encuentra entre Escorpio y Sagitario, y es considerada un signo zodiacal. En el hemisferio sur, Ofiuco aparece en diferentes fechas, pero generalmente se asocia con las fechas comprendidas entre el 29 de octubre y el 17 de noviembre. La astrología asocia a Ofiuco con la transformación, la regeneración y la sensualidad.

En el hemisferio sur, los signos del zodíaco se ven desde una ubicación diferente, lo que resulta en diferentes fechas para cada signo. Esto significa que, dependiendo de dónde vives, tu signo astrológico podría ser diferente del de alguien que vive en el hemisferio norte. Esto se debe a que la Tierra gira alrededor del Sol, por lo que los signos zodiacales se ven desde diferentes ubicaciones según el lugar en el que vives.

En el hemisferio sur, los signos del zodíaco se ven desde una ubicación diferente, que resulta en diferentes fechas para cada signo. Por ejemplo, en el hemisferio norte, Aries comienza el 21 de marzo; en el hemisferio sur, Aries comienza el 21 de abril. Esto significa que, si vives en el hemisferio sur, tu signo astrológico podría ser diferente del de alguien que vive en el hemisferio norte. Esta es la principal diferencia entre la astrología en el hemisferio norte y la astrología en el hemisferio sur.

✦ **Símbolo Estacional**: el Sol. El Sol simboliza la luz, el amor, la vitalidad y la energía. Su equivalente en el hemisferio norte es la Luna.
✦ **Mito**: el Águila. El Águila representa la sabiduría, la claridad de pensamiento y la conciencia del universo. Su equivalente en el hemisferio norte es el Búho.
✦ **Leyenda**: el Dragón. El Dragón representa el poder, la fuerza y el misterio. Su equivalente en el hemisferio norte es el Unicornio.
✦ **Espiritualidad**: el Cóndor. El Cóndor representa la libertad, la conexión con la naturaleza y la conciencia espiritual. Su equivalente en el hemisferio norte es el Águila.
✦ **Energía**: el Halcón. El Halcón representa la concentración, la determinación y la creatividad. Su equivalente en el hemisferio norte es el Águila.
✦ **Magia**: el Fénix. El Fénix representa la transformación, el renacimiento y la resiliencia. Su equivalente en el hemisferio norte es el Dragón.

En cuanto a su significado esotérico, los símbolos astrales del hemisferio sur representan los valores y cualidades humanas positivas. Estos símbolos ayudan a conectar a las personas con su propia naturaleza espiritual, a superar los desafíos de la vida y a comprender el significado de la existencia humana. Los símbolos astrales también proporcionan guía y orientación para los viajes espirituales, el desarrollo personal y el crecimiento espiritual.

En el hemisferio norte, los símbolos astrales tienen significados similares a los del hemisferio sur. Sin embargo, los símbolos del hemisferio norte también se asocian con la magia, la energía y la espiritualidad. Estos símbolos ayudan a las personas a conectarse con su propia energía, a encontrar la inspiración y a comprender el significado de la vida.

En conclusión, los símbolos astrales del hemisferio sur representan los valores y cualidades humanas positivas. Estos símbolos ayudan a las personas a conectar con su propia naturaleza espiritual, a comprender el significado de la vida y a encontrar la inspiración para el crecimiento personal y el desarrollo espiritual. Los símbolos del hemisferio norte tienen significados similares, pero también se asocian con la magia, la energía y la espiritualidad.

# Los días de la semana

Cada día de la semana lleva su propia vibración especial que funciona como una corriente continua durante 24 horas. Por supuesto, la vibración específica de cada jornada estará influida por los planetas astrológicos, las condiciones de vida y la propia vibración personal.

En la antigüedad, los días de la semana recibían el nombre de los planetas. Cada día era especial e indicaba el momento adecuado para utilizar la energía de cada dios planetario.

Cuando se mira hacia atrás, es interesante ver el significado energético que se daba a los días de la semana, ya que siguen encajando orgánicamente en la vida actual. No es casualidad que el sábado y el domingo sean días de descanso, mientras que los demás días se consideran parte de la semana laboral.

He aquí el significado espiritual y energético de cada día de la semana y cómo se puede utilizar esta energía en la vida cotidiana.

## LUNES

Es el día de la Luna, un día para aprovechar nuestro verdadero potencial, nuestra intuición y nuestras emociones, ya que esta jornada marca realmente el tono emocional de la semana que se avecina. La luna nos empuja a aclarar nuestras emociones y lo que queremos conseguir en los próximos días.

También el lunes es a menudo incomprendido y muchos lo temen o se les hace cuesta arriba. Esto se debe a que las emociones pueden alterarse este día, lo que nos convierte en unas personas malhumoradas y perezosas.

Hay que tener en cuenta que, si no nos gustan los lunes, puede que nos cueste lidiar con la energía emocional subyacente del día. También pueden traer una ola de motivación y energía. Si nos sentimos positivos con nuestra vida y emocionalmente bien, este día puede ayudarnos a avanzar y a tener un estado de ánimo óptimo para la semana que tenemos por delante.

Para prepararse para la energía del lunes, nos aseguraremos de descansar mucho la noche anterior, meditar por la noche antes de acostarnos y beber mucha agua.

**Correspondencias**

✦ **Color**: plata, blanco, azul pálido, rosa pálido, lavanda.
✦ **Planeta**: Luna.
✦ **Piedras**: perla, ópalo, piedra lunar, fluorita, aguamarina.
✦ **Metal**: plata.
✦ **Hierbas y/o inciensos**: té de Canadá (gaulteria), hierba gatera, consolida, salvia, manzanilla, menta, jazmín nocturno, mirto, verbena, rosa blanca, amapola, alcanfor, botrychus.
✦ **Signo del zodíaco**: Cáncer.
✦ **Símbolo**: agua en forma de lluvia, río, lago o mar. El flujo y reflujo (o mareas) de los sentimientos. Viajes por el agua. Una renovación del corazón o de la tierra (lluvia). Ser fluido, adaptable o intuitivo y buscando el verdadero valor o significado.
✦ **Cosas para hacer en este día**: es un día para la reflexión, propicio para realizar actividades tranquilas y conversar con los amigos y la familia. Algunas tareas que se pueden poner en práctica, por ejemplo, son: asesoramiento y lectura espiritual, escribir, estudiar, practicar yoga o recibir masajes, pasar un tiempo de calidad con la familia o una a tarde tranquila en casa, navegar o remar en aguas tranquilas, practicar natación o pesca, etc.

## MARTES

Está regido por el planeta de la acción y la energía, Marte, y es un día poderoso para hacer cosas. Así pues, si durante el lunes el acento se encuentra en tratar de establecer el tono emocional, en el martes se trata de poner ese tono en acción.

Es el día perfecto para poner en marcha proyectos, tomar decisiones y avanzar, sobre todo en lo que respecta al ámbito profesional. La energía de esta jornada también contribuirá a avanzar en todos los ámbitos de la vida y sintonizar con las propias pasiones.

Para aprovechar al máximo la energía del martes, es necesario definir claramente lo que se quiere, y luego seguir adelante y hacerlo realidad. La energía de Marte nos da más motivación y pasión para perseguir nuestros objetivos, sueños y deseos.

### Correspondencias

✦ **Color**: rojo, naranja, negro.
✦ **Planeta**: Marte.
✦ **Piedras**: granate, rubí, cornalina, turmalina rosa, hematita.
✦ **Metal**: hierro.
✦ **Hierbas y/o inciensos**: cardos, acebo, equinácea, cactus, rosas rojas, clavel, ortiga, pino, pachulí, pimienta, ajo.
✦ **Signo del zodíaco**: Aries, Escorpio.
✦ **Símbolo**: sacrificio, flecha, el roble, liderazgo o maestría. La devoción a una causa, justicia con temas sociales, políticos, comerciales, militares, policiales o jurídicos. Sin embargo, esto requerirá el sacrificio o la conquista. Heroísmo, valor, riesgo calculado y enfrentarse a los miedos.
✦ **Cosas para hacer en este día**: es un día excelente para promover causas dignas, recaudar fondos o realizar campañas políticas y comunitarias, para resolver asuntos judiciales o legales, proyectos humanitarios, resolver conflictos, realizar actividades que requieren autocontrol, practicar deportes o hacer desfiles.

## MIÉRCOLES

Este día está regido por el planeta de la comunicación y la expresión, Mercurio. Esto hace que el miércoles sea el momento perfecto para aclarar lo se quiere y hacia dónde nos dirigimos, para planificar reuniones, eventos y llamadas importantes, para expresarse con un ser querido y ponerse al día con la correspondencia.

Mercurio rige la mente superior, por lo que el debate y las ideas suelen florecer en miércoles. Es bueno reservarse este día para desarrollar ideas y proyectos creativos. También es un momento propicio para aclarar las decisiones difíciles de la vida.

Como marca el ecuador de la semana, la energía del miércoles también nos da una pista sobre si estamos prestando atención a nuestras necesidades y qué energía estamos transmitiendo al universo. Hay que aprovechar la oportunidad para expresarse y preguntarse si la energía que se está enviando está en armonía con lo que se quiere para uno mismo.

## Correspondencias

✦ **Color**: verde, naranja, azul, gris, amarillo.
✦ **Planeta**: Mercurio.
✦ **Dioses**: Odín, Woden, Hermes, Mercurio, Atenea, Lugh.
✦ **Piedras**: aventurina, ágata de musgo, sodalita, ópalo.
✦ **Metal**: plata.
✦ **Hierbas y/o inciensos**: lirio, lavanda, helecho, álamo, canela, bígaro, eneldo, guisante de olor, potentilla.
✦ **Signo del zodíaco**: Virgo.
✦ **Símbolo**: el Báculo de Odín que conecta el Cielo y la Tierra, mensajes espirituales que imparten bendiciones, comunicación con un elemento de sorpresa o un efecto poderoso, música inspiradora, encuentros fortuitos que inspiran soluciones mágicas únicas, información que transforma las creencias.
✦ **Cosas para hacer en este día**: es un momento bueno para la comunicación, las reuniones periódicas, hacer publicidad o poner anuncios en los medios de comunicación –centrándose en la precisión y la verdad–, dar conferencias o hacer entrevistas. Es un día propicio para cursos, talleres y seminarios.

## JUEVES

El jueves es el día de Júpiter, el planeta de la positividad y la expansión, lo que lo convierte en un gran momento para aprender cosas nuevas y expandir la conciencia.

A medida que concluye la semana laboral, la energía de este día permite que seamos más productivos y nos ayuda a tratar los asuntos que puedan haber quedado pendientes en los días anteriores.

El jueves es también un día de positividad y liviandad que nos empuja a hacer las cosas y a estar más abiertos al aprendizaje. Es el momento para recordar y agradecer los días pasados y todo lo que se ha aprendido y logrado.

La energía de este día también apoya todo lo que nos permite crecer, ya sea espiritual o mentalmente. Esto hace que sea una gran ocasión para comenzar una nueva práctica espiritual o un pasatiempo. También para hacer negocios financieros o gestionar el dinero.

Para utilizar la energía del jueves con eficacia, hay que asegurarse de sentir gratitud y positividad nada más levantarse, ya que esto nos ayudará a avanzar a lo largo del día.

### Correspondencias

- ✦ **Color**: azul real, verde, púrpura, turquesa.
- ✦ **Planeta**: Júpiter.
- ✦ **Piedras**: turquesa, amatista, lapislázuli, zafiro.
- ✦ **Metal**: estaño.
- ✦ **Hierbas y/o inciensos**: madreselva, roble, potentilla, azafrán, cedro, nuez moscada, pino, canela.
- ✦ **Signo del zodíaco**: Piscis, Sagitario.
- ✦ **Intenciones**: honor, lealtad, cosecha, prosperidad, abundancia, riqueza, curación.
- ✦ **Símbolo**: energía. El carro. Progreso o impulso energético. Fuerza de voluntad y confianza para emprender un viaje o expandirse. Afrontar los miedos y seguir adelante. Motivación. Un nuevo vehículo de autoexpresión. Aumento del prestigio, la influencia o el reconocimiento.
- ✦ **Cosas para hacer en este día**: es un buen momento para declarar necesidades, y hacer planes. Una jornada cargada de energía dinámica, especialmente favorable para gestionar a las personas o triunfar sobre las adversidades, para iniciar viajes largos o para conducir. También para todo lo que tenga que ver con los caballos o el transporte. Es el día para trabajar en grandes proyectos o ampliar los horizontes empresariales y para desarrollar actividades creativas o innovadoras.

## VIERNES

Es el día de Venus, el planeta del amor y la creatividad, lo que lo convierte en la jornada perfecta para conectar con los demás y relajarse, ya que la energía romántica de este planeta nos pone de un humor más social los viernes y nos hace pensar en los que amamos. Esto hace que sea un día perfecto para las citas y las relaciones íntimas.

La energía del viernes también nos permite ser creativos y puede aportar nueva inspiración a cualquier proyecto en el que estemos trabajando, por ello, la elaboración o presentación de proyectos también se ve favorecida este día.

Es un buen momento para resolver problemas y dejar de lado cualquier idea que esté surgiendo para más adelante, y también para consentirnos, mimarnos y cuidarnos.

Para utilizar la energía del viernes de forma eficaz, es importante programar tiempo con las personas que amamos y trabajar en cualquier proyecto creativo que se tenga entre manos. Es aconsejable no planear nada demasiado extenuante el viernes, ya que es un día para relajarse y divertirse.

### Correspondencias

✦ **Color**: rosa, azul verde (cerceta), verde intenso, azul cian, violeta.
✦ **Planeta**: Venus.
✦ **Piedras**: coral, esmeralda, cuarzo rosa, turmalina rosa, jade, malaquita, peridoto.
✦ **Metal**: cobre.
✦ **Hierbas y/o incienso**: fresa, manzana, parthenium, lirio, abedul, verbena, hiedra, rosa, salvia.
✦ **Signo del zodíaco**: Tauro, Libra.
✦ **Símbolo**: el beso. Asociación, dar y recibir, beneficio mutuo. Una relación amorosa o un acuerdo comercial asegurado por un regalo especial. Una unión basada en el respeto compartido. Obligación mutua.
✦ **Cosas para hacer en este día**: es una jornada propicia para tener reuniones, citas, cenas románticas o para consolidar asociaciones empresariales. También para las celebraciones de compromiso, los eventos sociales de las empresas, las fiestas sorpresa o los regalos

inesperados. Un buen momento para festejar aniversarios o cumpleaños e inaugurar exposiciones. Actividades relacionadas con la belleza, la decoración, la joyería, las artes, la artesanía o la ropa son muy adecuadas en este día.

## SÁBADO

Es el día de Saturno, el de la responsabilidad y la organización; eso hará que la mayoría de las personas dedique el sábado para ponerse al día con las tareas domésticas, los deberes y los asuntos de la vida personal. Esto puede deberse a que Saturno se encarga de ayudarnos a encontrar el equilibrio y a poner los pies en la tierra.

El sábado es el día perfecto para organizarse de cara a la semana que se avecina y para hacer balance de la semana que acaba de pasar. La energía de esta jornada hace que tengamos ganas de ponernos al día y avanzar.

### Correspondencias

✦ **Color**: negro, púrpura oscuro, marrón, azul intenso, plomo metálico.
✦ **Planeta**: Saturno.
✦ **Piedras**: obsidiana lágrima apache, hematita, amatista, cuarzo ahumado, jade, ónix negro.
✦ **Metal**: platino.
✦ **Hierbas y/o inciensos**: tomillo, gordolobo, ciprés, hiedra, roble, mirra, belladona, mandrágora, cicuta, acónito.
✦ **Signo del zodiaco**: Capricornio, Acuario.
✦ **Símbolo**: la cosecha. El éxito está garantizado cuando el trabajo se hace bien. Fiestas de la cosecha. Ciclos de siembra y cosecha de lo sembrado. Recompensas cuando la excelencia es el objetivo. Establecer un marco seguro para la prosperidad futura. Compromiso serio con el crecimiento a largo plazo. Dominio gradual. Resiliencia.
✦ **Cosas para hacer en este día**: es una jornada para obtener recompensas por el trabajo duro, es la antesala del descanso y se presenta como día de reunión y celebración, por ejemplo, la del sábado judío o una boda. Los acontecimientos pueden tener un tono solemne o responder a rituales o ceremonias tradicionales, como las celebraciones del fin de la cosecha.

## DOMINGO

Es el día del Sol, una jornada perfecta para relajarse, recargar energía y conectar con el yo interior, para aprovechar el sol y el brillo que tenemos dentro. La fuerza energética del día favorece la autorreflexión, el crecimiento espiritual y nos proporciona el tiempo que necesitamos para restaurar y reponer nuestra alma.

El domingo es un buen momento para centrarnos en cuestiones relacionadas con nuestra salud y bienestar. También es muy probable que las reuniones sociales sean tranquilas y fluidas los domingos, y las emociones serán, por lo general, más moderadas y apacibles.

Para aprovechar eficazmente la energía del domingo es aconsejable no programar nada demasiado agotador y, en su lugar, dedicar más tiempo a conectar con nuestro yo interior.

### Correspondencias

+ **Color**: amarillo, dorado, naranja.
+ **Planeta**: Sol.
+ **Piedras**: cuarzo, diamante, ámbar, cornalina, citrino, topacio.
+ **Metal**: oro.
+ **Hierbas y/o inciensos**: caléndula, girasol, canela, cedro, heliotropo, manzanilla.
+ **Signo del zodíaco**: Leo.
+ **Símbolo**: el solsticio de verano. León. La fuerza de la vida. Salud radiante. Ideas brillantes. Claridad sobre lo que se ocultó. Un impulso de poder personal. Confianza en sí mismo. Calor o lugares cálidos.
+ **Cosas para hacer en este día**: es una jornada excelente para desterrar la negatividad o la tristeza y disfrutar de la vida social organizando fiestas, picnics o actividades infantiles. Cualquier actividad relacionada con la salud y el bienestar encaja muy bien en este día. También se pueden realizar viajes cortos.

Cada día tiene su propia vibración. Cuando consigamos conectar con esa energía, empezaremos a notar cómo conformará y guiará nuestra semana.

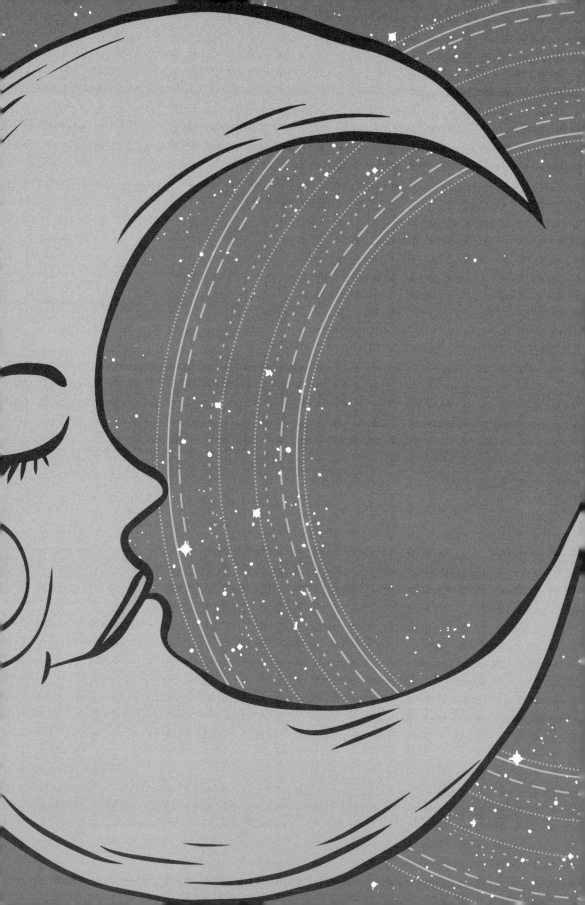

# Segunda parte:

# RITUALES DE PROTECCIÓN

Esta segunda parte de este modesto libro trata de rituales energéticos diseñados para enraizarte y protegerte de influencias negativas de todo tipo, incluidas las de los «vampiros psíquicos». Está destinado a todo el mundo, sobretodo a aquellas personas que se sienten cansadas y agobiadas por multitud de cosas y situaciones que les trae la vida.

¿Qué son los rituales energéticos de protección? Son prácticas que permiten a las personas tomar (o recuperar) el control de su energía para que el mundo exterior no las controle, o deje de hacerlo. Dan el poder de cambiar el estado emocional, de liberar la negatividad y de centrar la conciencia en uno mismo.

Hemos seleccionado estos rituales, ya que son una pequeña representación de la abundante tradición de rituales repartidos por diferentes épocas y culturas. Hemos tenido en cuenta aquellos que son claramente aconfesionales y que tienen un marcado aspecto espiritual.

# Protección general

En la primera parte hemos dado unas pinceladas de lo que son los diferentes ingredientes o utensilios, que se suelen utilizar en los diferentes rituales. Muchos de ellos pertenecen a la tradición esotérica, herborista, budista, sintoísta e incluso cristiana.

En este bloque presentamos unos ritos de protección que tienen como característica común o nexo su procedencia de la antigua tradición esotérica europea y, más contemporáneamente, de la tradición Wicca, como son el uso de las velas, hierbas, pentagramas, amuletos, etc. En este bloque no tiene tanto protagonismo la meditación y el enraizamiento que veremos en otros bloques.

# Ritual de protección utilizando velas

Las velas se han utilizado desde tiempos inmemoriales para los hechizos de protección. Los rituales con velas pueden realizarse empleando velas normales, velas candelita o velas de tarro, que son las más recomendables por ser más fáciles de utilizar. A continuación, vamos a ver un sencillo ritual de protección que se puede realizar con velas de tarro (compradas en la tienda o hechas en casa).

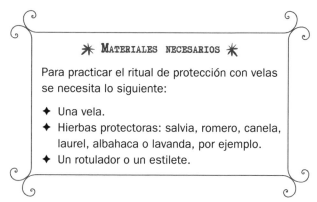

**✳ MATERIALES NECESARIOS ✳**

Para practicar el ritual de protección con velas se necesita lo siguiente:

✦ Una vela.
✦ Hierbas protectoras: salvia, romero, canela, laurel, albahaca o lavanda, por ejemplo.
✦ Un rotulador o un estilete.

●● **INSTRUCCIONES** ●●

Este ritual de protección se realiza en cinco pasos sencillos:

**PASO 1**

Se frota la vela para limpiarla y se escriben en ella las palabras «Proteger», «Limpiar», «Limpieza» o «Protección». Si se trata de un tarro, se puede escribir en él utilizando un rotulador o, si es una vela de cera, se pueden tallar las palabras sobre su superficie.

**PASO 2**

Se enciende la vela y, después de unos minutos, se espolvorean unas cuantas hierbas protectoras –como salvia, romero, canela, laurel, albahaca o lavanda– en la parte superior. Se pueden emplear estas hierbas tanto en su forma seca como en aceites esenciales. Si se incluyen ambas modalidades al mismo tiempo, mejor.

**PASO 3**

Mientras se espolvorean estas hierbas, es necesario tomarse un momento para infundirlas con la intención, que en este caso sería la protección contra la energía negativa o la atracción de la energía positiva.

**PASO 4**

Se dedican unos minutos a meditar e impregnar la vela con la intención señalada.

**PASO 5**

Se deja que la vela arda entre 30 minutos y una hora (o más, si se desea) antes de apagarla. Puede encenderse siempre que se sienta la necesidad de protección.

Los rituales de protección pueden ser ayudas poderosas para asistir en la vida cotidiana, desterrar la negatividad y ayudar a superar situaciones difíciles. Con cualquier ritual de protección es importante hacer lo que cada uno considere más adecuado. Todos tenemos un poder en nuestro interior que nos conecta con lo divino y que solo se activa cuando nos sentimos equilibrados y somos fieles a nosotros mismos.

# Ritual de protección con el pentagrama

El pentáculo es quizá uno de los símbolos de origen pagano más conocidos, y siempre ha sido un emblema extremadamente positivo; en la antigüedad se le atribuía la capacidad de proteger contra las influencias negativas.

En el ocultismo, el pentáculo cumple una función ritual y se ha convertido en el símbolo que todos conocemos: el pentagrama inscrito en el círculo. El pentáculo habla del equilibrio de los elementos: sus cinco puntas simbolizan el agua, el aire, el fuego, la tierra y, en la parte superior, el espíritu.

Vamos a explicar un sencillo ritual que aprovecha el poder benéfico del pentáculo y las energías de la luna para obtener fuerza, tanto física como espiritual, y protección.

Esta pequeña práctica debe realizarse cerca de la fase de luna llena (lo mejor sería durante el plenilunio) para aprovechar al máximo las influencias positivas de nuestro maravilloso satélite.

## ✳ MATERIALES NECESARIOS ✳

Se precisan los siguientes utensilios para realizar este ritual con el pentagrama:

✦ Una mesa.
✦ Un folio en blanco.
✦ Un bolígrafo negro.
✦ Un tarro transparente con cierre hermético.
✦ Agua mineral o que proceda de una fuente.

## ● ● INSTRUCCIONES ● ●

Para lograr la protección del pentagrama se realizan cuatro pasos:

### PASO 1

Se prepara una pequeña mesa para que el pentagrama pueda estar expuesto a la luz de la luna (puede colocarse cerca del alféizar de una ventana si no se dispone de un patio o jardín); todo lo que se necesita es una mesa pequeña o un taburete, no hace falta nada lujoso.

### PASO 2

Ahora se toma una hoja de papel y con un rotulador negro se dibuja un pentagrama con la mayor precisión posible. Esta hoja es el «mantel individual» para la mesa.

### PASO 3

En un tarro transparente, que se pueda cerrar herméticamente, se vierte agua limpia (mineral o de manantial). Después, se tapa el bote asegurándose de que ha quedado bien cerrado. Se coloca en el centro del pentáculo y se deja así toda la noche.

### PASO 4

A la mañana siguiente, se invita a la persona a la que se quiere proteger a que beba el agua que se encuentra en el bote (puede ser la persona que realiza el ritual o alguien cercano).

Si no se quiere beber el agua, se puede poner en el bolsillo de la chaqueta, o en la cartera, o incluso en la mochila o el bolso de la persona escogida para la protección, realizando siempre el pequeño ritual que se ha descrito anteriormente.

# Ritual para protegerse con un amuleto

Plinio el Joven define un «amuleto» como un objeto recogido en la naturaleza, o fabricado a mano, que preserva a su portador de los peligros, el dolor y los riesgos de los malos espíritus.

Se cree que el amuleto protege a quien lo lleva de enfermedades, maldiciones y otras fuerzas oscuras y peligrosas.

El «talismán», por su parte, es un amuleto de la buena suerte, con la misión de atraer energías positivas o ampliar la esfera del bien ya existente: bienestar, salud y éxito profesional.

A menudo amuletos y talismanes se «intercambian» entre sí, pero no son lo mismo. El amuleto es un «protector/

### ✳ MATERIALES NECESARIOS ✳

Para practicar un ritual de protección con un amuleto se necesita lo siguiente:

✦ Una hoja de papel pergamino.
✦ Un rotulador negro.
✦ Una pequeña bolsa de seda blanca.
✦ Tres hojas secas de laurel.
✦ Tres hojas secas de hierba de San Juan.
✦ Cúrcuma en polvo.
✦ Siete granos de arroz.
✦ Sal gruesa.
✦ Un mortero.

pasivo», mientras que el talismán es «proyectivo/activo». El amuleto protege y «trae buena suerte» en general; el talismán propicia y atrae beneficios particulares. El amuleto suele ser un objeto simple y natural (por ejemplo, una piedra), o un artefacto «artificial» (como un colgante en forma de trébol); el talismán, en cambio, es un objeto natural trabajado específicamente para un fin según correspondencias astrológicas. Las velas se han utilizado desde tiempos inmemoriales para los hechizos de protección. Los rituales con velas pueden realizarse empleando velas normales, velas candelita o velas de tarro, que son las más recomendables. A continuación, vamos a ver un sencillo ritual de protección que se realiza con velas de tarro.

### ●• INSTRUCCIONES •●

Reunidos todos los materiales, se siguen estos pasos:

### PASO 1

En la hoja de papel de pergamino se escriben con una letra esmerada estas palabras: «Protégeme del mal, el poder de esta sal».

### PASO 2

A continuación, se ponen todos los ingredientes que se detallan en los materiales en el mortero y se machacan hasta que queden reducidos a polvo.

### PASO 3

Se dobla la hoja de papel pergamino y se coloca junto con el polvo que se acaba de crear dentro de la bolsa de seda blanca.

### PASO 4

La bolsita de seda se puede guardar donde se quiera y, cuando se sienta la necesidad de su poder, se debe sostener en las manos a la vez que se dirige la atención en concentrarse en la energía protectora que emana de ella.

# Ritual de protección y liberación en luna llena

Cada mes, en cada luna llena, se puede hacer un ritual de liberación. Aunque las energías de la luna pueden sentirse entre 24 y 48 horas antes y después de esta fase lunar, es aconsejable realizar los rituales la noche exacta en la que se produce la luna llena, en el momento preciso en que la Luna está en su punto más alto en el cielo: es cuando las energías son más poderosas.

Por supuesto que el ritual se puede realizar en el momento que resulte más cómodo a cada uno. Si se prefiere hacer en las noches siguientes a la noche de luna llena no hay problema, aunque estos rituales serán algo menos potentes.

> ✳ **MATERIALES NECESARIOS** ✳
>
> Esta es la lista de los materiales básicos necesarios para realizar el ritual lunar:
>
> ✦ Una vela.
> ✦ Un encendedor o cerillas.
> ✦ Una hoja en blanco.
> ✦ Un bolígrafo.
> ✦ Dos cuencos. Uno ignífugo y otro para el agua (opcional).

Un ritual lunar requiere poco material. Si se desea, se puede crear un ambiente agradable con música relajante, o incluso poner un altar con los objetos que más gusten: velas, incienso, cristales, oráculos, salvia blanca, palo santo, aceites esenciales, etc.

● ● **INSTRUCCIONES** ● ●

Un ritual es un momento de regreso a uno mismo. Suele practicarse a solas, en casa, en un ambiente tranquilo, envolvente e íntimo, como fuera del tiempo. Para ponerse en situación se puede llevar una prenda cómoda que despierte el lado más sensual de cada uno. Es bueno también rodearse de cosas bonitas, encender velas y meditar para traer la calma y volver a sentirse en armonía.

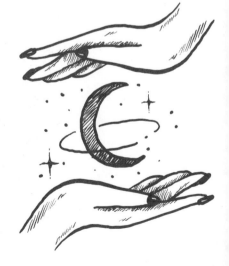

Cuando haga buen tiempo, se puede practicar el ritual en el exterior, por ejemplo en el jardín. Esto permitirá aprovechar el momento para darse un baño de luna, preparar agua luminosa (o agua de luna, que se explicará cómo hacer en el ritual siguiente) o recargar las piedras de litoterapia si se tienen.

El ritual puede ser breve, entre 15 y 30 minutos. He aquí los pasos para organizar un ritual de protección lunar:

## PASO 1

Cuando se tenga reunido el material necesario, se enciende una vela para iniciar el ritual de luna llena. Este acto simple traerá luz a la oscuridad y propiciará la conexión con la luna. Dependiendo de las creencias de cada cual se puede conectar con los guías o ángeles de la guarda de cada uno, por ejemplo.

## PASO 2

Es necesario también hacer una meditación de anclaje con la finalidad de arraigarse bien a la Tierra. Por meditación de anclaje nos referimos a una técnica de meditación que consiste en asociar un estímulo sensorial específico con un estado emocional deseado para poder acceder a este rápidamente en momentos en que nos asalte el estrés o la ansiedad. Por ejemplo, asociar una palabra o un gesto con una sensación de calma y serenidad.

## PASO 3

Se puede sacar una carta del oráculo favorito, poner música relajante o encender un poco de salvia.

## PASO 4

Después, se toma un papel y un bolígrafo y se escribe una carta de liberación para deshacerse de todo aquello que esté desordenando la vida en este momento. Hay que tener en cuenta que el ritual de la luna llena es personal. No se puede hacer por otra persona.

## PASO 5

Posteriormente se quema el papel y se tiran las cenizas a la corriente de un río (no a un agua estancada como un lago) o al retrete.

## PASO 6

Para concluir el ritual, es aconsejable mostrar gratitud a la luna mientras se apaga la vela, como si se cerrara una puerta.

# Ritual de luna rosa: preparar agua de luna

La luna rosa es una luna llena especial, pues se da en abril y es la primera que se produce después del cambio de estación. Aparece más grande y brillante de lo habitual y viene cargada de energía vital.

El ritual perfecto para celebrar la energía de esta luna llena especial es preparar agua de luna, una herramienta mágica útil para muchos propósitos:

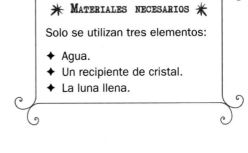

✳ **MATERIALES NECESARIOS** ✳

Solo se utilizan tres elementos:

✦ Agua.
✦ Un recipiente de cristal.
✦ La luna llena.

✦ Se puede utilizar para regar plantas y hierbas y que crezcan prósperas.
✦ Si se mezcla con el agua de un baño ritual ayuda a relajar y purificar el cuerpo y el espíritu.
✦ Puede utilizarse para mejorar los rituales y pociones, purificar los instrumentos o cargar los cristales de energía.
✦ Añadida a los tés e infusiones ayudará a despejar la mente y a aumentar el poder espiritual.

● • **INSTRUCCIONES** • ●

Con los tres elementos señalados, se puede tener agua de luna:

### PASO 1

**Agua**. Se escoge un tipo u otro de agua en función del uso que posteriormente se le vaya a dar. Si se va a beber, es imprescindible asegurarse de que el agua es potable. El agua del grifo funcionará bien para todos los fines, aunque también se puede utilizar agua de lluvia o de una fuente.

### PASO 2

**Cristal**. Se necesita un recipiente limpio para llenarlo de agua. El vidrio, además de ser la opción más respetuosa con el medio ambiente, mantendrá pura el agua de luna, por lo que se recomienda su uso.

Se puede utilizar una botella, un tarro o un frasco, lo importante es que pueda cerrarse herméticamente para que el agua no se contamine (especialmente si se prepara para beber).

### PASO 3

**Luna llena**. Se coloca la botella bajo la luz de la luna, toda la noche si es posible. Se recoge el frasco antes del amanecer y se guarda lejos de los rayos del sol. El agua de luna puede colocarse en el alféizar de la ventana, o donde la luz de la luna pueda alcanzarla.

No importa si el cielo está claro o nublado durante el ritual, la energía de la luna llena seguirá llegando a nuestra agua de luna.

# Protección frente a enemigos e influencias negativas

Los rituales de protección frente a enemigos e influencias negativas son prácticas comunes en muchas culturas que se utilizan para proteger a una persona o lugar de la influencia o el daño de fuerzas o criaturas malignas. Estas prácticas pueden incluir oraciones, ofrendas, amuletos, encantamientos, sellos, conjuros, limpiezas espirituales, rezos o cualquier otra forma de magia. Estos rituales generalmente se realizan para prevenir el daño o la influencia negativa, para atraer la buena suerte y la prosperidad, para deshacerse de los enemigos y para proteger a una persona, un lugar o un objeto de la influencia de energías negativas. Estos rituales son fáciles de realizar y pueden ser muy efectivos si se realizan correctamente.

A continuación te presentamos una selección de los más habituales.

# Ritual de protección contra los enemigos

Hacer un ritual para alejar las vibraciones negativas del enemigo es una buena idea para muchos, especialmente seguir el camino de protección con velas blancas. La ruda y el tamarindo son elementos excelentes para este fin.

Lo más adecuado es hacer este ritual de protección preferentemente un viernes por la noche y siempre con luna creciente.

✴ MATERIALES NECESARIOS ✴

Se emplean los siguientes utensilios en el ritual:

✦ Una vela blanca grande.
✦ Nueve velas blancas pequeñas y nuevas.
✦ Hojas de ruda.
✦ Un poco de tamarindo.
✦ Un gran plato blanco.
✦ Una foto pequeña de la persona o personas que se quiere proteger.

● • INSTRUCCIONES • ●

Este ritual se puede poner en práctica con solo cinco pasos:

**PASO 1**

Se pegan las fotos de las personas que se quiere proteger en la vela grande y esta se coloca después en el centro del plato.

**PASO 2**

Se rodea la vela con hojas de tamarindo y ruda, quizá dos de los elementos protectores naturales más importantes que existen.

**PASO 3**

Se crea un muro de protección de esta composición con

las nueve velas blancas dispuestas en círculo y se encienden.

**PASO 4**

La vela grande es la última que se debe encender. Mientras se realiza esta operación hay que hacer el ejercicio mental de pensar en las personas que hay que proteger.

**PASO 5**

Se deja que las velas vayan consumiéndose hasta apagarse.

# Ritual de protección contra las influencias negativas

Este ritual de protección es muy fácil de realizar y resulta muy adecuado para protegerse de energías e influencias negativas que puedan sentirse alrededor en un momento determinado de la vida.

### ✳ MATERIALES NECESARIOS ✳

Es muy poco lo que se precisa para llevar a cabo este ritual:

✦ Tres velas amarillas.
✦ Cerillas.

## •• INSTRUCCIONES •●

Siguiendo estos pasos sencillos se obtiene una protección duradera:

### PASO 1

Hay que sentarse frente a una mesa bien limpia y colocar enfrente tres velas amarillas que formen un triángulo sobre la mesa. A continuación, se van encendiendo progresivamente. Se empieza por la que está a la izquierda y se avanza en el sentido de las agujas del reloj hacia la otra vela, y así sucesivamente hasta terminar por la de la derecha.

### PASO 2

Hay que mantener la concentración en la llama de cada vela. Se empieza por la que esté a la izquierda. Cuando se perciba que esta vela encendida ha transmitido la energía, se pasa a la siguiente vela, siguiendo de nuevo el sentido de las agujas del reloj. Se va repitiendo una por una el mismo proceso hasta terminar con la vela de la derecha.

### PASO 3

A continuación, se realizan tres inspiraciones y espiraciones profundas para eliminar el negativismo acumulado y asegurarse así la protección contra las influencias negativas.

### PASO 4

Se apagan las velas en el mismo orden en que se encendieron.
Este ritual protege durante tres meses o más. Se puede realizar siempre que se necesite para renovar la protección.

# Ritual de la caja de cerillas para cortar lazos tóxicos

Este ritual es ideal para cortar los lazos entre la persona que lo pone en práctica y:

✦ Otra persona, viva o muerta.
✦ Una situación, como por ejemplo divorcio, separación, fracaso, abandono de trabajo, etc.
✦ Un estado emocional desagradable.
✦ Un obstáculo material, como comprar o vender un bien.

## ✳ MATERIALES NECESARIOS ✳

Este es el listado de lo que se necesita:

✦ Una vela negra.
✦ Una hoja de papel en blanco.
✦ Un lápiz.
✦ Colores.
✦ Unas tijeras.
✦ Un encendedor o cerillas.
✦ Siete gemas de los chakras.
✦ Un cuenco.

## ● • INSTRUCCIONES • ●

Para poner en práctica este ritual se deben dar los siguientes pasos:

### PASO 1

Se enciende la vela negra y en un trozo de papel se dibujan dos cerillas, una representa a la persona que hace el ritual y la otra a la persona o situación a la que se quiere deshacer los apegos tóxicos.

### PASO 2

Debajo de cada dibujo se escriben los nombres de las personas y/o situaciones representadas.

### PASO 3

A continuación, se dibuja un círculo de luz alrededor de cada cerilla, como un sol, para señalar que se desea lo mejor para todos, y un gran círculo de luz alrededor de las dos cerillas.

### PASO 4

Se colocan las gemas de los siete chakras junto con las dos cerillas. Luego se conectan con una línea horizontal de color los siete chakras.

### PASO 5

Se toma un momento para respirar profundamente tres veces. A continuación, hay que concentrarse y establecer la intención de cortar los lazos tóxicos con esa persona o situación.

### PASO 6

Por último, con unas tijeras, se corta el papel por la mitad. Se forman dos bolas de papel y se queman, con la vela negra, en el cuenco o sobre el fregadero. Por razones de seguridad, es conveniente que se tenga al lado un recipiente con agua para apagar las brasas. Las cenizas se arrojan en agua que circule y no esté estancada, por ejemplo por el retrete si no se está cerca de un río.

# Ritual de protección contra la envidia con ajo

El ajo se ha considerado desde antiguo como un amuleto para alejar la envidia. Es uno de los elementos protectores por excelencia. Se puede utilizar con este ritual en el que se combina con otros materiales óptimos para la protección. También es bueno para alejar, además de la envidia, las malas vibraciones.

**✳ MATERIALES NECESARIOS ✳**

Para practicar este ritual se necesita lo siguiente:

✦ Un diente de ajo entero.
✦ Una cucharada de mirra.
✦ Una cucharada de hojas de menta seca.
✦ Una cucharada de hojas de perejil.
✦ Una bolsa de lino blanca.
✦ Una cuerda roja.

**● ● INSTRUCCIONES ● ●**

Se deben seguir los pasos indicados a continuación:

**PASO 1**

Primero, se coloca el diente de ajo entero y sin pelar junto con la mirra, la menta seca y el perejil dentro de la bolsa de lino o de tela blanca y se mezcla todo el conjunto bien.

**PASO 2**

A continuación, se ata la bolsa con el cordel rojo (este es el color por excelencia para combatir la envidia) y se cuelga en el interior de la puerta principal de la casa. También se puede preparar una bolsa para llevarlo en la cartera o el bolso.

# Ritual de protección contra la mala suerte

El término «mala suerte» puede englobar problemas que se dan en un corto espacio de tiempo y en el mismo lugar: disputas repetidas, acontecimientos desagradables, enfermedades largas, preocupaciones de dinero, muerte, violencia de todo tipo y tristeza.

Para realizar este ritual es necesario preparar un haz juntando ramas secas de plantas y atarlas después con lazos de lana o algodón, como cuando se hace un sahumerio.

Es posible encontrar haces ya preparados. El haz está diseñado para ser quemado de forma que el humo llene la habitación o la casa de la misma manera que el incienso. Para este ritual es mejor preparar un haz de salvia en casa, mientras se recuerda todo lo que está mal en ese momento de la vida y lo que se quiere ver desaparecer.

> ✳ **Materiales necesarios** ✳
>
> Solo son necesarios dos elementos:
>
> ✦ Un haz de salvia.
> ✦ Una olla de metal.

● •  **Instrucciones**  • ●

Es un ritual sencillo en el que solo hay que seguir las indicaciones siguientes:

**PASO 1**

En una olla de metal se enciende el haz y, a continuación, se sopla suavemente sobre la llama para que solo humeen las brasas.

**PASO 2**

A continuación, con el fardo en la mano, se visualizan solo imágenes positivas de lo que se quiere experimentar. Hay que rodear la casa por la derecha, asegurándose de que el humo sale por todas partes, alrededor de las ventanas y por encima de las puertas.

**PASO 3**

Se vuelve al punto de partida y de ahí se va a la izquierda, despejando en todo momento la mente de los pensamientos negativos y visualizando una vida mejor y más feliz.

**PASO 4**

Se vuelve a poner el haz en la olla.

**PASO 5**

Se mantienen ambas manos sobre el humo.

**PASO 6**

Se visualizan de nuevo los cambios con los que se sueña.

**PASO 7**

A continuación, mientras se observa cómo el manojo de salvia se desvanece lentamente, hay que centrarse solo en los pensamientos positivos.

# Ritual de protección contra el mal de ojo

Es importante realizarlo en luna menguante y evitar su práctica en luna llena.

El mal de ojo es la capacidad que tienen algunas personas (pero también animales, como el sapo o la serpiente) de provocar sucesos malignos con la mirada. De hecho, el significado de «mal de ojo» es «ojo que echa el mal». Es una arraigada tradición popular con orígenes muy antiguos (Cornelio Agripa, en su obra *La filosofía oculta* o *La magia* lo define como una fuerza que, partiendo del espíritu del encantador, penetra en los ojos del encantado y llega hasta su corazón. El espíritu es, por tanto, el instrumento de la fascinación). La prevalencia de esta creencia es mayor en determinadas áreas culturales. Según la ciencia, es una verdadera forma de superstición. Según la tradición, algunas personas pueden «echar el mal de ojo» voluntariamente y otras pueden ejercerlo involuntariamente (debido

## ✳ Materiales necesarios ✳

Para la realización de este ritual se precisan diversos elementos:

✦ Una aplicación de brújula en el teléfono para identificar los cuatro puntos cardinales, que simbolizan el aire, el fuego, el agua y la tierra.
✦ Sal gruesa del Himalaya.
✦ Incienso para consagrar y activar el círculo.
✦ Salvia.
✦ Alcanfor.
✦ Resina para protección.
✦ Una vela. El color se elige según las necesidades de cada uno para este ritual.
✦ Un cuenco de agua.
✦ Un cuenco de sal gruesa del Himalaya.
✦ Una piedra de protección, que se activará durante el ritual, laminada o mejor en forma de colgante. Puede ser ojo de tigre, obsidiana, turmalina u ojo turco, por ejemplo.
✦ Se pueden utilizar agujas o piedras que representen los cuatro puntos cardinales.

a envidias, obsesiones, desengaños amorosos, etc.). Desde un punto de vista físico, los problemas causados a la persona afectada por el mal de ojo serían fuertes dolores de cabeza, náuseas, vómitos, mal humor, tristeza; además, en general, podrían producirse acontecimientos especialmente negativos, tanto afectiva como económicamente. El mal de ojo puede estar ligado a una persona, pero también a las cosas.

El término *malocchio* (mal de ojo) es similar en muchas lenguas en el sentido de que la traducción suele ser literal o casi literal (*evil eye,* en inglés, *malocchio,* en italiano, *mauvais œil,* en francés, *böser Blick,* en alemán, κακό μάτι, en griego, etc.).

En este ritual usaremos un círculo por su significado esotérico. Podemos situar la máxima representación, y su sentido esotérico, en el *Hombre de Vitruvio* de Leonardo da Vinci.

● ● INSTRUCCIONES ● ●

Para llevar a cabo este ritual hay que realizar las siguientes acciones:

**PASO 1**

Con la brújula del teléfono móvil se identifican los cuatro puntos cardinales.

**PASO 2**

Se dibuja un círculo con los dedos, guijarros o sal en el suelo siguiendo el sentido de las agujas del reloj. Lo ideal es que el círculo tenga cinco metros de diámetro, aunque se puede adaptar al espacio y los participantes.

**PASO 3**

Para activar el círculo de protección es necesario dedicarlo. Hay que ponerse de pie y tomar el incienso entre las manos. Se enciende y se gira el cuerpo hacia el Este, que representa el elemento del aire, las funciones mentales, la comunicación, el movimiento y la adivinación.

**PASO 4**

Hay que empezar a caminar en el sentido de las agujas del reloj alrededor del círculo y detenerse en el Este para colocar el incienso dentro del círculo. Luego hay que girarse para mirar hacia el Sur. Se toma entonces la vela y se enciende. El Sur representa el fuego, la transformación, la pasión, el cambio, el éxito, la salud y la fuerza. Se elige una vela del color que se quiera o blanca.

**PASO 5**

Como antes, se camina en el sentido de las agujas del reloj alrededor del círculo y se coloca la vela al Sur, también dentro del círculo. Ahora hay que girarse para mirar al Oeste. Se toma el cuenco de agua entre las manos. El Oeste representa el elemento del agua, las emociones, los poderes psíquicos, el amor y la belleza.

**PASO 6**

Se sigue caminando en el sentido de las agujas del reloj, alrededor del círculo. Se coloca el cuenco de agua al Oeste, dentro del círculo. Se toma el cuenco de sal consagrada en las manos y se gira el cuerpo hacia el Norte, el elemento tierra, estabilizador, fértil y nutritivo.

**PASO 7**

Se sigue dando la vuelta al círculo y se coloca el cuenco de sal al Norte, dentro del círculo. Ahora ya está listo el círculo de protección y se puede continuar con el resto de la práctica.

**PASO 8**

Se bendice el círculo para limpiarlo de energías negativas y después se invoca a los espíritus. Lo cierto es que una vez trazado el círculo, cada uno decide cómo lo va a utilizar, en función de los hábitos y objetivos personales.

**PASO 9**

Cogeremos el hatillo hecho con salvia, resina y alcanfor, y lo quemaremos en forma de sahumerio para activar la piedra mediante el humo purificador.

**PASO 10**

Algunos practicantes son muy estrictos y ritualistas, mientras que otros lo son menos. Cada uno pone en práctica el ritual haciendo lo que le parezca más natural.

**PASO 11**

Para completar el ritual, se crea una puerta en el borde del círculo antes de marcharse, de modo que se cierre el círculo al salir. Una vez finalizado el ritual, se pueden retirar todos los objetos utilizados.

# Ritual de protección contra las energías negativas

Cuando uno se siente agobiado por la energía negativa y quiere alejarla, puede poner en marcha este ritual, que ayuda a contrarrestar las vibraciones negativas y convertirlas en positivas.

A veces las vibraciones negativas se instalan en la casa sin que se sea consciente de ello. La acumulación de energía negativa puede generar conflictos, discusiones o tensiones. Para estos casos, este ritual de protección puede ser muy efectivo.

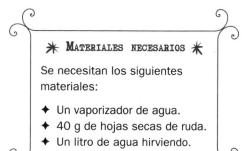

✳ **MATERIALES NECESARIOS** ✳

Se necesitan los siguientes materiales:

✦ Un vaporizador de agua.
✦ 40 g de hojas secas de ruda.
✦ Un litro de agua hirviendo.

● • **INSTRUCCIONES** • ●

En este ritual se siguen los pasos descritos a continuación:

**PASO 1**

Se ponen las hojas de ruda en agua hirviendo y se dejan reposar durante 20 minutos.

**PASO 2**

A continuación, se vierte la infusión en un vaporizador y se rocía la ropa propia y la de las personas que vivan en la misma casa.

**PASO 3 (OPCIONAL)**

Se puede completar este ritual quemando carbones con una mezcla de hojas de ruda, azufre en polvo y mirra en un recipiente de barro. Este recipiente se debe pasar por la casa para contrarrestar las vibraciones negativas y eliminar las malas energías.

Además del ritual descrito, también se puede probar con otros que protejan el hogar. Si se siente que las vibraciones negativas dependen de la envidia de alguien, se recomienda practicar el ritual para protegerse de la envidia con ajo explicado anteriormente. También es bueno recordar que los amuletos y talismanes resultan muy útiles para alejar la energía negativa.

Aunque todos estos rituales pueden ser de gran ayuda, no hay que olvidar que es necesario mantenerse positivo en los malos momentos: pensar en positivo y no dejar que la vibración negativa que pueda estar alrededor en un momento determinado interfiera en la vida cotidiana.

# Baño ritual para ganar autoestima y protegerla

Este baño es ideal para eliminar viejas energías residuales y permitir que surjan y crezcan nuevas energías. Es un ritual perfecto para aumentar el amor que se puede sentir por el yo físico, mental, emocional, psicológico y espiritual. Se debe realizar un lunes o un viernes, o durante un día de luna llena.

**✳ MATERIALES NECESARIOS ✳**

Para poner en práctica este baño se precisa de lo siguiente:

✦ 350 g de sales de Epsom.
✦ Tres gotas de aceite esencial de jazmín.
✦ Tres gotas de aceite esencial de rosa.
✦ Un cristal de cuarzo rosa.
✦ Una vela rosa.
✦ Un encendedor o cerillas.

● ●  **INSTRUCCIONES**  ● ●

Este ritual consta de unos sencillos pasos:

**PASO 1**

Se purifica el baño.

**PASO 2**

Se llena la bañera con agua tibia o templada.

**PASO 3**

Se añaden las sales de Epsom y los aceites esenciales.

**PASO 4**

Se enciende la vela y se coloca cerca de la bañera y en un lugar seguro.

**PASO 5**

Después hay que sumergirse en la bañera durante 20 minutos, sujetando el cuarzo con la mano dominante. Durante este tiempo es preciso enfocar los pensamientos en los aspectos que más gusten de cada uno mientras se siente cómo el agua y el cuarzo infunden al cuerpo amor y energía positiva.

**PASO 6**

Después de 20 minutos, se vacía la bañera y se apaga la vela. Siempre que se sienta la necesidad de recuperar el amor y la confianza en uno mismo, hay que encender la vela y sostener el cuarzo entre los dedos.

# Ritual para protegerse del mal recibido

Este ritual, de raíz ancestral, ya que es mencionado en una terracota caldea del siglo VII a. C., está íntimamente ligado a los rituales contra el mal de ojo. El origen de este maleficio es una persona que te mira con envidia y celos. Esta mirada malévola puede desestabilizar todo tu ser. Te conviertes en un imán para la mala suerte: olvidos, pérdidas, preocupaciones o incluso enfermedades, de efectos similares a los de Mercurio retrógrado. A lo largo de los siglos, cada región del planeta ha desarrollado sus propios trucos para protegerse. Mano de Fátima, hilo rojo, mancha negra...

El presente ritual ayudará a protegerse de un mal recibido.

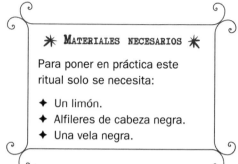

❈ **Materiales necesarios** ❈

Para poner en práctica este ritual solo se necesita:

✦ Un limón.
✦ Alfileres de cabeza negra.
✦ Una vela negra.

## ● ● **Instrucciones** ● ●

Hay que tener cuidado en seguir fielmente los pasos indicados a continuación:

**PASO 1**

Se toma un limón (es preferible recogerlo directamente del árbol) el primer día de la luna nueva y se guarda en la oscuridad hasta el primer día de la luna menguante.

**PASO 2**

Llegado ese momento de la fase lunar, se enciende la vela negra y se graba el nombre del «enemigo» en el limón con un alfiler de cabeza negra.

**PASO 3**

Se perfora el cítrico con uno de los alfileres de cabeza negra.

**PASO 4**

Se apaga la vela y se esconde, junto con el limón, en un lugar oscuro hasta la noche siguiente.

**PASO 5**

Se vuelve a repetir todo el ritual con el limón y la vela hasta que llegue el último día de la luna menguante.

**PASO 6**

Al final del ciclo lunar, durante la medianoche de la luna nueva, se entierra el limón pegado a los restos de la vela negra bajo un árbol.

Dentro de un mes y medio, el mal enviado por el «enemigo» se verá neutralizado con ese ritual.

Atención: cualquier trabajo realizado con el limón no debe repetirse más de trece veces, es más, es absolutamente necesario terminarlo siempre; dejarlo a medias por pereza se puede volver en contra de quien practica el ritual.

# Protección de la casa y animales domésticos

Cuando hemos hablado del ritual contra el mal de ojo, hemos hecho referencia a que no solo las personas son objeto de estas malas energías: los animales y las propiedades también pueden serlo. Ahora proponemos un ritual para proteger nuestras pertenencias y a nuestros mejores amigos.

# Ritual de protección de una casa

Este ritual permite crear una barrera de protección frente al entorno exterior a la vivienda que pueda resultar adverso (gente, ruido, contaminación, etc.). Lo más recomendable es hacerlo un martes durante la fase de luna llena, ya que es un momento que favorece el éxito de los rituales de protección. Como con cualquier ritual, es necesario realizarlo en un lugar tranquilo donde no haya posibilidad de interrupciones.

Antes de empezar el ritual, es conveniente practicar meditación, vaciar la cabeza de pensamientos inútiles y negativos para concentrarse mejor en la práctica que se va a efectuar. Hay que tomarse un tiempo para realizar respiraciones profundas y lograr la relajación del cuerpo.

## ✳ MATERIALES NECESARIOS ✳

Para este ritual de protección se necesita:

✦ Sal.
✦ Una hoja de papel.
✦ Unos recipientes.
✦ Piedras: turmalina, cuarzo rosa, cristal de roca, amatista y ojo de tigre.
✦ Un encendedor o cerillas.
✦ Un cuenco ignífugo.

## ● • INSTRUCCIONES • ●

Este ritual se debe realizar siguiendo estos pasos:

### PASO 1

Se necesita un embudo para colocar sal en diferentes partes de la vivienda. Se puede crear fácilmente uno haciendo un cono con el papel.
También se puede poner la sal en recipientes de porcelana o madera.

### PASO 2

Se coloca la sal en cada abertura de la casa: en las puertas interiores y exteriores, en las ventanas, etc. Si se utiliza el embudo, se puede regular la salida de la sal poniendo el dedo en el extremo del mismo. Se deja que la sal fluya y se hace una línea con ella; no hace falta poner mucha.

### PASO 3

Se colocan las piedras en distintos lugares de la casa de la manera siguiente:

✦ El ojo de tigre en las aperturas, ya que impide que todo lo que tiene malas vibraciones entre en la casa.
✦ La turmalina protege de las ondas de los teléfonos, del receptor wifi y de todas las ondas negativas. Se coloca en los lugares donde estén presentes las ondas.
✦ El cuarzo rosa también ayuda a proteger. Conviene ponerlo en los dormitorios.
✦ El cristal de roca y la amatista aportan armonía y se colocan en cualquier lugar.

### PASO 4

Después de varios días, se recoge la sal, tratando de recuperar la mayor cantidad posible y se quema con cuidado en un recipiente adecuado. Durante este proceso es importante centrar la atención en las llamas e imaginar que todas las energías negativas se disuelven.

# Ritual de protección de una casa nueva

Hay muchos factores que desencadenan la falta de energía. Si es el hogar el que causa el malestar, no se puede dormir bien, los animales están agitados y se siente una fuerte ansiedad que oprime al quedarse en casa, es posible que se haya traído la energía negativa a la nueva vivienda o que se la haya dejado alguien a quien ha alojado.

## ✳ MATERIALES NECESARIOS ✳

Para efectuar el ritual de protección se necesitan los materiales que figuran en esta lista:

✦ Una pequeña vela negra.
✦ Salvia seca o aceite esencial de salvia.
✦ Una ramita de romero seco o aceite esencial de romero.
✦ Dos cuencos ignífugos (utilice ceniceros si no tiene cuencos. Si emplea aceites, solo necesitará un cuenco).
✦ Un cuchillo o un estilete.

## ● • INSTRUCCIONES • ●

Este ritual requiere concentración para realizar cada uno de sus pasos. Es necesario que no haya nada que distraiga o desvíe la atención:

### PASO 1

Se graba sobre la vela un símbolo de protección con el cuchillo o el estilete. Puede ser el pentagrama.

### PASO 2

Si se utiliza salvia y romero secos, se atan en un manojo para utilizar los vapores como elemento de purificación. Si se utilizan aceites, se debe untar generosamente la vela de arriba a abajo con ambos aceites.

### PASO 3

Hay que sentarse frente a la puerta de entrada de la casa. A continuación, se colocan ambos cuencos enfrente. Si hay demasiadas distracciones alrededor, se puede realizar este ritual en cualquier otra puerta de la casa, situada lo más cerca posible de la puerta principal.

### PASO 4

Se pone la vela grabada en un cuenco y el amuleto de hierbas secas en el otro. Se realizan cinco respiraciones profundas para lograr concentración y calma. Es necesario relajarse y mantener la concentración.

### PASO 5

Se enciende el contenido de ambos cuencos y se observa cómo se eleva el humo de las hierbas encendidas mientras se imagina que el hogar se llena de energía purificadora. Si solo se utilizan las velas ungidas, hay que imaginar que el aroma de los aceites es el humo que se eleva y llena toda la casa de energía protectora.

### PASO 6

Se necesita mirar la llama de la vela y concentrarse en ella. Hay que imaginar que se toma toda la negatividad que se siente y se transforma en pensamientos y energía positivos. Se mantiene la concentración en cómo la llama de la vela está transformando la energía negativa del hogar en energía positiva a medida que el humo (o el aroma) de la salvia y el romero ahuyenta todas las energías negativas persistentes y envuelve la casa en un resplandor protector.

### PASO 7

Es necesario concentrarse en transformar y eliminar la energía negativa y, cuando se esté preparado, se abre la puerta para que se pueda liberar el humo o el aroma de la vela por el aire. Mientras fluye, hay que imaginar con fuerza y concentración que toda la energía negativa va con ellos.

### PASO 8

Se coloca la vela en un lugar seguro y se la deja arder hasta que se consuma por completo. Si se desea, se puede distribuir el humo de la vela por toda la casa, teniendo cuidado de que al caminar de una estancia a otra no se apague.

### PASO 9

Cuando la vela se haya apagado, se toma lo que quede de ella y las cenizas de las hierbas y se entierran lo más lejos posible de la vivienda.

# Ritual para proteger la salud de un animal doméstico

Nuestras mascotas son muy importantes no solo desde un punto de vista emocional, sino también por sus dones especiales que pueden amplificar nuestra dimensión espiritual y protegernos.

Para comenzar este ritual se necesita primero un aceite «curativo» con el que se acaricia el pelaje del animal. Hay muchos ya fabricados en tiendas especializadas, pero se puede hacer en casa, lo que añade la energía amorosa personal a la mascota.

## ✳ MATERIALES NECESARIOS ✳

Para preparar el aceite curativo se necesitan los siguientes componentes:

✦ Seis gotas de aceite esencial de lavanda.
✦ Seis gotas de aceite de romero.
✦ 0,15 litros de aceite portador (jojoba, coco, almendra, etc.).
✦ Un frasco pequeño con tapón.

Con una o dos gotas es suficiente para cada vez que se realice el ritual, aunque si se quiere hacer más cantidad solo hace falta multiplicar proporcionalmente las cantidades propuestas.

Se ponen los aceites en un frasco pequeño y se mezclan con cuidado en el sentido de las agujas del reloj. Se deja reposar la mezcla durante tres días en un lugar oscuro y seco antes de utilizarla (se puede poner en un armario o alacena).

Cuando el aceite esté listo, se necesitarán los siguientes elementos para el ritual:

✦ Una vela negra.
✦ Una vela roja.
✦ Una vela marrón.
✦ Algunos cristales o piedras (amatista, cuarzo, ágata, etc.) asociados a la curación.
✦ Un estante que puede actuar como soporte o altar.

## ● ● INSTRUCCIONES ● ●

Para realizar este ritual de protección se siguen estos pasos:

### PASO 1

En primer lugar, se ponen con cuidado unas gotas del aceite curativo en las manos y se ungen las velas. El procedimiento debe ser de arriba a abajo.

### PASO 2

Se colocan las velas ungidas en una mesa o estante, teniendo cuidado de colocar la vela marrón (que es la que simboliza a la mascota) entre la vela roja (que a su vez representa la fuerza y la salud) y la negra (que es la que absorbe la enfermedad). Se crea un círculo alrededor de las velas, utilizando las piedras que se tengan disponibles. Llegados a este punto, se encienden las velas.

### PASO 3

Hay que ponerse cómodo y relajado con la mascota al lado mientras se observa cómo arden las velas.
Para acumular eficazmente energías positivas es bueno frotarse las manos, porque este es un gesto que genera calor y energía.

### PASO 4

Es el momento de acariciar al animal que se quiere proteger, de modo que se le transmita todo nuestro amor y energía. Es necesario sentir la conexión con el universo para cargarse de energía positiva y de protección y transmitirla adecuadamente.

### PASO 5

Se continúa con las caricias y el flujo de energía hasta que se sienta que se puede dar por concluido el ritual.

### PASO 6

Se apagan las velas y se deja descansar al animal.
Esta práctica se puede repetir hasta que la mascota se cure. No hay problema en utilizar la mismas velas hasta que se consuman. De todos modos, no hay que olvidar seguir cuidando al animal con la terapia que el veterinario haya indicado para su recuperación.
En realidad, este ritual también puede realizarse cuando se quiere lograr una mayor conexión con la mascota y sentir más la unión y cercanía.

# Ritual de protección contra vecinos inoportunos

La salud y el bienestar propios y de la familia son lo principal para casi todo el mundo. Si alguien quiere perjudicarlos, es necesario encontrar medios para resistir. Hay acciones que ayudan a proteger el hogar de los huéspedes no deseados, para que no hagan daño. De eso trata este ritual.

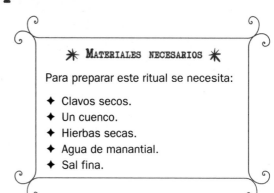

**✳ MATERIALES NECESARIOS ✳**

Para preparar este ritual se necesita:

✦ Clavos secos.
✦ Un cuenco.
✦ Hierbas secas.
✦ Agua de manantial.
✦ Sal fina.

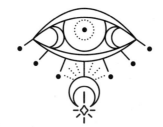

● ● INSTRUCCIONES ● ●

Para conseguir un resultado propicio se deben seguir estos pasos:

**PASO 1**

Se echan los clavos secos en el cuenco.

**PASO 2**

Se vierte en el interior del cuenco agua caliente procedente de un manantial y se deja que se prepare la infusión durante unos 20 minutos.

**PASO 3**

Se realiza una inspiración profunda y se busca la concentración con la intención de no querer ver en el umbral de la casa a huéspedes no invitados que vengan con malos pensamientos, intenciones y otras cualidades no deseadas.

**PASO 4**

Se vierte el caldo resultante en el suelo y se friega con él todas las habitaciones. El lugar más importante es el umbral de entrada.

Tras esta limpieza, haremos unos ramitos con las hierbas secas y, mezclando agua con la sal fina, la esparciremos por los rincones de la casa como protección. Después de la ceremonia, los enemigos no pondrán poner un pie en la casa.

# Protección del dinero

En tiempos de crisis, conocer un rituales poderosos para el dinero significa ahorrar fuerzas y tensiones. Trabajamos constantemente con energía pero no le prestamos atención. Por ejemplo, el hábito de limpiarse aumenta la capacidad del aura. Y eso significa más dinero. Pero el descuido y la espontaneidad, por el contrario, reducen la capacidad. Como resultado, los ingresos disminuyen o desaparecen por completo. Los rituales más poderosos para el dinero tienen como objetivo abrir el tercer chakra, responsable de la riqueza material. Trabajan sobre el aura humana, armonizándola. Por lo tanto, es aconsejable llevarlas a cabo en solitario.

# Ritual para superar los obstáculos que impiden prosperar

Este pequeño ritual ayuda a destruir las barreras a la riqueza, como las creencias negativas, los paradigmas familiares limitantes, los miedos paralizantes y los mensajes culturales interiorizados.

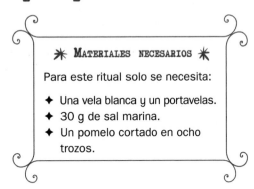

✳ MATERIALES NECESARIOS ✳

Para este ritual solo se necesita:

✦ Una vela blanca y un portavelas.
✦ 30 g de sal marina.
✦ Un pomelo cortado en ocho trozos.

● ● INSTRUCCIONES ● ●

El ritual para superar los obstáculos se realiza de la siguiente manera:

**PASO 1**

Durante la luna llena, o cuando la luna esté menguante, hay que darse un baño.

**PASO 2**

Se enciende la vela blanca y se apagan todas las luces eléctricas.

**PASO 3**

Se añade la sal y el pomelo al agua del baño y se mezclan en sentido contrario a las agujas del reloj y con la mano izquierda. Se dan ocho vueltas.

**PASO 4**

Se entra en la bañera para tumbarse en el agua y relajarse. Se concentra la atención en la respiración, que debe ser calmada para lograr una mayor relajación. Una vez conseguida, salir de la bañera y secarse tranquilamente para cerrar el ritual.

# Ritual para atraer el flujo de la abundancia

Todos tenemos una cantidad determinada de riqueza que estamos preparados para recibir y que se basa en nuestras experiencias pasadas, patrones familiares, parámetros culturales, hábitos y creencias personales. Esta es la razón por la que muchos ganadores de lotería se encuentran rápidamente en el mismo nivel (más o menos) de abundancia financiera en el que estaban antes de ganar. Pero podemos hacer un ritual para elevar ese nivel, ¡y hacer que se mantenga durante toda la vida! Se puede ampliar la capacidad de riqueza a intervalos regulares, como si se cavara una zanja cada vez más profunda para permitir que la cantidad de agua que fluye en ella se multiplique por diez y, en última instancia, no habrá límite para la cantidad de riqueza que se pueda aceptar y recibir.

Este ritual ayuda a aumentar la capacidad para recibir esta riqueza y a incrementar de forma natural el flujo de abundancia.

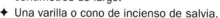

## ✳ MATERIALES NECESARIOS ✳

Para este ritual se necesitan los siguientes materiales:

✦ Una tela con una «flor de la vida» (la flor de la vida es un mandala geométrico. Este tipo de tela se puede encontrar en tiendas espirituales o hacer en casa, como se prefiera), de unos treinta o cuarenta centímetros de largo.
✦ Una varilla o cono de incienso de salvia.
✦ Un incensario.
✦ Un pequeño papel con el nombre completo de la persona que realiza el ritual escrito en él.
✦ Ocho aventurinas purificadas a la luz del sol entre dos y cinco minutos.
✦ Ocho monedas lavadas en agua salada.
✦ Pétalos de rosa frescos de cualquier color (opcional).
✦ Música clásica.

●  •  **INSTRUCCIONES**  •  ●

Es necesario seguir fielmente los siguientes pasos para realizar el ritual:

### PASO 1

Un jueves o un sábado, cuando la luna esté en fase creciente, se pone una pieza de música clásica para escucharla de fondo ambiental, la que se prefiera.

### PASO 2

Se coloca el paño sobre una mesa y se enciende el incienso junto a él. Hay que mantener la mente en el momento presente, centrando el pensamiento en el aquí y ahora por medio de la realización de respiraciones largas y profundas.

### PASO 3

Se sostiene el papel, con el nombre escrito en él, sobre el incienso, dejando que se empape del humo. Se coloca después en el centro del mandala de la flor de la vida.

### PASO 4

Se disponen las aventurinas y las monedas alrededor del nombre del modo que se desee, inundando cada una de ellas en el humo antes de colocarlas sobre el paño.

Se puede emplear todo el tiempo que se necesite para realizar esta acción. Es posible, incluso, reorganizar la composición una vez colocados los elementos. Si se trabaja también con pétalos de rosa, se pueden disponer artísticamente alrededor del borde exterior del mandala.

### PASO 5

Una vez que se esté satisfecho con el arreglo, se admira la belleza de lo creado y se expresa alegría y gratitud en el corazón. Hay que sentir, percibir y saber que la capacidad de riqueza se multiplica por diez.

### PASO 6

Se deja el mandala así durante al menos veinticuatro horas y hasta un tope de catorce días. Después, las monedas se donan a una buena causa y las aventurinas y la tela se guardan para utilizarlas en el futuro. El papel se envía a reciclar y los pétalos de rosa se deben esparcir en el exterior, donde serán absorbidos por la naturaleza.

# Ritual para obtener un nuevo trabajo

No hay razón para buscar trabajo sin añadir un poco de suerte al proceso. Este ritual abrirá puertas, brindará oportunidades y atraerá el trabajo perfecto para la persona que lo realice, además de insuflar nueva vida a toda la experiencia y hacerla mucho más gratificante.

Lo ideal es que se practique este ritual durante la luna nueva o creciente, aunque si se busca trabajo durante la luna menguante, también funcionará.

## ✳ MATERIALES NECESARIOS ✳

Esta es la lista de lo que se necesita:

✦ Una vela azul real o azul marino en un tarro o portavelas.
✦ Un cristal de pirita, purificado al sol durante dos o tres minutos.
✦ Un papel.
✦ Un lápiz.
✦ El ordenador y el software de creación del CV.
✦ Una impresora cargada con papel.
✦ Una carpeta.

## ● ● INSTRUCCIONES ● ●

Para realizar el ritual se deben seguir estos pasos:

### PASO 1

Por la noche, se enciende la vela. Después, se cierran los ojos y se respira profundamente para lograr la concentración, mientras se sujeta la pirita con la mano derecha.

### PASO 2

Cuando se alcance la tranquilidad suficiente, se colocan firmemente los pies en la tierra y se piensa en las cualidades ideales que deberían caracterizar al nuevo empleo. ¿Qué salario sería el adecuado? ¿En qué campo se quiere trabajar? ¿Sería bueno llevarse bien con los colegas? ¿Qué otras cualidades son importantes en la búsqueda que se está realizando?

### PASO 3

Se coloca posteriormente la pirita junto al papel y se escribe un pequeño texto, siempre en presente, como si el deseo se hubiese cumplido. Se comienza con: «¡Me encanta mi nuevo trabajo!». Luego se continúa con las cualidades del trabajo en cuestión, describiéndolo como si ya se tuviera. Se trata de ser lo más específico posible sobre lo que realmente importa, aunque tampoco demasiado, para no limitar la creatividad del universo. Por ejemplo, si se escribe: «Puedo llevar mi sombrero de vaquero al trabajo», se reducirán enormemente las posibilidades.

En cambio, si se redacta: «Puedo llevar ropa que sea cómoda y atractiva a la vez», abrirá la puerta a muchas más opciones. Dicho esto, si es absolutamente necesario mantener la primera opción, hay que dejarla escrita.

## PASO 4

Una vez que se tengan perfectamente afinadas las características que se desean en el trabajo, se concluye la lista con: «¡Gracias, universo! Por todo esto o por algo aún mejor». A continuación, se firma y se pone la fecha.

## PASO 5

Después de realizar los pasos anteriores se abre el archivo del CV (o se utiliza una plantilla que se pueda descargar en línea) y se trabaja para mejorarlo. Además de incluir la información habitual, se debe demostrar que el objetivo no es, en sí mismo, conseguir simplemente el empleo, sino más bien lo positivo y los beneficios que se desea compartir con el nuevo empleador y con los clientes de la empresa. Por ejemplo, si se quiere conseguir un trabajo como profesora de danza, no se debe marcar como objetivo «convertirse en profesora de danza infantil», sino compartir la alegría de la danza y el movimiento con los niños y la satisfacción de ayudarles a sentirse seguros en el proceso. O si se busca trabajo como camarero en un restaurante, se puede escribir que el objetivo es proporcionar una experiencia realmente excepcional escuchando a los clientes y creando una conexión real con ellos. Es vital afinar el objetivo hasta que sea auténtico y resalte todo lo que se tiene para ofrecer. Es necesario formular la intención interior y recordar este objetivo cuando se redacten las cartas de presentación y se comunique a posibles empleadores.

## PASO 6

Se imprime el CV, se coloca en la carpeta y se pone en un lugar especial. Se dobla el papel en el que se han escrito los ideales, dirigiendo cada doblez hacia uno mismo. Se coloca sobre la carpeta y se pone encima la pirita y la vela (en su portavelas). Se deja que se queme (con cuidado) durante al menos una hora y, luego, se apaga.

## PASO 7

Al día siguiente, se preparan copias del CV y se empieza a buscar trabajo, llevando la pirita en el bolsillo, o en el bolso, en todo momento.

# Ritual de la olla de la prosperidad

Es un ritual muy sencillo que se utiliza para aumentar las ganancias y poder reunir la cantidad de dinero necesaria para satisfacer las necesidades.

Los días ideales para realizar este ritual son los de luna creciente.

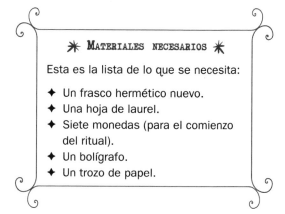

✳ **MATERIALES NECESARIOS** ✳

Esta es la lista de lo que se necesita:

✦ Un frasco hermético nuevo.
✦ Una hoja de laurel.
✦ Siete monedas (para el comienzo del ritual).
✦ Un bolígrafo.
✦ Un trozo de papel.

## • • INSTRUCCIONES • •

El procedimiento de este ritual se resume en cuatro pasos:

### PASO 1

Se escribe el deseo de lo que se necesita en el trozo de papel y se introduce en el frasco. Se toman las siete monedas en la mano dominante y se meten una a una en el tarro.

### PASO 2

Se escribe el nombre propio detrás de la hoja de laurel y se introduce también en el frasco. Se enrosca la tapa y el tarro se coloca en un lugar donde se pueda ver todos los días, pero alejado de miradas indiscretas.

### PASO 3

Cada día se tienen que introducir una o dos monedas e imaginar que se multiplican hasta donde alcanza la vista. Poco a poco se notará que llegan ingresos extra. No importa la cantidad, puede que empiecen a recibirse poco a poco, pero siempre se debe dar las gracias a la energía y al universo.

### PASO 4

Cuando se haya alcanzado la cantidad deseada, se retira la hoja de laurel, la moneda o las monedas, y el trozo de papel y se entierran en el mismo frasco en casa. Lave bien el frasco y guárdelo para otro ritual.

# Ritual del cordón de oro de la abundancia

En tiempos de crisis, los rituales de este tipo pueden ayudar a tener un poco más de esperanza en un futuro más seguro.

Si se puede, lo ideal es realizar esta práctica al mediodía:

✦ Se debe comenzar la práctica el domingo, en la hora del Sol y cuando la Luna esté en el signo de Leo.

✦ Si el objetivo es alcanzar el éxito en un negocio o en una negociación de dinero, se debe empezar el domingo, en la hora de Mercurio.

A modo de curiosidad: El cálculo de las horas planetarias está directamente influido por las horas de luz y la noche de las que disponemos, por lo que los periodos de tiempo variarán en función del espacio geográfico en el que se encuentre y de la estación del año (primavera, verano, otoño, invierno).

Las horas planetarias diurnas abarcan el periodo de tiempo comprendido entre la salida y la puesta del sol; mientras que las horas planetarias nocturnas se extienden desde la puesta del sol hasta su siguiente salida.

Para trabajar con el poder de las horas planetarias y mejorar sus rituales mágicos, primero debe conocer las horas de salida y puesta del sol en el lugar donde se encuentre y, a continuación, dividir el número de minutos de luz diurna entre 12 (el número de horas planetarias diarias).

Esta operación matemática determinará el número de minutos que tendrá cada día planetario y con ello podrá elegir qué hora será la más favorable para lo que quiere conseguir.

Si, además de la hora, selecciona un día influenciado por el mismo planeta (ejemplo: lunes, luz de luna), dará aún más fuerza a la intención de su ritual.

---

## ✳ MATERIALES NECESARIOS ✳

Esta es la lista de lo que se necesita:

✦ Un cordón o cuerda de color dorado (el tamaño debe corresponderse con la altura de quien practique el ritual).

✦ Una caja pequeña de cerillas vacía que se haya coloreado de amarillo o dorado.

✦ Un papelito para introducir en la caja.

✦ Un bolígrafo que tenga el cuerpo de color dorado.

✦ Una vela de color dorado o, en su defecto, una vela blanca ordinaria.

## •• INSTRUCCIONES •●

Para realizar este ritual se deben seguir estas indicaciones:

### PASO 1

Se empieza por ordenar todos los objetos de la mesa de trabajo. Se colocan las manos sobre ellos concentrándose en lo que se desea.

Se toma el bolígrafo y el papel y se escribe lo que se quiere que se manifieste en la vida. Puede ser un objeto grande o pequeño, una meta o una suma de dinero. Cuanto más grande sea la solicitud o el objeto, más tiempo tardará en conseguirse. Una cosa es si se necesitan 300 euros y otra si requieren 3 000 euros. El plazo será más largo en el segundo caso.

### PASO 2

Se toma el trozo de papel en las manos y se sopla sobre él tres veces. Al hacer esto hay que visualizar el objetivo deseado.

Se ata la caja con el cordel, teniendo cuidado de empezar siempre por el extremo del cordel. Se toma la vela dorada o blanca en las manos y se visualiza de nuevo el objetivo que se busca y las emociones asociadas al hecho de conseguirlo. Se enciende la vela y se intenta mantener este estado de ánimo durante el mayor tiempo posible.

### PASO 3

Con los ojos cerrados se toma el otro extremo de la cuerda y se empieza a enrollarla en las manos mientras se piensa intensamente en el objetivo. Se realiza esta acción lentamente hasta que se logra sostener la caja de cerillas. Cuando se tiene en la mano, hay que dejarse embriagar por la sensación de haber conseguido el objetivo hasta que se sienta un cosquilleo en la extremidad. En este punto, cuando se crea que el ritual se puede dar por terminado, se debe respirar profundamente y abrir los ojos.

### PASO 4

Finalmente se apaga la vela. El ritual se repite durante 28 días seguidos. Si el deseo no es material, no hay tampoco que dejar escapar cada oportunidad que se presente y que nos acerque al objetivo buscado.

Una vez que se haya alcanzado el objetivo, se quema el papel y se empieza con un nuevo deseo. Puede hacerse de forma individual o en grupo.

Si no se logra alcanzar el objetivo en 28 días, se toma una nueva vela y se comienza el ritual desde el principio.

# Protección del amor

Aunque los hechizos para encontrar el amor tienen un poder inmenso, solo funcionan si se cree lo suficiente en ellos. El simple hecho de analizar profundamente lo que desea le colocará en la mejor posición para conseguirlo: tanto si busca el amor verdadero como si teme que una relación se esté enfriando, lo único que tiene que hacer es intentar seguir las indicaciones adecuadas para cada caso.

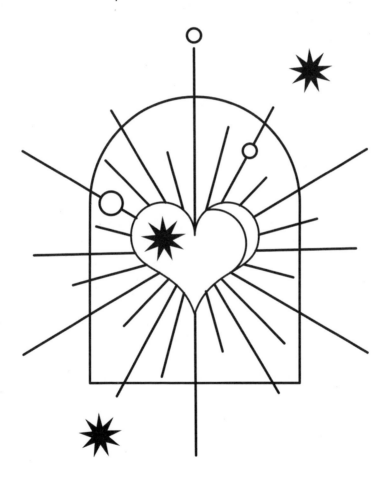

# Ritual para protegerse de la soledad y conocer al alma gemela

En muchas ocasiones, encontrar una pareja perfecta no suele ser fácil. Aunque se tenga contacto con gente casi todos los días, no siempre se termina de conectar con esas personas. Así que, ¿por qué no probar un ritual para encontrar al alma gemela? ¿Por qué no pedir al universo que ponga en el camino a una persona compatible? Este ritual aumenta las posibilidades de encontrar a un ser querido que cumpla estas características.

Las almas gemelas podrían definirse como personas con las que de repente se tiene una conexión única, se siente afinidad y su compañía provoca una sensación de bienestar. Se está feliz, sereno y en armonía. Por eso, cuando se realiza el ritual para encontrar al alma gemela, es necesario tanto creer que se encontrará a esa persona como tener fe en uno mismo.

El concepto de almas gemelas es tan antiguo que existen innumerables leyendas y mitos vinculados a este término a lo largo de los siglos y en diferentes culturas. Desde tiempos inmemoriales, las personas han tenido que buscar a esa persona con la que se conecta de manera especial.

Con la siguiente práctica, es posible encontrar esa persona compatible que entrará en la vida del que practique el ritual antes de lo que se pueda esperar.

### ✳ MATERIALES NECESARIOS ✳

Estos son los materiales que se precisan para el ritual:

✦ Una sábana de color blanco.
✦ Una hoja de papel de color verde.
✦ Una hoja de papel de color rojo.
✦ Una hoja de papel de aluminio.
✦ Un bolígrafo negro.
✦ Tres velas blancas.
✦ Tres velas rosas.
✦ Tres velas rojas.
✦ Una cinta roja.
✦ Cerillas de madera.

## • •  INSTRUCCIONES  • •

Para realizar correctamente este ritual de amor hay que seguir estos pasos:

**PASO 1**

Se extiende la sábana blanca, a modo de mantel, sobre una mesa, y se escribe la siguiente frase en un papel: «Quiero encontrar a mi alma gemela».
Junto con esto, se indica lo que se busca en esa persona. Por ejemplo: seguridad, compatibilidad, estabilidad, afecto, etc. Se escribe cada cualidad que se considere importante en una línea.

**PASO 2**

Se atan todas las velas con un lazo. No es necesario hacer un nudo complejo.

**PASO 3**

Se enrollan las hojas de papel y el papel de aluminio y se introducen con cuidado en los espacios entre las velas.

**PASO 4**

Por último, se pone todo en un recipiente ancho y se encienden las velas una a una. Se empieza con las velas rosas, se continúa con las rojas y se termina con las blancas, apagándolas cuando se finalice el ritual. Una vez finalizado el ritual, es importante no pensar más en ello. En poco tiempo el universo concederá el deseo solicitado y aparecerá el alma gemela. Es importante no impacientarse. Cuando aparezca esa persona, se sabrá que es ella sin lugar a dudas. El amor siempre llega en el mejor momento y el alma gemela puede estar más cerca de lo que se cree, así que lo único que hay que hacer es estar alerta y escuchar al corazón.

# Ritual para protegerse de la falta de amor y encontrar al amor verdadero

El siguiente ritual tiene como fin ayudar a desencadenar encuentros sentimentales. Al ponerlo en práctica se multiplicarán las posibilidades de iniciar nuevas aventuras románticas o de encontrar la estabilidad emocional que se está buscando. La intención que se ponga en la petición resulta decisiva para el éxito del ritual. Es necesario abrir el corazón, dejarse llevar y permitir que el destino actúe.

El ritual del amor verdadero debe realizarse un viernes, en fase de luna nueva, de 22:00 a 22:50 horas.

## ✳ MATERIALES NECESARIOS ✳

Para realizar este ritual hay que tener:

✦ Un trozo fino de corteza de abedul recogido durante la luna nueva.
✦ Un tarro pequeño tipo mermelada.
✦ Una piedra pequeña de color ámbar.
✦ Tres rosas rojas.
✦ Miel.
✦ Agua de manantial o agua filtrada.

## ● ● INSTRUCCIONES ● ●

Se deben seguir estos pasos en el orden indicado:

**PASO 1**

Hay que tener un tarro de cocina (vale un tarro de mermelada vacío). Se lava con vinagre blanco y se enjuaga con agua limpia inmediatamente después.

**PASO 2**

Con la piedra de ámbar entre las manos se concentra el pensamiento en sentirse una persona profundamente amada. Se pide a la piedra que traiga al amor.

**PASO 3**

Se coloca la piedra en el fondo del frasco.

**PASO 4**

Se colocan los pétalos de las tres rosas rojas y la corteza de abedul sobre la piedra.

**PASO 5**

Se añade una cucharada de miel.

**PASO 6**

Se llenan las tres cuartas partes del tarro con agua de manantial o agua filtrada.

**PASO 7**

Se cierra el frasco y se agita para activar las energías. El tarro no se llena hasta el borde para poder mover bien el contenido.

**PASO 8**

Es importante agitar el frasco de cristal cada día, durante 7 días, y reiterar el deseo pensando en el amor verdadero.

**PASO 9**

Si ya se tiene una persona en mente, al final del ritual se puede colocar el frasco encima de la foto de esa persona. Si no se tiene una foto, se puede poner en su lugar un pequeño trozo de papel con el nombre de la persona.

# Ritual poderoso y gratuito de protección del amor: carta al universo para atraer a una persona

Este poderoso ritual de amor gratuito es muy fácil de preparar y actuará a muchos niveles, no solo en el del amor. El principio es sencillo: esta carta permite atraer hacia nuestra vida lo que se desea, con afirmaciones o pensamientos que ayudan al universo a captar los deseos más profundos y los objetivos vitales.

*«Pedid y se os dará».*

Este proverbio antiguo refleja perfectamente las leyes del universo, pero solo actúa si la petición es benévola, con intención positiva y para el bienestar de todos.

Otro punto interesante de este poderoso ritual de amor gratuito es que esta carta es una forma excelente de dejar claros los sentimientos. Escribir permite plasmar las necesidades con precisión: una buena terapia práctica en el caos de pensamientos negativos que puede desencadenar una situación desafortunada.

✳ **MATERIALES NECESARIOS** ✳

Para este ritual se necesita:

✦ Una hoja de papel.
✦ Un lápiz.
✦ Una foto que despierte su amor.
✦ Una vela roja.
✦ Incienso.

● • **INSTRUCCIONES** • ●

La carta al universo se puede escribir en el momento que se quiera, cuando se considere que es el momento adecuado para cada uno.

Dicho esto, algunas personas prefieren escribirla:

✦ En viernes, porque está ligado a Venus (que representa amor, seducción y todos los aspectos sentimentales).
✦ En luna creciente, periodo ideal de atracción (entre la luna nueva y la luna llena).

A continuación se detalla un procedimiento por si se quiere utilizar como guía, aunque cada uno puede crear su método propio adaptado a las necesidades particulares y a los sentimientos personales.

## PASO 1

Se busca un lugar donde poder sentarse cómodamente y el que no haya posibilidad de interrupciones, se coloca la fotografía de la persona que despierte el amor y se enciende la vela roja.

Repartimos incienso en el lugar que hemos escogido para purificarlo.

Durante un momento hay que respirar con calma y concentrarse para pensar en la intención que se quiere dar al ritual.

## PASO 2

Para anclar esta intención, hay que visualizar cómo los pies echan raíces en la tierra y una luz dorada se eleva hasta la parte superior del cráneo y se extiende lo más alto posible. Si este ejercicio de anclaje resulta demasiado difícil, se puede simplificar visualizando un árbol –que represente la intención que se quiere infundir– con sus raíces profundas y su energía dorada elevándose hacia arriba.

## PASO 3

Se escribe la carta teniendo en cuenta lo siguiente:

✦ Se redacta como si se dirigiera a un amigo.
✦ Se escribe a mano y utilizando los verbos solo en presente.
✦ Se describen en ella tantos detalles como sea posible. Es bueno vincularlos a sensaciones y tratar de evocarlas mientras se escribe.
✦ Se escribe como si la situación soñada ya se hubiera hecho realidad.
✦ La redacción debe hacerse siempre en positivo, así que hay que evitar las palabras negativas.

## PASO 4

No hay que olvidar dar las gracias al universo al final (o a sus ángeles de la guarda, guías, etc.). Lo principal es la intención de amor que se emite con esta actitud.

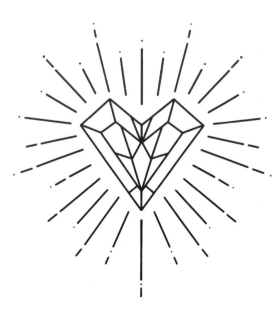

# Ritual para conquistar al amado

Este es un ritual básico que no requiere ingredientes «exóticos» ni cartas astrológicas. Se utiliza para atraer a más amigos o acentuar la sensualidad, si lo que se está buscando es algo más que una simple amistad. Si se tiene a alguien en particular en mente, es necesario concentrarse en esa persona durante este ritual para atraerla o reforzar el vínculo que ya existe.

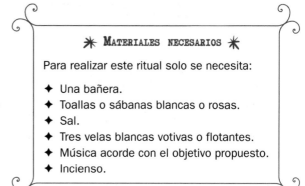

### ✳ MATERIALES NECESARIOS ✳

Para realizar este ritual solo se necesita:

✦ Una bañera.
✦ Toallas o sábanas blancas o rosas.
✦ Sal.
✦ Tres velas blancas votivas o flotantes.
✦ Música acorde con el objetivo propuesto.
✦ Incienso.

### ● ● INSTRUCCIONES ● ●

A continuación se detallan los pasos a seguir:

**PASO 1**

Limpiar bien el baño antes de comenzar. No es una limpieza espiritual; sino profunda con detergentes y productos antibacterianos. Luego se cubren los espejos con toallas o sábanas blancas o rosas.

**PASO 2**

Se llena la bañera y se echa un puñado de sal marina en el agua.

**PASO 3**

Se encienden las tres velas blancas o se colocan las flotantes en la bañera. Hay que concentrarse en el propio cuerpo antes de entrar en el agua, pensando en lo hermoso que es. Si es un ritual para otra persona, es el momento de centrarse en ella.

**PASO 4**

Se apaga la luz y se pone la música favorita que se ha escogido. Debe elegirse para que esté en consonancia con el objetivo final: si se busca un amor salvaje y apasionado, algo que haga sentirse desinhibido y atractivo; si se busca el alma gemela y alguien que haga sentirse seguro, hay que elegir una música que aporte calma y paz; para la atracción en general, una canción alegre y dulce.

**PASO 5**

Meterse en la bañera y relajarse. Comprobar que cada parte del cuerpo se sumerge completamente en el agua al menos una vez. La higiene física es una parte esencial del ritual, así que es necesario lavarse el pelo o afeitarse.

Es bueno seguir los instintos y añadir otros elementos si se tiene la sensación de que es necesario y contribuye al bienestar. Se puede encender un incienso, añadir aceites de baño de hierbas o aceites esenciales, el perfume favorito, tomar una taza de té de hierbas o utilizar una esponja comprada especialmente para este ritual. Las velas, como en otros rituales, las apagamos para evitar posibles accidentes.

# Baño ritual de protección contra la negatividad en el amor

Los baños rituales espirituales se practican desde la antigüedad y en muchas culturas por sus beneficios psicofísicos y sus cualidades para elevar la calidad de vida e influir en lograr cambios y éxitos y propiciar diferentes aspectos de la vida. Para ello es necesario sumergirse en un baño regenerador y propiciatorio.

El baño debe realizarse un viernes por la noche, cuando la luna se encuentre en fase de luna creciente.

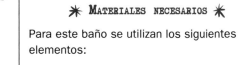

**✳ MATERIALES NECESARIOS ✳**

Para este baño se utilizan los siguientes elementos:

✦ Una vela roja.
✦ Cerillas de madera.
✦ Hojas de menta.
✦ Hojas de laurel.
✦ Hojas de ruda.
✦ Hojas de ricino.
✦ Un litro de agua.
✦ Un vaso de vino tinto.

● ● **INSTRUCCIONES** ● ●

Antes de proceder, hay que asegurarse de que no vaya a haber interrupciones mientras se realiza el ritual. Esto es muy importante para la correcta ejecución de los pasos propuestos a continuación. También porque de este modo es más sencillo lograr la relajación y la conexión con las energías adecuadas y necesarias para conseguir el objetivo.

## PASO 1

Se enciende una vela roja con cerillas de madera para crear el ambiente adecuado y se coloca en el borde de la bañera.

## PASO 2

Se pone un litro de agua y todas las hojas recopiladas en una olla y se hierve la mezcla a fuego lento 10 minutos. Se apaga el fuego y se añade el vino. Se cuela el resultado para utilizarlo en el baño ritual.

## PASO 3

Se llena la bañera con agua caliente y, una vez sumergido en ella, se vierte el filtro mágico empezando por el cuello.

## PASO 4

Hay que permanecer sumergido en el agua el tiempo necesario para relajarse y lograr visualizarse con su amor (sea este real o imaginario). Una vez terminado el baño, hay que salir de la bañera y secarse con una idea mental: ¡seguro que algo muy agradable sucederá esa misma noche!

## PASO 5

Se deja que la vela se consuma de forma natural.
El baño de atracción del amor se puede realizar siempre que se sienta la necesidad de renovar las energías positivas de atracción del amor.

# Ritual de protección del amor en la luna nueva

Se trata de un ritual cuyo objetivo es poner el propio deseo de amor en manos de la luna nueva. Es un rito muy sencillo que debe realizarse durante doce días consecutivos.

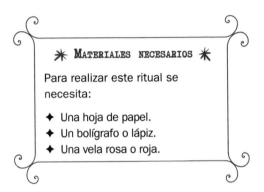

✳ MATERIALES NECESARIOS ✳

Para realizar este ritual se necesita:

◆ Una hoja de papel.
◆ Un bolígrafo o lápiz.
◆ Una vela rosa o roja.

● ● INSTRUCCIONES ● ●

Es importante seguir los pasos indicados a continuación:

**PASO 1**

El ritual comienza en una noche de luna nueva, cuando se toma un papel y se escribe el deseo de amor de forma sucinta pero también clara.

**PASO 2**

Se enciende la vela y se observa la llama mientras se practica un baile en la oscuridad de la habitación (se puede poner música relajante si ayuda, o al menos música que invoque sentimientos positivos). Se cierran los ojos y se visualiza el deseo como si se estuviera haciendo realidad. Es necesario dejar que los sentimientos de amor envuelvan todo el cuerpo durante la danza.

**PASO 3**

Al terminar de bailar, hay que respirar profundamente y después abrir los ojos y mirar a la Luna pidiéndole que conceda lo que se ha pedido. No olvidemos mostrar gratitud.

**PASO 4**

Se toma el trozo de papel con el deseo escrito y se quema en la llama de la vela. A continuación, se apaga.

La operación se repite durante doce noches seguidas. Si se pierde una noche, es necesario empezar de nuevo. Es importante tener en cuenta que nunca debe iniciarse el ritual en fase de luna menguante.

# Ritual de atracción del amor con vela rosa

Se trata de un ritual muy sencillo que sirve para atraer el amor de la persona que nos interesa. Se debe realizar en luna creciente y un viernes.

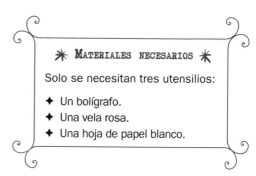

**✳ MATERIALES NECESARIOS ✳**

Solo se necesitan tres utensilios:

✦ Un bolígrafo.
✦ Una vela rosa.
✦ Una hoja de papel blanco.

●● INSTRUCCIONES ●●

Para realizar este ritual se siguen los pasos indicados a continuación:

**PASO 1**

Un viernes por la noche, se enciende una vela rosa. Con un bolígrafo (si tiene algún valor emocional, mejor) se escribe en el papel el nombre y apellido propios y, debajo, el de la persona amada.

**PASO 2**

Se dibuja ahora un círculo alrededor de los nombres y, cerrando los ojos, se medita sobre lo que desea (por ejemplo, ser felices juntos dando un paseo, abrazándose, etc.).

**PASO 3**

Se sostiene la vela rosa durante al menos 15 minutos mientras se medita sobre la persona que se desea y el maravilloso amor que se experimentará cuando se esté junto a ella. Si es posible, se alarga la meditación hasta que la vela se consuma por completo. También se puede utilizar una vela más grande y continuar el ritual cada noche, durante siete noches, meditando 15 minutos cada vez.

# Ritual de atracción del amor de los siete días

Si se necesita un ritual de amor o atracción más poderoso, este es el ritual perfecto. Durante una semana, se dedican 15 minutos al día al objetivo propuesto. El hechizo acumula energía de un día para otro, lo que desata un poderoso efecto amoroso.

Este ritual se realiza durante siete días, en la fase de luna creciente o luna nueva, y se tienen que dedicar 15 minutos cada día a la práctica.

## ✳ MATERIALES NECESARIOS ✳

Para este ritual se precisa:

✦ Dos cucharadas soperas de aceite portador, por ejemplo, aceite de oliva o de girasol.
✦ Dos gotas de aceite esencial de geranio.
✦ Dos gotas de aceite esencial de salvia.
✦ Dos gotas de aceite esencial de naranja dulce.
✦ Una cucharada de melisa seca o verbena.
✦ Una botella ámbar con tapón.
✦ Un plato.
✦ Un mortero y mano de mortero (si las hierbas no están ya en polvo).
✦ Un cuchillo.
✦ Una vela roja o blanca.
✦ Un encendedor o cerillas.
✦ Incienso para purificar la vela ritual.

## ●• INSTRUCCIONES •●

Para el desarrollo correcto del ritual se deben seguir estos pasos:

**PASO 1**

Se purifica la vela con incienso. Para reforzar el ritual, se graban en la cera las iniciales de la pareja con el cuchillo.

**PASO 2**

Se vierten todos los aceites en la botella, concentrándose en infundir energía en la mezcla.

**PASO 3**

Se coloca la vela en el plato. Se utilizan las manos para frotarla con los aceites, empezando por la parte superior y bajando hasta la base. Es necesario concentrar la energía en atraer al amor.

**PASO 4**

Se machacan en un mortero la melisa y la verbena y se espolvorea el polvo por toda la vela. Si se quiere, se puede guardar un poco para esparcirlo durante el ritual.

**PASO 5**

Se enciende la vela, se cierran los ojos y se medita durante 15 minutos, siempre concentrados en el objetivo. El ritual se debe repetir durante siete días seguidos.

# Ritual de protección del amor presente

Por desgracia, a veces los celos aparecen en una relación de pareja. La propia inseguridad hace que se tenga miedo de perder a la persona amada, al alma gemela. Se intenta crear un muro alrededor de los seres queridos para «protegerlos» de los intrusos, y esto puede resultar bastante incómodo, representa un derroche grande de energías y provoca desgaste en la relación.

Este ritual de protección a base de ajo puede resultar bastante efectivo para calmar los celos y proteger el amor de nuestra pareja.

**✳ MATERIALES NECESARIOS ✳**

Esta es la lista de los elementos necesarios para este ritual:

✦ Cinco cabezas de ajo.
✦ Cinco trozos pequeños de tela negra.
✦ Una bolsa de tela de color verde.
✦ Clavo de sabor.
✦ Hipérico (o hierba de San Juan).
✦ Pimienta.

●● INSTRUCCIONES ●●

Es un ritual realmente básico de ejecución:

### PASO 1

Se envuelve cada una de las cinco cabezas de ajo, junto con el clavo de sabor, el hipérico y la pimienta en un trozo de tela negra. Mientras se envuelven los ajos hay que respirar profundamente, tomar aire por la nariz y dejarlo ir lentamente por la boca.

### PASO 2

Se meten a continuación las cabezas de ajo que ya están envueltas dentro de la bolsita de tela verde.

### PASO 3

Se pone la bolsita en algún bolsillo de la pareja cuando vaya a salir de casa. Actuará como un talismán para disuadir sobre un posible acercamiento amoroso de otra persona.

# Ritual para proteger el amor de un rival amoroso

Puede que en alguna ocasión nos encontremos perdidamente enamorados de una persona y descubramos que otra siente también lo mismo por ella. Este ritual permitirá mantener alejado al rival amoroso.

✳ MATERIALES NECESARIOS ✳

Para realizar este sencillo ritual solo se precisa:

✦ Una vela negra.
✦ Una vela roja.
✦ Pimienta.
✦ Dos rosas rojas molidas.

● ● INSTRUCCIONES ● ●

Se deben seguir los pasos señalados a continuación:

### PASO 1

Se graban las iniciales de la persona que realiza el ritual en la vela roja. A continuación, se toma la vela negra y se tallan sobre ella las iniciales de la persona que compite por el mismo amor. Mientras se enciende la vela negra se piensa en la cara del rival, concentrándose e identificando las emociones que se despiertan al pensar en esa persona y en cómo compite por el mismo amor.

### PASO 2

A continuación, se enciende la vela roja. Es necesario mantener la atención plena en el presente e identificarse con la cera roja encendida, que representa a la persona que realiza el ritual.

### PASO 3

Se toma una pizca de polvo de rosa roja y se echa sobre la llama de la vela roja, simbolizando el amor que se siente hacia la persona que puede perderse. Hay que concentrarse y sentir el amor infinito hacia esa persona y la paz que conlleva.

### PASO 4

Se toma una pizca de pimienta y se echa sobre la vela que simboliza al rival, siendo consciente de que esta combustión de pimienta alejará rápidamente al competidor y dejará libre a la persona amada. Se apaga primero la vela negra y después la roja. El ritual comenzará a funcionar trece días después de su realización.

# Ritual del agua hirviendo para recuperar a la persona amada

Este ritual para recuperar a la persona amada utilizando agua hirviendo se puede realizar siempre que se desee. No es necesario esperar a una fase lunar concreta o a que sea medianoche.

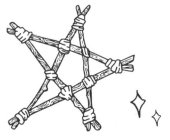

**✳ MATERIALES NECESARIOS ✳**

Los utensilios necesarios para este ritual son los siguientes:

- ✦ Una vela blanca.
- ✦ Una hoja de papel blanco.
- ✦ Un lápiz.
- ✦ Agua.
- ✦ Una cacerola.
- ✦ Tres cucharadas de azúcar.
- ✦ Una cucharada de miel.

● • **INSTRUCCIONES** • ●

Se deben realizar los siguientes pasos:

### PASO 1

Antes de iniciar el ritual para recuperar al ser querido, es preciso aclarar la mente. Toda la concentración debe ponerse en la expareja para traerla de vuelta a través de los pensamientos.

### PASO 2

Durante toda la preparación del ritual hay que seguir con esta concentración en la expareja a través del pensamiento. Luego, se enciende la vela.

### PASO 3

A continuación, se escribe en el papel el nombre de la persona que se quiere recuperar. Mientras, hay que pensar en todos los recuerdos positivos acumulados con esta persona. Es necesario borrar cualquier emoción negativa de la memoria.

### PASO 4

Se vierte agua en la cacerola. Se pone el papel dentro y se echan el azúcar y la miel. A continuación, se pone a hervir el agua.

### PASO 5

Para apagar el fuego, se debe esperar a que la vela se consuma. Mientras esto ocurre hay que seguir pensando en la persona que se ama y en el futuro que se sueña construir juntos. Recuperar al ser querido requiere concentración.

### PASO 6

Por último, una vez apagada la vela, se vierte el agua de la cacerola en el inodoro y se visualiza cómo todas las emociones negativas vinculadas a la expareja se van con ella para dejar sitio a un futuro más brillante.

# Ritual de protección para acabar con una relación amorosa que no funciona

Este ritual permite romper una relación amorosa que no funciona, haciendo que uno de los miembros de la pareja deje de amar. Se cortan las ondas de amor de la persona.

✳ **MATERIALES NECESARIOS** ✳

Para este ritual se necesita lo siguiente:

✦ Incienso de olíbano.
✦ Una vela negra.
✦ Sal.
✦ Un vaso de agua.
✦ Un trozo de papel negro.
✦ Un rotulador rojo.

●● **INSTRUCCIONES** ●●

Es necesario seguir estos pasos:

**PASO 1**

Se enciende el incienso y la vela negra, pensando mucho en los miembros de la pareja.

**PASO 2**

Se toma el vaso de agua y, sujetándolo con la mano izquierda, se añade una pizca de sal.

**PASO 3**

Se espera durante dos minutos y se bebe de un trago.

**PASO 4**

A continuación, se coloca delante el trozo de papel negro y, con el rotulador rojo, se escriben en él los nombres de las dos personas, uno al lado del otro.

**PASO 5**

Se pone una mano sobre cada nombre y se rompe el papel por la mitad.

**PASO 6**

Se añade una pizca de sal al nombre de la persona a la que se quiere dejar de amar y se dobla el trozo de papel en cuatro.

**PASO 7**

El otro trozo de papel se dobla por la mitad y se quema con la vela negra.

**PASO 8**

Se apaga la vela y se entierra el trozo de papel que queda en una noche sin luna. El efecto será gradual: poco a poco el amor desaparecerá y se pondrá fin a la relación de manera natural.

# Ritual de protección emocional para sentirse mejor después de una ruptura

Hay experiencias que nos rompen por completo. Una de ellas puede ser una ruptura, una etapa de la vida a la que todos tenemos que enfrentarnos en un momento u otro. Son momentos que a menudo destrozan los esquemas y las ilusiones establecidos en un plan de vida con alguien.

Sentirse mejor tras una ruptura puede ser un reto complicado. Este punto de inflexión pone nuestro mundo patas arriba y dibuja un panorama de incertidumbre.

En esas circunstancias nos sentimos como si acabáramos de naufragar, sin saber realmente a dónde ir, cómo llegar y qué tenemos que hacer para sentirnos mejor. A continuación se presenta un ritual que puede ser de utilidad para recobrar el equilibrio emocional.

✳ **MATERIALES NECESARIOS** ✳

Se precisa tener los siguientes elementos:

✦ Una vela rosa.
✦ Una vela blanca.
✦ Incienso de mirra.
✦ Un trozo de pergamino.
✦ Un rotulador negro.
✦ Un cenicero.

● • **INSTRUCCIONES** • ●

El ritual se desarrolla de la siguiente manera:

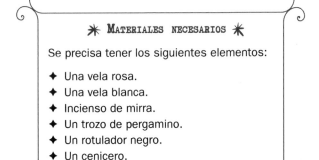

**PASO 1**

Se encienden las velas y después el incienso. Se cierran los ojos y se medita pensando en la paz que se quiere sentir.

**PASO 2**

A continuación, se escribe con el rotulador negro en el pergamino, en letras mayúsculas, la siguiente expresión: «SERENIDAD DE CORAZÓN».

**PASO 3**

Se enrolla el papel en forma de un tubo pequeño.

**PASO 4**

Se prende fuego al pergamino en la llama de la vela rosa.

**PASO 5**

Se coloca el pergamino ardiendo en el cenicero y se continúa con la meditación hasta que el pergamino se consuma por completo. Las cenizas se arrojan fuera de la casa, dispersándolas a los cuatro vientos.

# Ritual de protección emocional para olvidar a un amor

Este ritual ayuda a dejar atrás un amor que se ha roto. El momento ideal para realizarlo es después de la luna llena, cuando comienza la fase menguante.

**✳ MATERIALES NECESARIOS ✳**

Para realizar este ritual se precisa recopilar los siguientes elementos:

- ✦ 120 ml de agua.
- ✦ Tres gotas de aceite esencial de clavo.
- ✦ Una cucharada de aceite de oliva.
- ✦ Una vela negra.
- ✦ Un plato pequeño.
- ✦ Un cuenco grande.
- ✦ Un cuenco pequeño.
- ✦ Una hoja de papel.
- ✦ Un bolígrafo.
- ✦ Un encendedor o cerillas.

## ● · INSTRUCCIONES · ●

Se siguen estos pasos sencillos:

**PASO 1**

Se mezcla el aceite esencial de clavo y el aceite de oliva en el plato pequeño. Con los dedos se extiende la mezcla sobre la vela, teniendo cuidado de no untar la mecha.

**PASO 2**

Se enciende la vela y se concentra el pensamiento en la intención de cortar el vínculo con el amor del pasado.

**PASO 3**

Se escribe en el papel un mensaje de despedida a los sentimientos que se quiere abandonar. Se coloca la nota con el mensaje en el cuenco grande.

**PASO 4**

Se llena el cuenco pequeño con agua y se sumergen las manos en ella. De este modo se piensa simbólicamente en lavar todo el dolor, la ira y el resentimiento que pueda quedar tras la relación.

**PASO 5**

Se rocía el papel con agua del cuenco para infundir fuerza a la despedida. Luego se arruga el papel y se tira.

**PASO 6**

Para finalizar, se apaga la vela.
Si vuelven a surgir viejos sentimientos, se enciende de nuevo la vela.

# Tercera parte:

# RITUALES DE PURIFICACIÓN

El ritual de purificación hace referencia a lo que comúnmente se denomina limpieza energética, que consiste en deshacerse de las llamadas «energías negativas», influencias nocivas, «negatividad» o incluso «maldad» que puedan estar presentes en un lugar, en objetos o en el interior del cuerpo (humano, animal, vegetal o mineral). Es, sin duda, una de las prácticas espirituales más antiguas. Todas las culturas y religiones, hasta donde podemos remontarnos en la historia de la humanidad, hacen referencia a la purificación. Y, por supuesto, el uso de fumigaciones con plantas e incienso fue muy pronto el *modus operandi* preferido de sacerdotes, chamanes y hechiceros.

Energías negativas, ondas negativas, influencias nocivas, negatividad, malas vibras… Casi todos hemos oído estos términos en alguna ocasión y sabemos a qué se refieren, al menos en teoría. En realidad, el término «energía negativa» tiene un significado muy diferente de una persona a otra, en función de sus creencias personales, su religión, sus tradiciones y el entorno sociocultural en el que viva.

Los rituales que presentamos en esta sección, han sido seleccionados por su simplicidad de ejecución y su efectividad probada. Además, tienen un aspecto meditativo y de relajación que garantizan el equilibrio emocional.

# Purificación general

Los rituales de purificación que te presentamos a continuación están diseñados para limpiar, purificar y protegerse a uno mismo y su entorno. Se usan elementos simbólicos, como el fuego, el agua, y la sal y el incienso para representar los cuatro elementos primordiales, así como para ayudar a purificar el aire y el espacio. Estos rituales se pueden realizar para limpiar la energía de un lugar o para curar alguna enfermedad o malestar físico o emocional, o incluso para liberar energías negativas. Estos rituales se efectúan con la intención de abrirse a la luz, la verdad y el amor, para permitir que la energía fluya y para lograr un estado de armonía y equilibrio.

# Ritual personal en cuatro pasos

Los rituales personales pueden adoptar muchas formas, de simples a elaborados, de espirituales a mundanos. No tienen por qué ser lujosos ni llevar demasiado tiempo. Solo es necesario que se hagan con regularidad, que estén cargados de significado y que tengan intenciones concretas.

## ✳ MATERIALES NECESARIOS ✳

Se utilizan elementos que tengan algún significado para la persona que realiza el ritual. Estos pueden ser:

✦ Una vela.
✦ Una imagen.
✦ Incienso.
✦ Un icono religioso, en caso de ser religioso.
✦ Un jarrón con flores.
✦ Un altar o mesa para colocar las cosas del ritual.

## ● ● INSTRUCCIONES ● ●

En todos estos rituales, los pasos son muy parecidos:
geometría, estructura, ritmo e intención.

Los pasos indicados son solo sugerencias para que cada uno elabore su propio ritual.
Es importante buscar la sencillez en la realización.

### PASO 1: GEOMETRÍA

Se colocan los elementos simbólicos de frente y se define el espacio sagrado, el espacio físico donde comenzará el ritual. Se puede añadir música tranquila y relajante y bajar la iluminación. Es importante crear un entorno personal especial en el que se puedan expresar las intenciones más profundas.

Muchas personas montan altares o pequeños santuarios para sus meditaciones u oraciones. Se puede hacer uno en la oficina, en casa, en el coche o en un pequeño rincón del jardín. Tener un altar es una forma de incorporar la fe emocional a la vida cotidiana. Desde los regalos hasta las fotos y los abalorios que se colocan en los altares personales cuentan una historia. Sin embargo, lo importante no son los objetos, sino el significado que se le da a esos objetos y que es lo que los hace emocionalmente sagrados.

### PASO 2: ESTRUCTURA

Es fundamental dotar al ritual de un principio y un final que enmarquen el cuerpo o desarrollo del mismo.

Por ejemplo, es posible comprobar la estructura en este ritual sencillo que se puede realizar al empezar el día, justo antes de comenzar a trabajar. Para hacerlo hay que sentarse en el escritorio, cerrar los ojos y alargar la respiración. Se pueden realizar diez o doce respiraciones, aumentando la longitud de las mismas a medida que se avanza. Se hace una pausa al final y se vuelve a la respiración tranquila mientras se permanece en silencio. A continuación, se formula y se repite una intención silenciosa de claridad y propósito, se espera un momento y se abren los ojos. Cuando el ritual se termina, es normal sentirse tranquilo, lúcido y concentrado.

## PASO 3: RITMO

La secuencia progresiva de acontecimientos, acciones, pensamientos u oraciones, conduce al propio ritual. Del mismo modo que también permite salir del mismo y volver a reanudar la vida cotidiana. Algunos rituales pueden comenzar con una oración silenciosa o un sencillo gesto (cada cual elegirá el suyo). Otros incluyen ofrendas, como por ejemplo flores o comida. En la India, prepararse para un ritual es tan importante como la propia realización. De este modo, primero hay que bañarse y vestirse con ropa limpia y adecuada. Al entrar en la sala del santuario, es preciso hacer una reverencia o ponerse de rodillas y colocarse frente a los objetos de meditación. Después es cuando se realiza la ceremonia. También se entonan algunos cánticos y se toca una campana. Se medita para interiorizar los efectos. Estos son los ritmos del ritual.

## PASO 4: PROPÓSITO

El propósito que subyace a un ritual dirige su realización. Hay que escoger la cualidad emocional en la que uno se quiere centrar. Las posibilidades son numerosas: abrir el corazón, tomar conciencia de la existencia, conectar con alguien o algo, sentirse realizado, curarse, pedir ayuda, mostrar gratitud, ofrecer una alabanza, solicitar una bendición, lograr la purificación, hacer autorreflexión, vincularse con un poder superior, etc.

El poder del ritual no es un movimiento sin sentido. Es una técnica de concentración para darle sistemáticamente un punto de anclaje en el interior de cada uno.

# Baño ritual de purificación personal y preparación para todos los rituales

Para prepararse antes de la realización de un ritual, es aconsejable hacer un baño de purificación.

Algunos de los ingredientes utilizados en los baños pueden reaccionar con la piel y provocar ardor o picor en algunas personas. Por lo tanto, es imprescindible asegurarse de que no se es sensible o alérgico a ellos haciendo una prueba en una pequeña zona del cuerpo (a menudo el brazo) para ver si se produce alguna reacción.

### ✳ MATERIALES NECESARIOS ✳

Para el baño ritual se necesita:

✦ Cáscara de limón.
✦ 2/3 de un vaso de zumo de limón recién exprimido.
✦ 1/4 de vaso de hojas de retama.
✦ Una chalota fresca.
✦ Un puñado grande de sal gruesa.
✦ Unos 20 clavos.
✦ Un cuenco.
✦ Un mortero.

### ● ● INSTRUCCIONES ● ●

Para este baño ritual se deben seguir estos pasos:

**PASO 1**

Se mezcla la cáscara de limón y las hojas de retama picando todo muy fino.

**PASO 2**

Se vierte en un cuenco y se añade un puñado de sal gruesa.

**PASO 3**

Se machacan los clavos en un mortero hasta reducirlos a un polvo fino.

**PASO 4**

Se vierte el polvo en el cuenco y se mezcla bien. Se cubre con un plástico.

**PASO 5**

Se corta la chalota en trozos grandes y se ponen en una batidora. Se exprimen los limones (se necesitarán entre tres y seis dependiendo del tamaño) y se une con la chalota. Se bate todo.

**PASO 6**

Se mezcla todo bien, y se vuelve a cubrir con un plástico transparente. La mezcla se deja reposar durante diez minutos a temperatura ambiente. Durante este tiempo, hay que dejar correr el agua de la bañera.

**PASO 7**

Transcurridos los diez minutos, se vierte la mezcla en la bañera y se remueve el agua para que se disuelva en su interior. Después, sin esperar más, hay que meterse en el agua y relajarse durante unos quince minutos.

Es importante no enjabonarse ni añadir ningún otro elemento al baño, ya que podría interferir en la eficacia de la mezcla.

# Baño ritual de purificación en luna llena

Este es un baño ritual para la autorreflexión y la integración de las sombras que hay en el interior de cada uno. Sumergirse en un baño caliente puede ser una de las alegrías de la vida. Aunque sirve a un propósito a nivel físico, puede significar mucho más que simplemente refrescarse antes de terminar la jornada.

En muchas culturas, el baño es un acto sagrado. Significa purificación, renovación y un momento para el cuidado de uno mismo. Cuando se combina con la energía de los ciclos lunares, el resultado es muy potente. Al aportar intención al baño, se añade a la práctica un precioso regalo.

La luna llena descubre revelaciones sobre aspectos sombríos de uno mismo que es necesario integrar. Todas esas partes de las que se siente vergüenza, culpa, arrepentimiento o lugares que se prefiere no mirar están resurgiendo y revelándose en esta luna llena para que puedan ser integradas, procesadas y sanadas.

> ## ✳ MATERIALES NECESARIOS ✳
>
> Para este ritual se necesitan los siguientes elementos:
>
> ✦ Tres tazas de sal de Epsom.
> ✦ Tres gotas de aceite esencial de Plumeria.
> ✦ Pétalos de rosa blanca o diez gotas de aceite esencial absoluto de rosa blanca.
> ✦ Una taza de leche (de cualquier tipo).
> ✦ Un cristal de piedra lunar.
> ✦ Flores secas de lunaria, se parecen mucho a las lunas llenas, pero son muy difíciles de encontrar (opcional).
> ✦ Una barra de selenita.
> ✦ Una vela.

Una parte importante del poder sanador propio es dejar que el crítico interior tenga la voz cantante. Es necesario aceptar los aspectos sombríos, todas las decisiones que se han tomado y por las que se muestra arrepentimiento.

El siguiente paso es comprender el lugar en el que uno se encontraba en el momento en que se tomaron las decisiones. Después de la aceptación y la comprensión, se puede encontrar el perdón. Desde ese lugar de perdón, se encuentra la compasión.

La autoconfianza es tener compasión por uno mismo. Reconocer que se han hecho cosas de las que es posible arrepentirse o avergonzarse, pero aun así optar por seguir amándose.

La medicina que trae esta luna llena es una forma estupenda de honrar esa compasión. Sumergirse en el agua porque el agua aporta la energía de la reflexión.

El baño ritual que se explica a continuación está diseñado para la autorreflexión y la integración del «yo» sombrío.

●● INSTRUCCIONES ●●

Hay que seguir las indicaciones que se exponen a continuación:

**PASO 1**

Se mezcla la sal con los aceites esenciales en la bañera. Se vierte la leche y se añaden los pétalos de rosa blanca, la piedra lunar y las flores secas de lunaria (si se utilizan).

**PASO 2**

Hay que limpiarse el aura con la barra de selenita.

**PASO 3**

Se enciende una vela y se apaga toda la luz artificial.

**PASO 4**

A continuación, hay que meterse en la bañera y sumergir durante un momento la cabeza bajo el agua.

**PASO 5**

Se coloca el cristal de piedra lunar en el lugar situado entre la garganta y el centro del corazón.

**PASO 6**

Es el momento de decirse a uno mismo:

✦ Me acepto.
✦ Me comprendo.
✦ Me perdono.
✦ Me amo y me quiero.

Se repiten estas palabras y se deja que afloren todas las emociones. No se trata de deshacerse de la vergüenza y la culpa, sino de integrarlas y convertirlas en sabiduría. Cuando se comience ese proceso, se empezará a recordar otras pequeñas cosas a las que se ha estado aferrado y con las que ya no es necesario cargar.

**PASO 7**

Hay que continuar diciéndose esas palabras en el baño.

Para terminar, se pronuncia varias veces la siguiente afirmación en alto: «Me quiero».

**PASO 8**

Se sale de la bañera, se seca el cuerpo con cuidado y se apaga la vela.

La luna llena aporta fuerza en un momento en el que uno se prepara para estar cerca de la familia, lo que puede desenterrar muchas emociones. Es una época en la que se tienen los sentimientos a flor de piel y se está particularmente sensible, así que es una buena ocasión para buscar en un espacio mental de confianza.

# Baño ritual purificador con cítricos

Durante miles de años, los seres humanos han valorado los cítricos por sus propiedades curativas y reconstituyentes. En la antigua Roma los limones eran un símbolo de estatus, ya que solo los consumían las clases adineradas. Las naranjas ya se citan en los libros de cocina de los siglos XVII y XVIII del Reino Unido, el norte de Europa y las colonias americanas, y los marineros mantenían una reserva de limones en sus barcos para cuidar su salud.

Nuestros antepasados aprovechaban la vitamina C, fibra, antioxidantes y cualidades hidratantes de los cítricos. Aunque no sabían por qué estas frutas eran beneficiosas, observaron que al consumirlas la salud mejoraba.

### ✳ MATERIALES NECESARIOS ✳

Esta es la lista de lo que se necesita para el baño ritual de purificación:

✦ Cítricos (cualquier combinación funcionará).
✦ Una taza y media de sales de Epsom.
✦ Dos tazas de leche de avena.
✦ Velas.
✦ Una bañera llena de agua tibia.
✦ Un diario.
✦ Un bolígrafo.

Los antiguos practicantes de magia también percibían y asignaban propiedades específicas a los cítricos. El limón era apreciado por su energía purificadora, por lo que su zumo se añadía a los lavados de paredes y puertas para mantener el hogar libre de influencias negativas. Hoy, el limón es un aroma para productos de limpieza y se añade al té. Las naranjas se utilizan en la medicina china para tratar problemas digestivos y se asocian con el dinero y el sol por su intenso tono anaranjado. Las limas comparten muchas de las propiedades metafísicas del limón y se utilizan para invocar la alegría. El pomelo posee propiedades protectoras y purificadoras.

Aunque los cítricos maduran en invierno, son un ingrediente culinario y mágico asombroso para cualquier época del año.

✦ En invierno protegen el sistema inmunológico y suscitan una energía reconfortante para mantener el espíritu activo durante los meses fríos.
✦ En primavera se pueden aprovechar sus sabores agrios y alegres y sus asociaciones con la magia solar para dar la bienvenida al sol fortalecedor.
✦ El verano invita a aprovechar sus sabores refrescantes y su capacidad para estimular la agudeza mental y disminuir la pesadez que trae el calor estacional.
✦ En otoño sus colores reflejan la belleza llameante de los árboles y ofrecen la energía protectora que se necesita a medida que los días se acortan y se vuelven gélidos.

Una bonita forma de aprovechar los beneficios de los cítricos para la salud y sus propiedades mágicas es mediante un baño ritual de cítricos. Resulta perfecto para cualquier época del año: puede relajar, restaurar, fortalecer o purificar, dependiendo de lo que más se necesite. Las propiedades holísticas y mágicas de los cítricos los convierten en un poderoso ingrediente para un baño calmante y foco de energía (combinando la energía solar de los cítricos con el poder calmante de la avena y las propiedades purificantes de las sales de Epsom). Los tres ingredientes calman, reafirman y tonifican la piel a la vez que recargan la energía espiritual.

● ● INSTRUCCIONES ● ●

Se siguen en orden los siguientes pasos:

### PASO 1

Se cortan los cítricos en rodajas de medio centímetro de grosor y se ponen en un cuenco. Se echan las sales de Epsom en un segundo cuenco y la leche de avena en un tercero.

### PASO 2

Se prepara el espacio ritual. Para ello se llena la bañera con agua caliente, se colocan las velas y se encienden. Hay que visualizar una luz protectora y purificadora rodeando el espacio.

### PASO 3

Se añade la leche de avena y las sales de Epsom a la bañera y se remueve el agua con la mano en el sentido de las agujas del reloj. Según los gustos personales, se pueden entonar cánticos, salmodiar o simplemente expresar el propósito en el agua.

### PASO 4

Se sujeta el cuenco con las rodajas de los cítricos entre las manos y se imagina el propósito para el ritual fluyendo hacia las frutas, impregnándose de él.

### PASO 5

Se añaden lentamente las fruta al agua, unas cuantas rodajas cada vez. La mayoría deberían flotar, pero no pasa nada si algunas se hunden hasta el fondo. Simplemente hay que evitar pisar cualquier rodaja hundida, ya que podría hacer resbalar.

### PASO 6

Es el momento de sumergirse en la bañera. Es necesario buscar la comodidad y comenzar una meditación de escaneo corporal. Se empieza por los dedos de los pies, conectando con la forma en que cada parte del cuerpo se vincula con el agua. Es importante sentirlo envuelto en un calor nutritivo, imaginando la energía mágica de cada ingrediente del baño fluyendo hacia el interior de él.

### PASO 7

Se realiza una respiración profunda para atraer el aroma calmante y cítrico hacia los pulmones, imaginándolo como una luz dorada. Se practica la meditación y la respiración hasta que se sienta que cuerpo y espíritu se llenan de serena tonificación. Hay que dejar que cualquier revelación o conocimiento fluya fácilmente por la mente.

### PASO 8

Al salir del baño hay que secarse y ponerse ropa cómoda. A continuación, hay que limpiar el espacio ritual (un colador de pasta es fantástico para recoger las rodajas de los cítricos) y reflexionar sobre la experiencia vivida.

### PASO 9

Se escriben en un diario los pensamientos o revelaciones que acudieron a la mente durante el ritual de baño con cítricos, y las ideas para integrarlos en la vida cotidiana. También es una buena idea anotar el ritual en el diario para utilizarlo en el futuro.

# Ritual de purificación: baño ritual y espiritual

Un baño espiritual difiere de un baño normal porque, en lugar de bañarse para limpiar el cuerpo, el baño está enfocado en limpiar y restablecer la energía espiritual.

Se necesita una limpieza energética cuando se siente una fatiga mental o física, resentimiento, ansiedad o desánimo, o si se experimentan molestias y dolores fortuitos (como dolores de cabeza de causa desconocida, por poner un ejemplo).

Los baños espirituales incorporan multitud de componentes de limpieza energética y revitalizantes, como la sal y los aceites esenciales, con el fin de librarse de un campo energético de negatividad. Sumergirse en agua caliente relaja el sistema nervioso, lo que hará que mente y cuerpo se sientan rejuvenecidos a la vez que se eleva la vibración vital.

## ✳ MATERIALES NECESARIOS ✳

Esta es la lista de los elementos que se precisan para este ritual:

✦ Aromáticos como la salvia, el incienso o el palo santo.

✦ Sal marina finamente molida, sal rosa del Himalaya o sal de Epsom.

✦ Aceites esenciales (el tipo de aceite que hay que utilizar dependerá del objetivo propuesto).

✦ Aceite portador, como el de oliva, coco o jojoba (el de jojoba es el más ligero y menos graso de los tres).

✦ Cristales (de nuevo, dependiendo de lo que se busque, la elección puede variar).

✦ Velas (opcional): se utilizan velas de colores o perfumadas dependiendo del propósito del baño.

✦ Vaso de agua.

✦ Té caliente (opcional).

✦ Música relajante (opcional).

## ●● INSTRUCCIONES ●●

Hay que seguir los pasos indicados a continuación:

**PASO 1**

Se llena la bañera con agua tan caliente como resulte reconfortante. Mientras el agua que sale del grifo corre, se prepara el resto de los componentes del ritual.

**PASO 2**

Si se tiene salvia, incienso o palo santo a mano, se puede limpiar la energía del espacio en el que estamos quemando los aromáticos y agitando el humo alrededor de la bañera y de la habitación en general. También se puede considerar la posibilidad de recitar un mantra durante el ritual de purificación. Si no se dispone de ninguno de ellos, otra opción es utilizar un diapasón, pulverizadores de salvia o de sal marina.

## PASO 3

Se añade una taza de sal a la bañera y se remueve el agua para disolverla. Se puede utilizar sal marina molida fina, sal rosa del Himalaya o sal de Epsom. La sal tiene poderosas propiedades limpiadoras, y por ello es imprescindible en cualquier baño espiritual. También se pueden añadir hierbas espirituales como hojas secas de laurel al baño, ya que esto puede potenciar el efecto de limpieza.

## PASO 4

Se añaden diez gotas del aceite esencial seleccionado a un cuarto de taza de aceite portador (aceite de oliva, coco o jojoba). Se puede utilizar cualquiera de los siguientes aceites en función del tipo de beneficios que se busquen en el baño:

✦ **Para aliviar el estrés:** lavanda, eucalipto o manzanilla.
✦ **Para aumentar la alegría:** pomelo, naranja dulce o limón.
✦ **Para eliminar la energía negativa:** salvia, incienso o ylang ylang.
✦ **Para ayudar a gestionar las emociones difíciles:** sándalo, jazmín o bergamota.

A continuación, se mezclan los dos aceites y se añaden al baño.

## PASO 5

Se toman tantos cristales como se desee utilizar. He aquí algunas sugerencias:

✦ **Para aliviar el estrés:** cuarzo transparente, sodalita o fluorita.
✦ **Para aumentar la alegría:** citrino, aventurina verde o cornalina.
✦ **Para eliminar la energía negativa:** hematites, turmalina negra o cuarzo ahumado.
✦ **Para ayudar a gestionar emociones difíciles:** cuarzo rosa, shungita o amatista.

Para empezar, se colocan los cristales en el lateral de la bañera. Un consejo: nunca se debe poner selenita ni calcita cerca de la bañera. Mojar cualquiera de estos cristales hará que se rompan.

## PASO 6

Se toman tantas velas como se desee y se colocan en el lateral de la bañera o sobre el lavabo para obtener una luz suave y relajante mientras se está sumergido en el agua. Se pueden utilizar además velas perfumadas con cualquiera de los aceites esenciales mencionados anteriormente para añadir un impulso de aromaterapia.
Otra idea es utilizar velas de colores; cada color tiene un significado diferente. He aquí algunas opciones para probar:

✦ **Para aliviar el estrés:** blanco para la paz o amarillo para la claridad.
✦ **Para aumentar la alegría:** naranja para la felicidad o amarillo para la positividad.
✦ **Para disipar la energía negativa:** negro para la protección o blanco para la pureza.
✦ **Para ayudar a gestionar emociones difíciles:** rosa para el amor, blanco para la paz o azul para la calma.

## PASO 7

Se termina de preparar todo lo demás. Tener un vaso de agua a mano es una buena idea, ya que durante el baño se suda un poco y es probable que se tenga sed. Además, el agua ayudará a eliminar toxinas del cuerpo, por lo que es bueno beber mucha agua antes y después del baño.
Si durante el baño se bebe una taza de té caliente, puede resultar increíblemente relajante. He aquí algunas sugerencias de té:

✦ **Para aliviar el estrés:** manzanilla, kava o valeriana.

+ **Para aumentar la alegría:** té verde, yerba mate o rooibos.
+ **Para disipar la energía negativa:** masala chai, albahaca santa o hinojo.
+ **Para ayudar a gestionar las emociones difíciles:** hierba de San Juan, lavanda o melisa.

## PASO 8

También se puede poner música. Cualquier tipo de música es útil en ese momento tan especial. Los ritmos binaurales o la música de curación por sonido pueden dar al baño una experiencia similar a la de un *spa*.

## PASO 9

Finalmente, se encienden las velas, se apagan las luces y se entra en la bañera. Los cristales se pueden introducir también en el agua para infundir en ella sus propiedades curativas. Mientras se está sumergido, se puede incluso sostener uno de los cristales sobre el corazón.

Es necesario permanecer en el baño al menos 20 minutos, y alargar este tiempo todo lo que se desee. La respiración debe ser lenta y profunda para inhalar los beneficios de la aromaterapia y calmar el sistema nervioso.

Para cerrar el ritual, se sale del agua con cuidado y nos secamos, se vacía la bañera, apagando las velas para evitar posibles accidentes. En estos rituales de inmersión hay que ser cuidadosos al salir para no resbalar, una caída en el baño suele tener consecuencias graves.

Bañarse en días de luna llena es una forma estupenda de utilizar el baño espiritual como ritual para el establecimiento de intenciones. Se puede practicar un ritual de baño lunar una o dos veces por ciclo lunar.

Acomodarse en un baño caliente con una iluminación suave y relajante ayuda a reflexionar sobre las intenciones para el próximo ciclo de la luna. En este caso, se puede utilizar el baño espiritual de luna nueva como un momento para establecer nuevas intenciones. Es necesario sumergirse en la bañera mientras se piensa en lo que se quiere atraer durante los próximos 29 días. Después, cuando llegue la luna llena, se utiliza el espacio del baño espiritual para reflexionar sobre las intenciones que se establecieron durante la luna nueva. Es el momento de decidir si se desea mantener esas intenciones durante el resto del ciclo lunar o modificarlas.

Además, la luna llena se reconoce generalmente como un momento para liberarse de lo que ya no sirve. Un baño espiritual ayudará con esto en todas los campos.

# Rito chamánico de purificación

Los rituales de purificación y limpieza se realizan a menudo con la intención de promover el cambio y la curación en una persona. Estos rituales ayudan a aumentar el equilibrio vibratorio para que se produzca la curación, son el apoyo físico a una intención para potenciarla mediante el uso de la energía.

Un chamán lleva a cabo ciertos rituales para ayudar a la intención de curación y cambio de modo que una persona tenga una sensación de plenitud. Los rituales o ceremonias podrían incluir los siguientes tipos de prácticas:

✦ Oración.
✦ Meditación.
✦ Purificación con sahumerio.
✦ Cabañas de sudor o saunas.
✦ Ayuno.
✦ Ritual lunar.
✦ Ceremonia de la pipa.

De todos modos, practicar rituales no es solo dominio del chamán, el sacerdote, el pastor o el vidente. Cualquiera puede realizarlos.

A continuación se explica cómo poner en práctica el rito de purificación chamánica mediante sahumerio.

### ✷ MATERIALES NECESARIOS ✷

Para realizar este ritual se usan los siguientes utensilios:

✦ Piedras, sales de Epsom y cualquier otro objeto especial.
✦ Velas.
✦ Cerillas.
✦ Manojo para el sahumerio (incienso, romero seco y lavanda).
✦ Una gran concha marina abierta o una vasija de barro para recoger las cenizas.
✦ Una pluma grande (a ser posible de águila).
✦ Incienso.
✦ Un bote de arena.

### ●● INSTRUCCIONES ●●

Esto son los pasos a seguir:

### PASO 1

Se prepara el espacio haciendo un círculo grande con sales de Epsom. Se colocan cuatro piedras, cada una en un punto cardinal, y la vela y cualquier otro objeto especial se sitúan fuera del círculo. El manojo para el sahumerio y la concha marina se ponen junto a la vela.

### PASO 2

Se establece la intención de purificación y plenitud. Se enciende un poco de incienso y se entra en el círculo de sales de Epsom. Se puede permanecer tanto de pie como sentado, lo que resulte más cómodo. Una vez que se haya fijado la intención, es el momento de encender la vela.

## PASO 3

Se empieza a utilizar el sahumerio. Se sostiene el hatillo del sahumerio en la llama de la vela. Hay que asegurarse de que solo emita humo y no llama. Se empieza por los pies y se mantiene el manojo del sahumerio a unos treinta centímetros del cuerpo. Se utiliza la pluma para echar suavemente el humo sobre el cuerpo mientras se eleva el hatillo desde los pies hasta la parte superior de la cabeza.

Se puede guardar el hatillo de sahumar en la almeja para evitar que las cenizas caigan al suelo (sobre todo si es moqueta o suelo de madera).

## PASO 4

Mientras se está sahumando, se puede entonar una oración o expresar palabras de gratitud. Cuando se haya aplicado por todo el cuerpo (esto suele llevar entre 5 y 20 minutos), se mantiene el hatillo humeando en la almeja mientras se cierran los ojos y se da gracias por la curación que se está produciendo. También se puede meditar durante unos minutos.

## PASO 5

Una vez finalizado el ritual, se coloca el manojo de sahumar en el bote de arena o se lleva al jardín y se deposita el extremo humeante en un tiesto de flores. Esto normalmente detendrá el fuego que arde en el hatillo. Las cenizas también se tiran en el jardín, nunca en el cubo de la basura.

Este ritual puede realizarse siempre que se sienta la necesidad de purificar el cuerpo. Cuando se está agobiado por la acumulación de energías negativas, agotado, decaído o con sensación de malestar. Se pueden utilizar tambores durante el ritual o música suave de fondo. No hay una forma establecida de realizar el ritual de purificación y cada uno puede diseñarlo como más le guste.

# Ritual matutino de purificación

Los primeros momentos de la mañana encierran un carácter sagrado. Aunque pueda parecer abrumador cambiar por completo la rutina matutina en un solo día, es bueno considerar la posibilidad de añadir poco a poco componentes que marquen la pauta de la jornada.

> ✳ **MATERIALES NECESARIOS** ✳
>
> Para este ritual no es necesario ningún utensilio, tan solo la mente y el día a día.

Cuando los primeros rayos de luz se deslizan suavemente por el cielo, los pájaros responden dando la bienvenida al día con su canto, suavemente al principio y luego con un entusiasmo desenfrenado. El canto de los pájaros puede ser un despertador matutino si se tienen árboles cerca. Hay algo sagrado en esos primeros momentos de la mañana. Ver salir el sol es una experiencia poderosa que puede aportar un sentido de renovación al día y la sensación de que todo es posible.

Por desgracia, no está extendida la costumbre de dar un tono intencionado al día. A menudo un despertador agresivo provoca el despertar que hace entrar a la carrera diaria con una sensación de agitación apresurada. El *smartphone,* siempre presente, también suele estar cerca de la cama, y a menudo acompaña esos primeros momentos del día, trayendo las noticias, las ideas o las peticiones de otras personas antes de que se haya tenido siquiera la oportunidad de despertarse del todo.

El cómo se empieza el día marca el tono de la jornada, y a menudo dicta cómo esta se va a desarrollar.

● ● **INSTRUCCIONES** ● ●

Hay que seguir unos pasos sencillos:

## PASO 1

Se comienza por la respiración. Cada uno tiene un patrón respiratorio por defecto. Si no se ha diseñado intencionadamente, podría ser un patrón que no está orientado a aportar de manera adecuada el oxígeno y la energía necesarios para el día. Respirar por la boca es habitual, y da lugar a una respiración poco profunda. La respiración está íntimamente ligada al sistema nervioso y a activar el sistema nervioso parasimpático –también conocido como sistema de descanso y digestión–. Respirar bien, inspirando profundamente por la nariz y expulsando el aire por la boca, permitirá empezar el día en un espacio tranquilo y con los pies conectados a la tierra, lo que aportará tranquilidad.

## PASO 2

Es importante crear en la mente imágenes positivas poderosas. Si se ha empezado la jornada poniéndose al día con las noticias, consultando las redes sociales o comprobando el correo electrónico, uno se está situando directamente en la trayectoria marcada por las agendas de otras personas. Hay que considerar la posibilidad de generar afirmaciones con las que empezar el día. Se puede meditar con ellas o simplemente repetírselas unas cuantas veces. También es posible dedicar tiempo a escribir algo por la mañana o llevar un diario; es interesante recordar y redactar algo acerca de los sueños que se han tenido durante la noche (de estos suelen salir auténticos *bestsellers*).

## PASO 3

Hay que despertar el cuerpo de forma consciente. Es útil tener un programa matutino para activarlo suavemente, sin agresividad. Antes de salir de la cama, estirar y mover el cuerpo puede sentar muy bien al organismo, pero no tiene por qué reservarse para los domingos o el fin de semana, puede hacerse cada día. Una vez que se sale de la cama, es bueno adquirir una práctica que anime al cuerpo, tal vez un paseo, incluso escuchar música clásica o relajante.

## PASO 4

Es preciso pasar tiempo en contacto con la naturaleza. Los beneficios de incorporarla a las rutinas diarias han sido probados por innumerables estudios. Si se vive cerca de espacios naturales, se puede salir a pasear por ellos a primera hora de la mañana,

o pasar tiempo sentado y meditando rodeado del mundo natural. También se pueden sentir los beneficios si se acerca la naturaleza a la vivienda, haciendo que de algún modo forme parte de ella. Otra forma es interactuar con la naturaleza de una manera más personal, por ejemplo practicando *mindfulness* en espacios abiertos mientras se toma conciencia plena de todo lo que rodea: sonidos, olores, colores, formas, etc.

Si por la mañana se va con prisas, se puede probar a levantarse unos minutos antes cada día. Es mejor empezar con prácticas que proporcionen un comienzo suave, quizá las que permiten mantenerse en la cama un par de minutos más, respirando, estirándose y creando una senda para un día inspirado. A medida que esos momentos se amplíen, seguro que aparece la necesidad de añadir más intensidad al resto de la mañana.

# Ritual de paseo por el barrio

Pensamos en una peregrinación como un viaje de gran significado espiritual o moral; sin embargo, todo el curso de la vida puede verse como una peregrinación. Un simple paseo de ida y vuelta desde casa puede convertirse en un ritual para escenificar estas búsquedas sagradas. Dar un paseo por el barrio con esta disposición de dejarse asombrar y descubrir nuevas posibilidades, puede convertirse en un magnífico ritual.

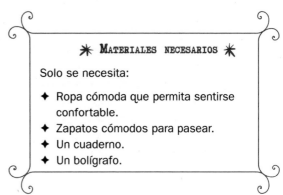

## ✳ Materiales necesarios ✳

Solo se necesita:

✦ Ropa cómoda que permita sentirse confortable.
✦ Zapatos cómodos para pasear.
✦ Un cuaderno.
✦ Un bolígrafo.

● • Instrucciones • ●

Se deben seguir estos pasos. Son muy sencillos:

### PASO 1

La salida. Se elige ropa cómoda que facilite el movimiento. Es aconsejable agradecer y dejar ir conscientemente lo que está quedando atrás al cruzar el umbral de la casa hacia el exterior.

### PASO 2

El paseo. Se sale de casa sin ningún destino en particular. Simplemente se debe caminar, impregnando de significado cada encuentro y abriéndose conscientemente al misterio y la maravilla que aparece ante los ojos. Si es un día soleado, se puede observar el juego de luces y sombras, el ritmo que se lleva al caminar en relación con la expansión y contracción de la respiración, sentir el sutil calentamiento que produce el movimiento del cuerpo. Es importante contemplar el movimiento del mundo que se abre alrededor, de otros seres. Sentirse como parte de esta danza de criaturas, arquitectura, vehículos y el paisaje natural.

Se puede jugar a imaginar a vista de pájaro la ruta que se está haciendo. Es posible encontrarse recorriendo un camino formado por los pasos de otros que lo atravesaron antes. Contemplar estas intersecciones de la naturaleza y la conciencia humana forma parte del paseo. Tal vez se puede encontrar un objeto simbólico (una piedra, una piña, una rama, una moneda, etc.). Se trata de ser consciente de lo que se está ofreciendo y recibiendo. Cultivar la curiosidad y los sentimientos de gratitud son actitudes que ayudan a sentirse mejor.

### PASO 3

El regreso. Al volver a cruzar el umbral de casa hay que pensar en lo que se trae de vuelta. ¿Ha cambiado alguna perspectiva? ¿Qué se ha descubierto? ¿Qué se desea compartir con la familia o amigos? Se puede escribir sobre algo que haya resultado nuevo en un cuaderno. Es posible que lo que apetezca en este momento sea dibujar o pintar algo, o simplemente deleitarse tomando una bebida a la vez que se reflexiona sobre la transformación que ha supuesto el peregrinaje por el vecindario.

# Purificación de espacios

Los rituales que sigue a continuación representan un proceso que tiene como objetivo limpiar y armonizar la energía del lugar elegido. Esto se realiza a través de la utilización de símbolos, objetos sagrados, incienso, música, oraciones o visualizaciones. El objetivo final de la purificación es eliminar cualquier energía negativa o tóxica presente en el espacio y crear un ambiente armonioso y positivo. Este tipo de purificación se puede efectuar en una casa, oficina, templo o cualquier otro sitio donde se desee establecer una atmósfera positiva y armoniosa. Cada tradición esotérica puede tener su propia forma de purificación ritual de un espacio, pero todos tienen como objetivo el mismo resultado final: la creación de un ambiente relajado y armónico.

# Purificación ritual de un espacio

No está de más purificar el espacio donde se van a realizar los rituales. A continuación se explica qué materiales se necesitan para efectuar la purificación y qué pasos se deben seguir para que la estancia quede perfectamente preparada para practicar cualquier ritual.

## ✳ Materiales necesarios ✳

Para realizar esta purificación ritual se necesita un espacio limpio y ordenado, y además:

✦ Tizas verdes, rojas y amarillas.
✦ Ocho velas blancas.
✦ Un cuenco grande.
✦ Sal gruesa.
✦ Incienso rosa.
✦ Ocho cristales de cuarzo blanco o translúcido.
✦ Aceites esenciales de sándalo, mirra y cedro.

Estas son las herramientas o ingredientes purificadores que también hay que purificar para poder realizar los diferentes rituales. Antes de realizar este ritual purificamos con él las herramientas con las que trataremos el espacio.

## ●● Instrucciones ●●

Para poder realizar la purificación ritual se siguen estos pasos:

### PASO 1

En el espacio elegido se dibuja un círculo ancho con tiza verde, roja y amarilla lo suficientemente ancho como para que se quepa dentro de él, y un segundo círculo más pequeño dentro del anterior. En el interior del círculo central se dibujan dos cuadrados, uno encima del otro, formando una estrella de ocho puntas. En cada punta de la estrella se coloca una vela blanca.

### PASO 2

Se llena el cuenco con la sal gruesa, se enciende el incienso, se colocan las manos en el cuenco y se masajea la sal con las manos. A continuación, se pronuncian estas afirmaciones en voz alta: «este espacio es sagrado, este espacio está bendecido, este espacio está protegido». Se lanza la sal alrededor, dentro y fuera del círculo, para activar su energía. Hay que soltar la sal desde la altura de los hombros, no por encima de la cabeza.

### PASO 3

Se encienden las velas blancas. Se entra en el círculo llevando cada uno de los cristales. Se ungen los cristales con los aceites y se va tomando uno a uno con las manos. Se coloca el cristal sobre el corazón con ambas manos a la vez que uno se concentra en la energía que se intercambia con él; se hace lo mismo con cada uno de los ocho cristales. Después se va poniendo cada cristal dentro del círculo central con la estrella.

## PASO 4

Una vez que las velas y el incienso estén ardiendo y los cristales se encuentren debidamente cargados y en conexión con uno.

## PASO 5

A partir de este momento, las herramientas que se han consagrado están ya debidamente cargadas y purificadas energéticamente y se deben guardar en un espacio cercano a la mesa. Los cristales de cuarzo, que también se han cargado energéticamente, se tienen que conservar en cambio envueltos en una tela.

## CONSEJOS ADICIONALES

Algunas personas prefieren llevar a cabo estos rituales con la luna nueva, simbolizando así el comienzo de algo, y realizar una segunda consagración de las herramientas (más bien una especie de confirmación) cuando se completen los tres primeros meses. No es obligatorio, es solo otra opción para un ritual que en realidad es personal.

# Ritual para purificar un espacio con sahumerio

El arte del sahumerio es un antiguo ritual espiritual para la purificación, la disipación de la energía negativa y la mejora del estado de ánimo. Se puede incorporar fácilmente a la rutina semanal o a la práctica meditativa.

**¿Cuándo efectuar la purificación?**

Los momentos ideales para realizar una purificación son:

✦ Antes de ir a la cama después de un largo día rodeado de gente.
✦ Antes y después de tener invitados en casa.
✦ Cuando hay una mudanza a una nueva casa.
✦ Cuando se empieza un nuevo trabajo.
✦ Cuando se abre un negocio propio.
✦ Antes y después de una sesión de sanación.
✦ Antes de meditar.
✦ Después de cualquier enfermedad.
✦ Después de una discusión o un conflicto.

## ✳ MATERIALES NECESARIOS ✳

Para realizar este ritual se necesita:

✦ Salvia. La palabra latina para salvia, salvare, significa 'curar'. Otras cualidades que se cree que se asocian a la salvia, cuando se quema, son la sabiduría, la claridad y el aumento de la conciencia espiritual.
✦ Palo Santo. Es un árbol sagrado que crece en zonas de Sudamérica. Funciona como un repelente natural de insectos y se ha utilizado durante siglos por los chamanes en rituales de oración, ceremonias y curación. Es conocido por su efecto de enraizamiento y concentración que puede potenciar la creatividad, la productividad y aumentar la buena fortuna.
✦ Una rosa del desierto. Símbolo de la claridad mental y excelente piedra de meditación.
✦ Un recipiente para que arda el sándalo o una concha de abulón.

## ● ● INSTRUCCIONES ● ●

El sahumerio se emplea en el ritual de limpieza de la energía de un espacio físico, un objeto o una persona. Si se realiza un ritual de meditación, se puede quemar salvia o palo santo antes de la práctica. Esto ayudará a preparar la energía de la mente para la meditación y facilitará la conexión.

### PASO 1

Se empieza con la simple intención de centrarse en limpiar la energía negativa del espacio y de la mente.

### PASO 2

Una vez que se tenga la intención en mente, se enciende la salvia o el palo santo y se mantiene en un ángulo de 45 grados dirigiendo la punta hacia abajo, en dirección a la llama. Se deja que arda durante 30 segundos y luego se apaga.

### PASO 3

Se coloca para que arda sobre cualquier superficie a prueba de calor, como una concha de abulón, un recipiente tradicional utilizado por los pueblos indígenas americanos que representa el elemento del agua, y la rosa del desierto.

### PASO 4

Si se deja reposar, el palo arderá y liberará humo durante aproximadamente cinco minutos. Si se utiliza para hacer un sahumerio, hay que caminar alrededor de la habitación, el espacio, el objeto o la persona, abanicando el humo por toda su superficie, mientras se mantiene la concentración en limpiar y despejar la energía negativa.

### PASO 5

Una vez que se haya terminado de eliminar la energía negativa, se debe empujar energía positiva hacia el espacio para mantener el equilibrio. Para ello, hay que declarar la intención en voz alta o en silencio teniéndola presente en la mente.

# Ritual para purificar un espacio energética y espiritualmente

En los últimos años, la purificación se ha convertido progresivamente en una práctica dominante; hoy en día se pueden encontrar paquetes de salvia en cualquier herboristería, siendo muy útil para personas de todas las creencias espirituales y que ayuda a sentir un gran bienestar.

**✳ MATERIALES NECESARIOS ✳**

Para este ritual se necesita:

✦ Salvia.
✦ Romero.
✦ Cedro.
✦ Enebro.
✦ Pétalos de rosa.
✦ Un cordel.
✦ Un mechero o cerillas.
✦ Plato de cerámica o concha de abulón.
✦ Velas y cristales (opcionales).

## ●● INSTRUCCIONES ●●

Estos son los pasos que hay que seguir:

### PASO 1

Se ponen los pies firmemente anclados en el suelo y se respira profundamente inspirando por la nariz y soltando el aire por la boca. Se pueden abrir las puertas y ventanas, encender algunas velas o colocar algunos cristales alrededor del espacio. Todas estas propuestas son opcionales, ninguna es obligatoria ni imprescindible.

### PASO 2

A continuación, se prepara el haz de hierbas y se enciende su extremo con una cerilla o un mechero. Se apaga suavemente para que empiece a producir humo. Hay que tener en cuenta que, dependiendo del tiempo que se quiera tener el manojo humeando, es posible que haya que volver a encenderlo periódicamente.

### PASO 3

El humo puede agitarse alrededor del cuerpo o en los rincones de una habitación para limpiar la energía, o colocar el haz en un plato de cerámica o en una concha de abulón para que arda durante un tiempo. No hay que alejarse del hatillo humeante y se debe apagar por completo antes de irse del lugar. Una opción es caminar por la habitación en sentido contrario a las agujas del reloj para expulsar la energía negativa, y otra es simplemente sentarse y absorber la energía fresca y purificadora.

# Ritual de purificación para la habitación de un bebé

La habitación infantil es un espacio sagrado para el bebé. Es donde irá a dormir y se despertará cada día, por lo que debería ser la habitación más armoniosa de la casa. Este ritual sirve para eliminar la energía negativa del dormitorio del niño y crear un espacio positivo para él, ya que también introduce vibraciones positivas.

Hacer un ritual de purificación para un bebé le proporcionará a este un espacio libre de la negatividad a la que puede haber estado expuesto. También le ayudará a sentirse seguro y protegido.

Es especialmente eficaz si se está embarazada o se tiene un hijo menor de cinco años, porque durante estas primeras etapas los niños absorben todo lo que les rodea como esponjas. También son muy sensibles a los cambios en su entorno, como los olores y los niveles de ruido, por lo que es importante crear un espacio seguro, enriquecedor y positivo.

La purificación no consiste simplemente en inundar un espacio con humo de salvia o quemar algunas varitas de incienso y darlo por «hecho». La purificación es un proceso intencionado de limpiar el espacio, la mente y el espíritu de cualquier cosa que pueda haberse colado en la casa.

## ✳ MATERIALES NECESARIOS ✳

Para realizar este ritual se necesita:

✦ Una vela blanca.
✦ Salvia blanca.
✦ Cerillas o un encendedor.
✦ Una pluma.
✦ Un cuenco para recoger las cenizas.
✦ Palitos de palo santo o incienso de palo santo.
✦ Una cucharadita de sal marina.
✦ Cristal de cuarzo rosa.
✦ Cuarzo transparente y/o cristal de selenita.
✦ Aceite de lavanda.

## ● ● INSTRUCCIONES ● ●

Es importante seguir con cuidado los siguientes pasos:

### PASO 1

Se empieza despejando el espacio. Hay que quitar los trastos y todo lo que no concuerde con la visión positiva que se quiere para el niño.
Se abren las ventanas, puertas y cortinas para que entre el aire fresco, que es curativo para el cuerpo y la mente.

### PASO 2

Se enciende una vela blanca en la habitación.

### PASO 3

A continuación, se enciende la salvia blanca. Hay que soplar sobre la llama una vez que esté encendida. Mientras se sostiene la ramita de salvia, se camina por la habitación manteniendo la concentración en la intención que queremos tener. Puede ser tan simple, por ejemplo, como crear un espacio positivo, enriquecedor y sagrado para tener bonitos recuerdos.

## PASO 4

Se gira el manojo de salvia en el sentido de las agujas del reloj y se utiliza la pluma para llevar el humo por toda la habitación. Hay que asegurarse de llevar el manojo de salvia por el armario, puertas, ventanas, etc. Es aconsejable utilizar un plato debajo para recoger las cenizas.

Hay que ir inhalando el aroma del humo mientras se limpia toda la energía negativa que persiste dentro de estos espacios.

## PASO 5

Se utiliza el humo que desprende la salvia para limpiar también los cristales escogidos: cuarzo rosa, cuarzo transparente o selenita.

Se mantiene la concentración en las vibraciones positivas y se les da la bienvenida en toda la habitación.

## PASO 6

Una vez terminada esta primera fase, se puede airear la habitación y dejar que los cristales absorban cualquier energía negativa restante.

La limpieza está ahora completa y se puede continuar con el ritual.

## PASO 7

Tras la limpieza, se enciende la varita de palo santo o el incienso para atraer más energía positiva a la habitación.

Se toma la barrita de palo santo y se pasa con un movimiento de barrido de delante hacia atrás, empezando en la puerta del cuarto o sala de estar. Este paso significa invitar a entrar a la positividad ahora que se ha limpiado la negatividad.

## PASO 8

Se mantiene la concentración en la intención de traer positividad a este espacio. También se puede utilizar el palo santo y meditar sobre él con los cristales.

## PASO 9

Tanto si se decide crear una bruma, como si se utiliza un difusor de aceite, hay que llenar la habitación con la energía calmante de la lavanda.

Para purificar el aire se utiliza el aceite o la bruma e incluso se puede espolvorear un poco de sal para una limpieza extra.

Se deja que los cristales contribuyan a una mayor purificación.

## PASO 10

Después de purificar, los cristales se colocan en una cómoda o en una zona cercana a donde se vaya a pasar tiempo con el bebé, para disfrutar así de un espacio limpio para ambos.

Se coloca debajo de los cristales la intención de lo que se desea para el bebé. Por ejemplo, se puede escribir en un papel una declaración positiva para el niño.

## PASO 11

El último paso de este ritual supone cerrarlo. Hay que asegurarse de hacerlo con una intención ligera y positiva: «Dejo atrás la negatividad para mi hijo y vivimos cada día en felicidad», o el texto que se quiera redactar para la intención. Seguidamente apagamos la vela, como símbolo de que el ritual ha terminado.

Las cenizas, al haber sido utilizadas en un ritual de purificación, hay que enterrarlas en el jardín, en una maceta o el campo más cercano al espacio purificado.

# Rito de purificación y reparación de un espacio mancillado

Aunque un lugar querido haya sido degradado por la tala, los residuos tóxicos, la expansión urbana o algún otro tipo de daño ecológico, la conexión emocional que se tiene con él sigue viva. Se recuerda no solo el aspecto que tenía un bosque, la orilla del mar, la ribera de un río o incluso el descampado en el que se jugaba de pequeño. También se recuerda lo que significaba para uno, cómo cambiaban los sentimientos al adentrarse en su terreno salvaje y cómo se

**✳ MATERIALES NECESARIOS ✳**

No se necesita ningún material especial para este ritual de reparación-purificación de la naturaleza mancillada.

descubría allí un aspecto interno e íntimo que resultaba fortalecedor. Ciertos lugares son presencias, tan íntima e inextricablemente ligadas a la visión que se tiene de uno mismo y del mundo como de las personas importantes que acompañan en la vida.

Por desgracia, las oportunidades de crear rituales para lugares dañados y especies en peligro de extinción son abundantes: el vertedero a las afueras de la ciudad, la granja industrial de pollos, el río contaminado que fluye bajo el puente por el que se pasas cada día, el jardín de flores que ya no recibe la visita de las abejas, etc.

●  •  INSTRUCCIONES  •  ●

Se aconseja seguir los siguientes pasos:

**PASO 1**

Se puede ir solo o en grupo a alguno de estos lugares. Antes de partir, es importante decidir el objetivo del ritual. ¿Es para bendecir el lugar, lamentarse por lo que le ha ocurrido, elevar plegarias o deseos de curación para la tierra y la comunidad? Es bueno tener una idea de cómo se quiere empezar y terminar la ceremonia y luego dejarse sorprender una vez que se esté en el lugar.

**PASO 2**

Es necesario acercarse respetuosamente al espacio mancillado –mejor si se hace en silencio– y ser consciente de cómo se pisa la tierra, no solo por el bien de la misma,

sino también por el beneficio personal. Hay que asegurarse de no infringir las leyes ni poner en peligro la seguridad y la salud.

**PASO 3**

Una vez que se llega al lugar hay que dedicar tiempo para asimilar el entorno y escuchar las propias respuestas que se dan al mismo. «Escuchar» a la tierra es un tipo de atención profunda que se produce no solo a través de los sentidos sino a través de los sentimientos, la imaginación, la memoria y la intuición. Cada persona tiene la oportunidad de expresar sus sentimientos y recuerdos sobre el lugar, tanto antes de que sufriera daños como después.

### PASO 4

Hay que escoger qué tipo de acción física se quiere practicar durante la ceremonia. Entre los gestos simbólicos potentes, que se han utilizado por diversas culturas de todo el mundo durante milenios, se incluyen atravesar un umbral, cortar algo, unir dos cosas, romper algo, hacer oraciones, emitir unos votos, lavarse o purificarse, cambiarse de ropa o crear algo. Si acuden varias personas a practicar el ritual hay que decidir también cómo se quieren colocar durante la ceremonia: ¿En círculo, unos frente a otros, o de cara a algún aspecto del lugar? ¿Se practicará un movimiento de la oscuridad a la luz, por ejemplo, o de tierra firme al agua y viceversa?

### PASO 5

Una vez que se comience el ritual, es importante dejarse llevar, no intentar controlar el proceso y observar atentamente lo que ocurre entre las demás personas y con la propia tierra:

✦ ¿Hacia dónde se dirige la atención?
✦ ¿Qué se siente?
✦ ¿Sopla el viento?
✦ ¿Qué tipo de fauna está presente y qué está haciendo?

Es muy probable que, con solo estar receptivo, se observe que la ceremonia desarrolla una vida propia y que todos los participantes entran en una especie de asociación con ella. Hay que prestar atención a lo que se siente, a lo que la tierra puede requerir en ese momento de cada uno y, si se tiene la sensación de poder aportar algo, hacerlo.

### PASO 6

El ritual hay que terminarlo de una forma contundente para que todos los presentes entiendan que está concluido. Se puede acabar con una canción o una oración, acariciando la tierra o elevando los brazos al aire.

### PASO 7

Después, hay que guardar un espacio de tiempo para que todos los asistentes se sienten juntos en círculo y compartan las historias de lo que ha significado para cada uno de ellos ese lugar.

# Purificación con rituales de luna

La luna es una importante herramienta en los rituales de purificación. Durante cientos de años, los seres humanos han visto la luna como una fuerza de transformación, una fuente de energía que ayuda a limpiar y equilibrar el cuerpo, la mente y el espíritu. Esta energía es usada para abrir el camino a nuevos comienzos y nuevas posibilidades. Durante los rituales de purificación, la luz de la luna es utilizada como una forma de purificar el espacio. Esta luz ayuda a limpiar la energía negativa, abrir los caminos para la curación y ayuda a sanar el cuerpo, la mente y el espíritu. La luz de la luna ayuda a crear una conexión entre el cielo y la tierra, conectando a las personas con la energía de la naturaleza.

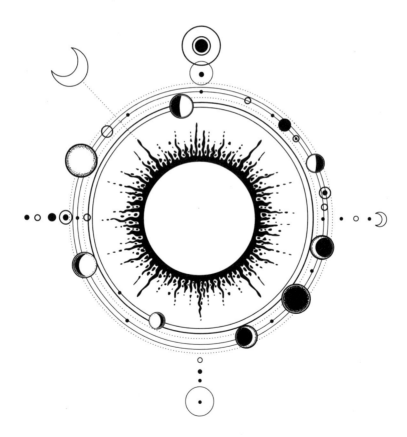

# Ritual de gratitud para la luna nueva

La luna nueva, que habita plenamente en la sombra, ofrece un momento potente para explorar la gratitud por los acontecimientos de la vida.

Al actuar con gratitud se obtienen beneficios como la disminución de la depresión, la ansiedad y el agotamiento, una mejora en la calidad del sueño, más esperanza y mayores niveles de optimismo.

La realización de este ritual permite acceder al aspecto sagrado de lo que está alrededor, a una perspectiva más amplia del ritmo vital, a acoger el cambio como parte de la vida.

La luna es un referente constante del cambio. Cada noche que pasa trae consigo una modificación que, cuando se pasa por alto durante unos días, se hace especialmente significativa. La luna llena nos cautiva y provoca asombro. La luna nueva nos adentra en nosotros mismos para examinar los lugares en los que queremos crecer. En la tradición popular, la luna nueva es el tiempo de plantar semillas y cortarse el pelo; un momento en el que la energía de crecimiento está en su punto álgido.

En este ritual de gratitud a la luna nueva hay que dejarse llevar y convertirse en el yo natural y primigenio, listo para volver a despertar a la verdad que vive solo en el interior.

## ✳ MATERIALES NECESARIOS ✳

Para este ritual se necesita:

✦ Aceites esenciales mezclados en una base de aceite de sésamo o de jojoba. Hay que elegir esencias que levanten el ánimo, como la bergamota o el yuzu.
✦ Sal del Himalaya o de Epsom, u otro exfoliante corporal a base de sal.
✦ Agua, para utilizarla en forma de baño o de ducha. Vale también la del mar.
✦ Un diario personal.
✦ Un bolígrafo o lápiz.

## ● ● INSTRUCCIONES ● ●

Se deben seguir estos pasos para realizar este ritual de gratitud y purificación:

### PASO 1

Si es posible estar en el exterior y contemplar la oscuridad de la luna nueva, hay que fijarse en cómo brillan las estrellas. Si no se puede salir al exterior, se cierran los ojos y se imagina un cielo nocturno oscuro con una luna también oscura y llena de posibilidades. Hay que deleitarse durante unos instantes imaginando la potencialidad de la luna y regocijarse en el ritmo que la Luna refleja en nosotros mientras se desplaza por el cielo nocturno y gira alrededor de la Tierra. Es bueno tomarse un momento para sentirse agradecido por la novedad que trae esta luna nueva.

### PASO 2

Se mezclan los aceites con las sales y se masajea con ellos el cuerpo, sintiendo gratitud por cada parte del organismo, por cómo acompaña a lo largo del día y permite moverse de diferentes maneras.

### PASO 3

A continuación, hay que meterse en la bañera, la ducha o el mar y sentir plenamente el efecto purificador del agua y cómo la sal se disuelve en la piel. Es importante visualizar cómo las preocupaciones o los sentimientos de malestar se disuelven con ella también. Se puede pasar todo el tiempo que se quiera en el agua: flotando, sintiendo y sumergiéndose en la agradable experiencia.

### PASO 4

Cuando se sienta que ha llegado el momento de salir, hay que secarse y vestirse con algo que sea cómodo y acogedor. Se toma entonces el diario y un bolígrafo o un lápiz y se busca un lugar donde sentarse unos instantes sin que nadie pueda interrumpir este momento de introspección.

### PASO 5

Se dedica algún tiempo a escribir lo que se quiere agradecer a la vida en este instante. No se debe tener prisa para poder saborear cada agradecimiento a medida que se enumera.

### PASO 6

A continuación, se escriben los distintos momentos de la vida por los que se siente agradecimiento. Es bueno pensar en los ritmos de la vida que estructuran lo cotidiano de cada día, la semana o el año. Una vez que se hayan escrito, se dedica un tiempo para pensar en los nuevos ritmos que se

desea atraer a la vida, aquellos por los que dar gracias dentro de un mes, o dentro de un año.

### PASO 7

Por último, se escriben los nombres de las personas por las que se siente gratitud. Tanto las del pasado como las del presente deben figurar en ese listado. Se dedica un tiempo a recordar el primer encuentro o recuerdo de ellas, los detalles o historias que se guardan en el corazón, tanto los momentos divertidos como aquellos en los que se apoyaron durante las tempestades de la vida. Si aún siguen vivos, hay que valorar la posibilidad de escribirles una carta o llamarles para decirles lo agradecido que se está de tenerlos en la vida.

Este ritual se puede practicar cada vez que la Luna, en su giro alrededor de la Tierra, viva en la sombra. El lado situado en la sombra está preparado para ser explorado y encontrar así el camino de vuelta a la plenitud con intención y gratitud.

# Ritual de luna llena para aprender a confiar en la intuición

Cada mes, la luna nueva inicia el ciclo lunar de 29,5 días y ofrece la oportunidad de indagar en las emociones y desarrollar la capacidad intuitiva de cada uno.

Hay que pensar en el cuerpo como un recurso precioso y en el espíritu como un mensajero intuitivo. Si se atiende a la brújula interna durante la luna nueva, se ganará capacidad para discernir lo que es digno de recibir las preciadas reservas de energía y lo que no. El proceso intuitivo se expandirá con mayor facilidad a través de la revisión y liberación de todo lo que no es útil, tanto física como energéticamente.

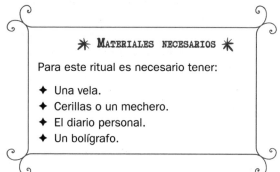

**✳ MATERIALES NECESARIOS ✳**

Para este ritual es necesario tener:

✦ Una vela.
✦ Cerillas o un mechero.
✦ El diario personal.
✦ Un bolígrafo.

Cuando se indaga en el proceso vital durante la luna nueva, es más probable que se reconozca cuándo y dónde la ansiedad toma el mando de la vida. Se empieza a comprender qué limita el potencial de alegría, paz y abundancia. Se desarrollan herramientas personales y se aprende a confiar en el proceso.

La luna nueva es una época de renacimiento y renovación, y un momento para reunir la sabiduría necesaria para embarcarse en un nuevo ciclo lunar. También ofrece una oportunidad mensual para la purificación, especialmente cuando se aprende a regular el sistema nervioso transmutando la ansiedad.

La ansiedad y la intuición son estados físicos y mentales completamente diferentes, aunque a menudo se perciban de forma similar, y el reconocimiento entre estas energías opuestas alterará radicalmente la vida de cada uno para mejor. La ansiedad grita, traquetea, se repite y gira dentro de la mente. Viene acompañada de un corazón acelerado y un sistema nervioso descontrolado. El miedo y la ansiedad enturbian el proceso intuitivo. Lo que a menudo se lee como un «mensaje intuitivo» es en realidad un «flash de estrés».

La ansiedad y el miedo gobernarán la vida y el proceso de toma de decisiones si no se les señala como lo que son. Incluso mientras se lee esto, es posible hacerse una idea de cualquier tipo de ansiedad o miedo que esté presente actualmente en la mente o en el cuerpo. Una vez que se tenga una idea de cómo se ve, se siente y de cómo suena la ansiedad, se estará en el camino hacia una mayor libertad y una transformación duradera.

La intuición se percibe de forma tranquila, consciente y no excesivamente emotiva. Una intuición acertada no viene acompañada de una reacción emocional, ni provoca más miedo o dudas. Más bien se sentirá con curiosidad, a veces sorprendente, y con efecto tranquilizador. La auténtica intuición hace sentirse bien.

Confiar en la intuición requiere una autoconciencia sólida. Observar conscientemente la luna nueva cada mes, a la vez que se desarrollan prácticas contemplativas diarias, puede ser un punto de anclaje para aprender a confiar en la intuición. Regular el sistema nervioso pasando tiempo en la naturaleza, ejercitando la respiración y la meditación, moviendo el cuerpo y dedicando tiempo a actividades creativas genera un estado en el que se pueden recibir los destellos intuitivos con mayor claridad.

Al observar cómo afecta el ritmo lunar en cada uno se empieza a profundizar en la conciencia de cómo todo está interconectado. Lo que la mente dice, el cuerpo lo recibe. Las emociones que se reprimen o se expresan afectan individualmente y a las personas que están alrededor. Seguir la luna conecta con los modelos más amplios del cosmos.

Durante la luna nueva, hay que observar la energía sutil que se encuentra en el interior, prestar atención a las respuestas claras de sí y no cuando surjan en el cuerpo: es la intuición la que está hablando. Es bueno escuchar cualquier diálogo mental que acompañe a este proceso. La intuición se percibirá a menudo como un momento de claridad sin que aparezca el crítico interior.

Para escuchar el susurro del consejo intuitivo se debe saber distinguir cuándo la voz del miedo se abre paso en la conciencia. En este preciso momento de conciencia, se puede nombrar, aceptar y respetar el miedo como maestro y situarse en el momento presente. Hay que prestar atención a los destellos de inspiración y a las energías positivas dispuestas a llegar a través de cada uno. Cuando entren vibraciones o pensamientos más bajos, simplemente hay que liberarlos con una exhalación profunda.

Al comprometerse a realizar pequeños actos diarios de atención plena y vivir en armonía con el ciclo lunar, se tienen más posibilidades de comprender los mensajes de la intuición. Una vida en la que se recupera la verdadera esencia y se está profundamente conectado con uno mismo y con el universo en general, conlleva una dulzura que es a la vez salvajemente satisfactoria y radicalmente transformadora.

● •  INSTRUCCIONES  • ●

Se deben seguir estos pasos:

## PASO 1

Se enciende una vela.

## PASO 2

Se toma un baño caliente o se practican estiramientos ligeros o yoga reconstituyente para relajar el cuerpo.

## PASO 3

Se busca un espacio tranquilo para sentarse y poder meditar de dos a cinco minutos.

## PASO 4

En este estado de meditación, hay que visualizarse conectando con los elementos, como se indica a continuación, para purificar los desequilibrios del cuerpo emocional y estar más presente en el cuerpo físico:

✦ Conectando con la tierra para enraizarse y liberar el miedo.

✦ Conectando con el agua para liberar el desequilibrio emocional y sentirse en flujo.

✦ Conectando con el fuego para transformarse y liberar el ego.

✦ Conectando con el aire para purificarse y liberar la armadura que rodea el corazón.

✦ Conectando con el éter para honrar la integración espiritual y liberarse de apegos e ilusiones.

## PASO 5

Después de conectar con los elementos, hay que imaginar que se está cubierto por muchas capas, cada una de las cuales representa pensamientos negativos recurrentes o papeles que ya no se desea desempeñar. Hay que permitir que estas capas se desprendan una a una.

Es necesario hacerse internamente las siguientes preguntas: ¿Qué es lo que está preparado para ser purificado, despojado o redirigido en el interior? ¿Qué habría que dejar ir?

## PASO 6

Se frotan las manos enérgicamente para crear calor y se colocan sobre el bajo vientre. Es necesario visualizar lo que se está sacando del cuerpo energético mientras se alejan las manos del cuerpo. Mientras se extienden las manos hacia el cielo, se exhala el aire con fuerza por la boca emitiendo un sonido: «shhh». Esta práctica ayuda a liberar las frecuencias más graves del cuerpo. Se repite tantas veces como sea necesario.

## PASO 7

Volviendo a una posición de sedestación cómoda, se entra en un estado de amplitud y gratitud y se invocan las cualidades, virtudes o soportes que se está dispuesto a atraer en la vida.

## PASO 8

Es preciso escuchar cualquier susurro intuitivo. Poco a poco se vuelve a la conciencia natural y se escribe en un diario reproduciendo lo invocado. Los mensajes internos recibidos no tienen por qué ser literales ni estar basados en la productividad.

Para cerrar este ritual, nos relajaremos nuevamente, en unos momentos de silencio, dando gracias a la vida y al universo, por este momento de gracia. Apagaremos las velas y seguiremos el curso de nuestra vida con naturalidad.

# Ritual de seguimiento de la luna para procesar el duelo

### Día 1. Luna llena

Es natural que los seres humanos contemplemos los ciclos de la vida y la muerte mientras vemos cómo el sol se agranda y crece en primavera y verano y luego se aleja durante el invierno.

Experimentamos todo tipo de pérdidas a lo largo de nuestra vida, ya sea el fin de una relación, la muerte de un ser querido o incluso la pérdida de una estado que conlleva algún cambio –puede ser un buen cambio, como casarse o tener un bebé–. A pesar de que todos experimentamos dolor, a veces este no se aborda de la manera adecuada y permanece anclado en el interior.

> ✳ **MATERIALES NECESARIOS** ✳
>
> Para el día de luna llena en el que se hará el ritual se necesita:
>
> ✦ Una vela.
> ✦ Un papel en blanco.
> ✦ Un bolígrafo.
> ✦ Un pequeño trozo de papel con el nombre del ser querido.
> ✦ Un vaso de agua.

El invierno, y especialmente el solsticio de invierno, es un momento propicio y de apoyo para sostener el duelo con cierta ternura.

Este ritual ocupa todo un ciclo lunar, de luna llena a luna llena. Se recomienda hacerlo en cualquier momento entre noviembre y febrero, en el hemisferio norte, y mayo y agosto, en el hemisferio sur; aunque es especialmente potente en torno al solsticio de invierno.

Se puede realizar más de una vez, incluso por la misma pérdida, ya que el duelo tiende a ser cíclico y es posible que requiera repetir la práctica. El marco de este ritual gira en torno a la pérdida de una persona, aunque también puede utilizarse en caso de pérdida de un objeto, un sentimiento de identidad o un periodo de tiempo vital. Sea cual sea el motivo del duelo, hay que sentir la libertad de ajustar el significado del ritual.

Se trata de un ritual intuitivo, lo que significa que no sigue ninguna tradición en particular. Una de las mejores cosas de la luna es que no pertenece a nadie, así que cualquiera puede conectar con su movimiento nocturno. Si hay algún elemento espiritual o religioso que se desee incluir, no hay que dudar en hacerlo. Tanto añadir lo que se quiera como eliminar lo que no encaja se debe hacer con total libertad.

Estos rituales de duelo pueden ser especialmente emotivos, así que es bueno planificar hacer algo relajante y agradable después de cada práctica.

## ● ● INSTRUCCIONES ● ●

La luna llena es un momento para que todo lo que se ha estado escondiendo salga a la luz. Las cosas se sienten con más intensidad y hay que enfrentarse a lo que normalmente se oculta en la oscuridad o en la ocupación cotidiana.

Estos son los pasos a seguir:

### PASO 1

Es el momento de reconocer y abordar el dolor que se siente en toda su plenitud. Es necesario buscar un espacio tranquilo para este ritual. Si se puede, es mejor hacerlo al aire libre, a la luz de la luna. Se trata de tener conciencia del propio sufrimiento como primer paso para acabar con él. Por eso es fundamental elegir el espacio.

### PASO 2

Se enciende la vela y se dan las gracias a la tierra. Hay que tener cerca un vaso de agua, papel y bolígrafo por lo que debemos prepararlo de antemano.

Se sostiene en las manos el trozo de papel con el nombre de la persona querida. Se cierran los ojos y se realiza una respiración profunda manteniendo la atención en la persona perdida. Hay que inhalar con cada emoción que surja, imaginando que se está iluminando lo que se siente con una luz. Hay que dejar que todo permanezca presente en el interior.

### PASO 3

Pasado un tiempo razonable, se escriben las emociones que se sienten en una hoja de papel. La luna llena significa permitir la plenitud de los sentimientos, así que no hay que reprimirse. Los sentimientos no son correctos ni incorrectos, ni buenos ni malos. Simplemente son los propios y se deben sacar a la luz.

### PASO 4

Cuando se haya terminado de escribir, se sostiene la hoja a la luz de la vela o de la luna. Es necesario dar el permiso para que los sentimientos sean vistos y acogidos por la luz del ritual.

### PASO 5

Si se siente la necesidad, se pueden colocar las manos sobre la parte superior del corazón y pronunciar en alto varias veces las siguientes palabras: «Me mantengo en la plenitud de mis sentimientos por la luz de esta luna llena».

### PASO 6

Cuando se sienta que el ritual puede darse por finalizado, hay que lavarse simbólicamente las manos con el agua del vaso, enjuagando el calor de las emociones y dejándose llevar. El papel, en el que hemos escrito las emociones, se debe guardar en un lugar seguro.

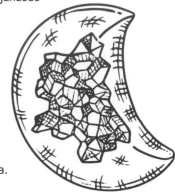

### PASO 7

Se apaga la vela. El primer ritual está completo.

### Día 7. Cuarto Menguante. Arrepentimiento y perdón

Aproximadamente una semana después de la luna llena, la luna habrá menguado prácticamente hasta la mitad. Ahora es el momento de procesar las emociones, organizar, categorizar y soltar. Es una preparación para la llegada de la luna nueva. En este ritual se trabaja con el perdón.

Hay que tener en cuenta que el perdón no llega hasta que se está maduro y listo, así que esto podría ser más una intención de perdonar que un perdón real. No pasa nada. Dar el primer paso es como plantar una semilla: crecerá a su debido tiempo.

**✳ MATERIALES NECESARIOS ✳**

Para realizar este ritual se necesita:

✦ Una vela.
✦ El papel con el nombre del ser querido de la primera noche.
✦ Un bolígrafo.
✦ Hojas de papel.
✦ Un cuenco ignífugo parcialmente lleno de agua.
✦ Un vaso de agua.

● • INSTRUCCIONES • ●

Estos son los pasos a seguir:

---

#### PASO 1

Se busca un lugar tranquilo para realizar el ritual. Se enciende la vela, se toma el papel de la semana pasada, en el que escribimos el nombre de la persona fallecida, en la manos y se cierran los ojos. A continuación se visualiza la imagen de la persona con todos los detalles posibles.
Es el momento de reflexionar y hacerse algunas preguntas: ¿Qué ocurrió en la relación con esta persona y que causa todavía pesar? ¿Qué se podría haber hecho de otra manera? Si se siente la necesidad, se puede hablar en voz alta con ese ser querido y pedir disculpas sinceras por lo que se desearía haber hecho de otra manera.

#### PASO 2

Ahora es necesario imaginar al yo más joven junto a la persona que se ha perdido. Hay que recrear todos los detalles posibles. Se mira a este yo más joven tomando decisiones, incluidas algunas de las que podría arrepentirse. Se piensa en las palabras que apetecería enviar a ese joven, siempre con amabilidad. Se trata de una invitación al perdón: perdonarse a sí mismo suele ser mucho más difícil que perdonar a otra persona.

#### PASO 3

Se escriben los arrepentimientos en un papel nuevo. Se puede poner: «Me arrepiento de...» o «Me perdono por...». Se puede utilizar la fórmula que parezca más adecuada en ese momento.

#### PASO 4

Se piensa ahora en si hay algo que haga sentirse enfadado con la persona perdida, si hay alguna cosa que se necesita perdonar. Si es así, se le dice a la persona cuál es el sentimiento en ese momento, ya sea mentalmente o en voz alta. Si se está preparado para perdonarla, se le dice en ese instante. Si no, se salta esta parte final.

### PASO 5

Se toma otro papel para escribir esas viejas heridas. Se pueden formular como: «Estoy enfadado contigo por...» o «Te perdono por...». Se escoge el modo que sea más verdadero. Hay que comprobar cómo se siente uno físicamente en estos momentos y si se está en disposición de perdonar esa misma noche. Si es así, es la hora de dejar ir la ira y el arrepentimiento. Para ello, se quema con cuidado todo lo que se escribió sobre el cuenco ignífugo (reservando el papel con el nombre), y se permite que los remordimientos y el perdón se transformen en humo y ceniza.

Si aún no se está preparado para desprenderse de estos sentimientos, se conservan los trozos de papel y se guardan en un lugar seguro. Se utilizarán en otro momento.

### PASO 6

Cuando se esté preparado para finalizar, se lavan lentamente las manos con el agua del vaso, liberando simbólicamente el arrepentimiento e invitando al toque frío del perdón.

Se apaga la vela y se tiran las cenizas y el agua de forma segura.

### Día 14. Luna nueva. ¿Quién soy yo tras la pérdida?

Con cada pérdida importante, se produce un cambio en la identidad. La persona que se era antes de la pérdida es diferente de la que se es ahora y de la que se será en el futuro. La luna nueva es un momento para descansar en la oscuridad y planificar el futuro. Representa un nuevo comienzo, y aquí se puede empezar a imaginar al nuevo yo después de la pérdida. Puede ser doloroso pensar en un futuro sin la persona que se ha perdido, pero ella puede y debe condicionar la forma en que se cambia y se crece: su espíritu permanece.

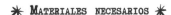

**✳ MATERIALES NECESARIOS ✳**

Para este ritual se necesita:

✦ Una vela.
✦ Un bolígrafo.
✦ Un papel.
✦ El papel con el nombre del ser querido de la primera noche.
✦ Un objeto nuevo: un cristal, una piedra, una joya, etc. Lo que guste más.

● •   INSTRUCCIONES   • ●

Estos son los pasos a seguir:

### PASO 1

Hay que buscar un lugar cómodo para el ritual. Se enciende la vela y se dan las gracias a la tierra. Se sostiene en las manos el papel con el nombre de la persona que ha fallecido. Se cierran los ojos y se concentra en traer a la mente una imagen de uno mismo antes de la pérdida. Hay que intentar verse con todos los detalles posibles. ¿Qué nos gusta de esta persona? ¿Hay algo de ella que en realidad nos disguste o algo que nos gustara cambiar?

### PASO 2

Cuando se esté preparado, se abren los ojos. Se deja el objeto junto a la vela y se anotan en un papel las observaciones sobre el antiguo yo, esta identidad que, de alguna manera, ahora se ha desplazado tras la pérdida.

### PASO 3

Se toma el nuevo objeto. Se vuelven a cerrar los ojos y se contempla la oscuridad situada enfrente. Hay que hacerse estas preguntas: ¿Quién me gustaría ser en el futuro? ¿En quién podría convertirme en un mundo en el que, efectivamente, se ha producido la pérdida? ¿Qué querría para mí la persona fallecida de cara al futuro?

Hay que imaginarse a este posible yo con todos los detalles que se pueda, centrándose en las cualidades positivas y permitiendo que el yo actual sea testigo de esta visualización. Cuando se esté preparado, se escriben las cualidades de este nuevo yo.

### PASO 4

Cuando se sienta que el ritual está concluido, se apaga la vela para indicar la finalización. Se guardan los escritos a buen recaudo, junto con los demás de esta serie de rituales. El nuevo objeto debe colocarse en algún lugar donde se pueda ver menudo o, si es posible, se lleva puesto.

### Día 21. Cuarto creciente. ¿Qué debo conservar?

Aproximadamente una semana después de la luna nueva, se estará en cuarto creciente. Este es un momento para la acción y que aporta el impulso para avanzar. En este ritual se trabaja sobre la posibilidad de construir un nuevo yo mientras se centra la atención en los dones que la persona fallecida ha dejado en uno. El duelo es una expresión de amor: no podría existir si no hubiera un amor profundo en primer lugar.

✳ **MATERIALES NECESARIOS** ✳

Para realizar este ritual se necesita:

✦ Una vela.
✦ El papel con el nombre del ser perdido utilizado desde la primera noche.
✦ El objeto que representa al posible nuevo yo de la semana pasada.
✦ Un bolígrafo.
✦ Un papel.

● • **INSTRUCCIONES** • ●

Estos son los pasos a seguir:

### PASO 1

Se enciende la vela y se dan las gracias a la tierra. Hay que sentarse cómodamente tanto con el papel que lleva el nombre de la persona fallecida, como con el objeto que simboliza al posible nuevo yo. Las preguntas que uno se debe hacer en este momento son: ¿Qué conservo? ¿Qué he ganado al haber conocido a esta persona? ¿Qué aprendí con ella? ¿Cómo he cambiado para mejor gracias a la presencia de esta persona en mi vida? ¿Qué recuerdos conservaré?

¿Cómo mejorará mi futuro gracias al tiempo que pasé con esta persona perdida? ¿Qué sé ahora que no sabía antes?

## PASO 2

Cuando se siente que se está preparado, se escriben estas experiencias y beneficios en un papel.

## PASO 3

Después, se vuelve a tomar el objeto del último ritual afianzándolo como un recordatorio de lo ganado y lo perdido. Se es consciente de las enseñanzas recibidas y se siente gratitud por haber disfrutado de lo perdido.

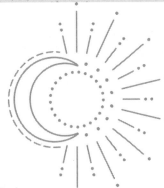

## PASO 4

Se pronuncia en voz alta la palabra «gracias» y se apaga la vela.

### Día 28. Luna llena. Dejarse llevar

Por último, llega de nuevo la luna llena que representa la totalidad y la culminación. Se puede aprovechar este momento para honrar la cosecha del trabajo que se ha estado haciendo y para arrancar lo que no haya dado fruto. Se va a finalizar el viaje de duelo que comenzó en la última luna llena y se completa el ciclo con este ritual.

> ✳ **MATERIALES NECESARIOS** ✳
>
> Esta es la lista de lo que se necesita:
>
> ✦ Una vela.
> ✦ Todos los objetos de los rituales anteriores.
> ✦ Un cuenco ignífugo con un poco de agua.
> ✦ Un frasco.
> ✦ Un árbol preferido o parcela de tierra.

● • **INSTRUCCIONES** • ●

Estos son los pasos a seguir:

## PASO 1

Se enciende la vela y se dan las gracias a la tierra. Es muy importante pedirle permiso antes de comenzar el ritual.

## PASO 2

Se reúnen los objetos y escritos de los rituales anteriores. Se releen los textos y se reflexiona acerca de cómo se sentía uno entonces, cómo se siente ahora, y cómo ha calado internamente todo este recorrido.

## PASO 3

Se piensa en lo que se quiere conservar de estos escritos y de lo que hay que desprenderse. Siempre se puede volver al acto simbólico de soltar más adelante si el momento aún no se considera oportuno.

## PASO 4

Se reúnen los papeles de los que se está preparado para desprenderse y se queman con cuidado sobre el cuenco de agua ignífugo. Ahora se observa cómo arde el papel en la llama, permitiendo que el trabajo sobre el duelo se transforme en algo concreto: en humo, ceniza y agua. Por último, si se está preparado, se quema el trozo de papel con el nombre del ser querido. Se está liberando así a esta persona del duelo.

## PASO 5

Cuando se termine de quemar el papel, se apaga la vela. Se vierte parte o toda el agua con ceniza en el frasco y se lleva al árbol favorito o a una parcela de tierra.

## PASO 6

Hay que elegir el lugar con cuidado. Se están enterrando, y también plantando, los frutos del dolor. La tierra hará lo que mejor sabe hacer: transformar la muerte en vida. Para asegurarse de que es el lugar adecuado se pone la mano sobre la tierra y se pide permiso. Si no se considera el sitio correcto, se busca un lugar mejor. No se debe ahogar o contaminar un árbol joven o un campo de hierba demasiado vulnerable para soportar este agua de cenizas.

## PASO 7

Cuando se encuentre el lugar adecuado se vierte el agua sobre la tierra. Este es un funeral para el duelo. Se pronuncian en voz alta las palabras de agradecimiento y despedida que se consideren más adecuadas para el momento.

El ritual del duelo está terminado. Hay que seguir adelante con amabilidad y delicadeza durante el resto de la vida, recordando que se puede volver a estos rituales en cualquier momento que se necesite.

# Ritual para la luna llena fría

La luna fría se eleva en el cielo de diciembre, entre ráfagas de hielo y mantos de nieve en el hemisferio norte, del mismo modo que sucede en el mes de junio en el hemisferio sur. El poder espiritual de esta luna fría es un recordatorio para encender la llama que vive en el interior de cada uno. Hay rescoldos que arden en lo más profundo, esperando a ser avivados en llamas que aporten calor y luz a otros rincones interiores que ahora pueden estar malviviendo en la sombra.

La luz de la luna llena trata de iluminar y avivar esos rescoldos que están listos para encenderse en el interior. Hay que traer esta conciencia a este ritual para la luna fría mientras ilumina el camino hacia la siguiente fase de transformación.

## ✳ Materiales necesarios ✳

Para realizar el ritual se necesita:

✦ Agua fresca en un vaso transparente.
✦ Una vela.
✦ Un mechero o cerillas.
✦ Resinas de incienso y mirra (la combinación de estas dos resinas se utiliza en medicina china para poner en movimiento el Qi, o energía vital).
✦ Un recipiente ignífugo para las brasas de carbón.
✦ Carbón para quemar resinas.
✦ El diario personal.
✦ Un bolígrafo o lápiz.
✦ Una manta o chal para abrigarse.

## ●● Instrucciones ●●

Estos son los pasos a seguir:

### PASO 1

Cuando salga la luna, se coloca el vaso de agua bajo su luz. Para entrar en calor es aconsejable envolverse con una manta o un chal. A continuación, se enciende el carbón en un recipiente ignífugo y se colocan las resinas de incienso y mirra sobre el carbón. Luego se enciende la vela mientras se lleva a la mente la intención para este ritual de la luna fría. Hay que hacerse la siguiente pregunta: ¿Qué parte de mí se esconde en la sombra y se beneficiaría del calor y la luz?

### PASO 2

Puede que se reciba inmediatamente una respuesta, aunque no hay que preocuparse si no se tiene la seguridad de tenerla. Es bueno dejarse llevar por la meditación, permitiendo que la pregunta se afiance en el interior, descubriendo las capas que están listas para salir a la luz. Se mantienen los ojos abiertos mientras la fragancia de las resinas, el calor de la vela y la luz de la luna fría van impregnando todos los sentidos.

### PASO 3

Se permanece sentado durante el tiempo que se considere apropiado. Es importante conectar en profundidad con la propia verdad y honrar la llamada que indica que es hora de abandonar la meditación. Se vuelve lentamente al ámbito de la estancia y se observa de nuevo la luz que se proyecta desde la vela y desde la propia luna. Se eleva lentamente el vaso de agua hasta los labios, dejando que el primer sorbo moje la boca. Se da un segundo sorbo y se siente cómo el agua de la luna se libera en el cuerpo, trayendo consigo el poder de la luna fría. Hay que sentir cómo el agua recibe el calor del vientre al llegar a él.

### PASO 4

Se toma el diario y el bolígrafo y se empieza escribiendo lo que ha venido a la

mente como respuesta a la pregunta que se ha formulado. Puede que haya palabras, pero hay que fijarse también si hay sensaciones en el cuerpo, imágenes o sonidos que se transmiten desde el interior. La intuición puede hablar de muchas formas diferentes. Hay que darse permiso para familiarizarse con todas ellas y confiar en lo que se está experimentando.

### PASO 5

Una vez que se haya descubierto lo que está listo para ser visto, hay que dedicar algún tiempo a escribir sobre esa parte de uno mismo. No hay que preocuparse por no crear ninguna estructura alrededor. Del mismo modo que la luz es tenue cuando se filtra por primera vez en una habitación, la luz de la conciencia puede que al principio solo ilumine formas y sensaciones sutiles. Hay que relajarse sabiendo que lo que debe ser revelado surgirá a su debido tiempo.

### PASO 6

Cuando se termine de escribir, hay que darse permiso para sentarse de nuevo en la quietud, permitiendo que lo que necesita asentarse de nuevo tenga el espacio para hacerlo. La luz interior y el conocimiento se han encendido bajo la luz de la luna fría. Hay que ser conscientes de ese sentimiento y darse el permiso de confiar en lo que ha surgido. Es solo el principio de la revelación.

Finalizado el ritual, apagamos las velas, las ascuas de carbón y todo lo que hayamos podido prender, recogemos el material utilizado y seguimos con nuestros quehaceres cotidianos.

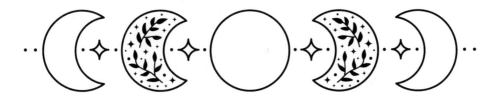

# Ritual de purificación para la luna nueva de Imbolc

En febrero, en agosto en el hemisferio sur, la luna nueva coincide con Imbolc, una celebración tradicional gaélica situada en el punto intermedio entre el solsticio de invierno (el punto más oscuro del año) y el equinoccio de primavera, cuando la rueda del año gira hacia el solsticio de verano. Esta fecha está relacionada con la celebración cristiana de la Candelaria que da la bienvenida a la luz y también con el día de la Marmota, que muchos han llegado a considerar como el pregonero del comienzo de la primavera.

El Año Nuevo lunar, o Año Nuevo chino, también coincide con esta fecha, ya que suele producirse en la segunda luna nueva tras el solsticio de invierno. Desde todas estas perspectivas, esta fecha significa el comienzo del retorno de la luz. Aún no se está en primavera, y en muchos lugares todavía puede parecer invierno. Pero los días han empezado a alargarse y se tiene la sensación de que el final del invierno está próximo.

Aunque el solsticio de invierno y un nuevo año pueden ser momentos apropiados para establecer intenciones y pensar en lo que se quiere para el año venidero, no es realmente el momento de concretar esas intenciones.

Energéticamente, no se recibe mucho calor o luz procedentes del mundo natural; en realidad es más un momento para descansar y soñar. En torno a la festividad de Imbolc, algo cambia, como si se despertara del letargo invernal. Es el tiempo de empezar a poner en marcha nuevos planes.

He aquí un ritual que se puede practicar durante luna nueva de Imbolc, para alinearse con las energías e intenciones de esta época del año.

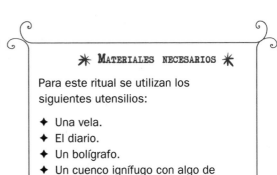

✳ **MATERIALES NECESARIOS** ✳

Para este ritual se utilizan los siguientes utensilios:

✦ Una vela.
✦ El diario.
✦ Un bolígrafo.
✦ Un cuenco ignífugo con algo de agua.
✦ Una jarra.
✦ Sal (opcional).
✦ Tiza (opcional).

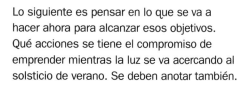

## INSTRUCCIONES

Se siguen los pasos indicados a continuación:

**PASO 1**

Se empieza estableciendo un círculo de protección. Se puede hacer con sal, tiza o simplemente con la imaginación. Hay que situarse en una posición que resulte cómoda y cerrar los ojos.

**PASO 2**

Es importante reservar un momento para rendir homenaje y reconocer la tierra en la que se vive y la relación que se tiene con ella. Si se puede, resulta enriquecedor nombrar a los pueblos tradicionales de esa tierra. Se invita también a los diferentes elementos –tierra, aire, fuego, agua– y a cualquier otra energía que se desee acoger en el círculo.

**PASO 3**

Hay que ir sin prisas y dejando tiempo para sentir completamente el cuerpo y percibir las formas en las que se nota el retorno de la luz. Es necesario ser consciente de si ya se siente una nueva energía gestándose en el cuerpo o de si es necesario atraerla.

**PASO 4**

Llega el momento de pensar en los objetivos para el próximo año, en lo que se desea. Cuando se tengan en mente, hay que escribir en el diario los deseos, metas e intenciones. Si ya se ha hecho un ritual para el solsticio este año, o se tenían algunos propósitos de Año Nuevo, se puede hacer referencia a ellos.

Lo siguiente es pensar en lo que se va a hacer ahora para alcanzar esos objetivos. Qué acciones se tiene el compromiso de emprender mientras la luz se va acercando al solsticio de verano. Se deben anotar también.

**PASO 5**

En un trozo pequeño de papel, se escribe el compromiso en unas pocas palabras o un par de frases. Se copia lo mismo en un segundo trozo de papel.

**PASO 6**

Cuando se finalice el paso 5, se quema con cuidado el pequeño trozo de papel sobre el cuenco, dejando que caiga al agua. El segundo trozo de papel se guarda en algún lugar cercano donde pueda consultarse a menudo.

**PASO 7**

Se vierte en una jarra el agua con los restos de papel. Cuando se quiera cerrar el ritual, se apaga la vela. Se agradece a la tierra, a los elementos y a cualquier otra energía que se haya incorporado al círculo por su testimonio y protección.

**PASO 8**

En algún momento cercano a la luna nueva, es necesario salir al exterior y buscar un lugar que adecuado que pueda transmitir algo. Primero se pide permiso y luego se vierte el agua de la jarra en la tierra como ofrenda y como afirmación del compromiso con el plan de acción.

# Ritual para la luna llena de nieve

La luna llena de febrero, en agosto en el hemisferio sur, es conocida como «luna de nieve». Su nombre procede de la tribu dakota Naudowessie, y hace referencia a que este mes ha sido típicamente el mes con las nevadas más intensas del año en el hemisferio norte.

La luna de nieve es también la primera luna llena después de la luna nueva de Imbolc, el punto medio entre el solsticio de invierno y el equinoccio de primavera. Es un momento en el que la luz comienza a cambiar hacia la primavera, aunque ciertamente todo siga cubierto de nieve y frío, al menos en muchos lugares del norte de la Tierra.

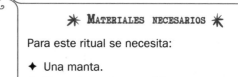

**✳ MATERIALES NECESARIOS ✳**

Para este ritual se necesita:

✦ Una manta.
✦ Una vela o, si es posible, una chimenea.
✦ Una bolsa de agua caliente (opcional).
✦ Sal, piedras o tiza (opcional).
✦ Un diario o algún cuaderno para escribir.
✦ Una taza pequeña de nieve, hielo o agua.

Es un buen momento para percibir que el cambio está llegando –la primavera finalmente vendrá–, para hacer planes, soñar con lo que se quiere y dejar ir cualquier resentimiento persistente de la estación invernal con el fin de prepararse para la llegada de todo lo nuevo.

Las lunas llenas invitan a soltar, dejar ir. Es bueno pensar en los patrones, hábitos e historias de la vida a las que uno se aferra y considerar si realmente es útil o no mantenerlas. Cuando uno se siente seguro, es un poco más fácil dejar ir. Se puede permitir que la nieve (o la idea de nieve, si es que no nieva donde uno se encuentra) cubra el cuerpo y sentir la calidez en el interior de cada uno mientras se explora el potencial magnífico de la seguridad de ese refugio interno para ayudar a dejar ir coincidiendo con esta fase de la luna llena.

## •• INSTRUCCIONES ••

Se siguen los pasos indicados a continuación:

### PASO 1

Hay que envolverse en una manta junto al fuego y/o encender una vela. También se puede utilizar una bolsa de agua caliente o cualquier otra cosa que ayude a sentirse seguro y reconfortado. Se adquiere una posición cómoda y se cierran los ojos.

### PASO 2

Se dibuja alrededor de uno un círculo de protección imaginario. Puede ser un círculo de sal, piedras o tiza (si se prefiere, se puede realizar físicamente). Se dedica un momento para hacer un homenaje y agradecer a la tierra sobre la que se está y la relación que se tiene con ella. Se llama a cualquier fuerza adicional que pueda resultar útil, como guías espirituales, antepasados y/o los elementos.

### PASO 3

Ahora es el momento de reflexionar sobre el concepto de protección. Hay que valorar si uno se siente o no seguro en la vida y pensar en lo que se necesitaría para sentir más seguridad. Si uno se sintiera realmente seguro, ¿qué se podría dejar ir? Si se dejara ir a alguna de estas cosas, ¿qué permitiría seguir sintiéndose protegido? Es el momento para anotar en el diario, o en un cuaderno, cualquier percepción que surja durante esta reflexión.

### PASO 4

Cubierto de nieve se está amparado, protegido y congelado por el tiempo. Pero la nieve también es agua: cuando se derrita,

habrá alimento para la tierra sedienta y contribuirá al resurgir de la vida con la primavera. Hay que permitir en este instante que las formas que se han sentido congeladas por el tiempo se desplacen desde el interior del cuerpo hacia el exterior, trasladar los viejos hábitos y patrones hacia la nieve del exterior y dejar que se derritan con el resto de la nieve, que se conviertan en alimento para el cambio positivo que sí se desea en la vida.

### PASO 5

Se sostiene la taza de nieve o hielo delante mientras se pronuncian los hábitos y patrones que se quieren dejar ir. Se les da las gracias por haber servido y se les permite que abandonen el cuerpo y queden contenidos en la taza mientras se inclina suavemente el cuerpo sobre ella. Si se está utilizando una vela, es el momento de apagarla y dar las gracias a la tierra y a los demás elementos que ayudaron en el ritual.

### PASO 6

A continuación, se esparce la nieve, el hielo o el agua en el exterior, en el lugar que se considere adecuado, idealmente con un poco de nieve en el suelo (si no hay, la tierra del suelo también sirve). Hay que concentrarse en que se están liberando estas cosas viejas del cuerpo para ofrecerlas de nuevo a la tierra para que se derritan y crezcan de forma natural.

La luna de nieve tiene un potencial mágico. Su seguridad y cobijo pueden ayudar a dejar ir.

# Ritual para la luna llena del gusano

Cada luna llena a lo largo del año tiene un nombre. Estos nombres proceden a menudo de la sabiduría de las Primeras Naciones, pero a veces también tienen relación con nombres tradicionales de la América colonial o de Europa. A la luna llena de marzo se la llama la «luna del gusano», probablemente en referencia al movimiento bajo la tierra que comienza a principios de la primavera en el hemisferio norte, y en otoño en el hemisferio sur. Es una época en la que el suelo se derrite, la tierra helada empieza a desprenderse y los gusanos comienzan a serpentear y a moverse bajo la tierra.

La energía de este momento tiene mucho que ver con salir del estado de ánimo congelado y en estado de hibernación por el frío invierno y con empezar a propiciar que todo cambie. Las lunas llenas generalmente invitan a volver la vista atrás y desprenderse. Puede que se sienta que algo se descongela en el interior: nuevas energías, nuevas ideas o viejas emociones que acaban de surgir, listas para ser procesadas. Tal y como sugiere el nombre de esta luna llena hay que ponerse manos a la obra para aprovechar realmente la energía que viene con ella.

## ✷ Materiales necesarios ✷

Para este ritual se necesita:

✦ Una vela.
✦ Un puñado de tierra, que se puede llevar en un tarro.
✦ Un paño húmedo.
✦ Una esterilla eléctrica, una bolsa de agua caliente, un barreño para los pies o una bañera para todo el cuerpo, lo que se prefiera.
✦ El diario personal.
✦ Un bolígrafo.

## ● ● Instrucciones ● ●

Estos son los pasos a seguir:

### PASO 1

Hay que empezar por acomodarse en el espacio elegido e imaginar un círculo de protección alrededor. Puede ser un círculo de piedras, flores, fuego, tiza, sal, lo que pueda resultar mentalmente más poderoso. Se incluye en el círculo cualquier talismán de seguridad: objetos, lugares, personas, antepasados o guías espirituales.

### PASO 2

Hay que mostrar gratitud hacia la tierra ancestral en la que se está trabajando. Se enciende la vela para señalar el comienzo del ritual.

### PASO 3

Se sostiene un poco de tierra en las manos. Se cierran los ojos y se pone la atención en la respiración dejándose llevar por ella. Hay que procurar dejar que descienda hasta el vientre y la pelvis, las partes inferiores del cuerpo que están unidas a la tierra.

### PASO 4

Es importante sentir la tierra en las manos y establecer conexión con ella permitiendo que hable y que el cuerpo pueda responder. Hay que estar presente en el aquí y ahora y sentir cómo la tierra ayuda a la mente a enraizarse en el propio cuerpo conectando con el interior. Es el momento de permitirse hablar con el cuerpo y preguntarle qué necesita.

## PASO 5

Cuando se dé por finalizado el paso anterior se da gracias a la tierra, se guarda de nuevo en el tarro y se limpian las manos con el paño. Llegado este punto, hay que acomodarse en la bañera caliente o colocar los pies sobre la esterilla eléctrica o bolsa de agua caliente, según el método que se hay escogido. Si resulta más cómodo, la bolsa o la esterilla se pueden situar sobre el regazo, justo en la mitad inferior del cuerpo. Es bueno sentir el calor e imaginar que se está derritiendo lo que esté congelado en el interior, permitiendo que la energía descienda hasta la tierra.

## PASO 6

Puede que surjan algunas emociones mientras se realiza esta práctica. Si saltan las lágrimas estas serán especialmente útiles para favorecer el deshielo. Hay que permanecer en este lugar de reposo unos minutos, atentos a la respiración y dejando que la energía se mueva hacia abajo y fluya libremente hacia la tierra que se encuentra situada bajo el cuerpo.

## PASO 7

Cuando se completa el paso anterior se escribe –o se dibuja– en el diario acerca de lo que haya surgido durante la meditación. Al finalizar la escritura, se apaga la vela.
Cuando se tenga tiempo libre, se puede devolver la tierra a su lugar de origen, agradeciéndole que haya permitido derretir lo que estaba congelado en el interior.

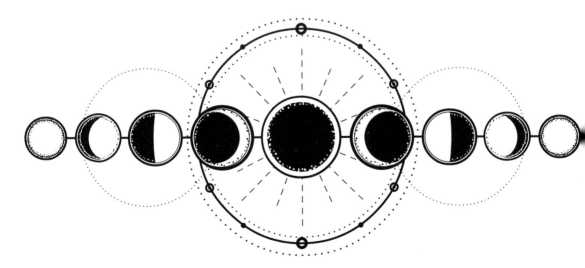

# Ritual de purificación para la luna llena rosa

La luna llena de abril, o la de octubre en el hemisferio sur, se denomina «luna rosa» debido al *Phlox musgoso* (musgo rosa) que suele aparecer en esta época del año. Los pueblos algonquinos también la llaman «la luna de la ruptura del hielo», y los dakota se refieren a ella como «la luna en la que los arroyos vuelven a ser navegables».

Es un momento de cambio hacia la primavera, cuando el hielo comienza a derretirse en el hemisferio norte. Los seres humanos estamos mucho más conectados a estos ritmos estacionales de lo que a menudo somos conscientes, por lo que también podemos descubrir que hay arroyos en nuestro interior que, por fin, vuelven a ser navegables.

El invierno es una época de hibernación para muchas plantas y animales, incluidos los humanos. Puede que sigamos levantándonos y yendo a trabajar, pero quizá nos demos cuenta de que somos un poco más lentos, estamos un poco más cansados. Es posible que nos falte energía para empezar nuevos proyectos o para poner realmente las cosas en marcha hasta que sintamos de nuevo ese fuego primaveral encendiéndose en el interior.

He aquí un ritual que se utiliza para aprovechar esta energía de la luna rosa llena de abril.

## ✳ MATERIALES NECESARIOS ✳

Para este ritual se necesita:

- ✦ Una jarra de agua.
- ✦ Un cuenco grande.
- ✦ Una toalla pequeña o un paño de cocina.
- ✦ Una vela.
- ✦ Cerillas o un mechero.
- ✦ El diario personal.
- ✦ Un bolígrafo.

● ● **INSTRUCCIONES** ● ●

Estos son los pasos a seguir:

## PASO 1

Se empieza este ritual buscando una posición cómoda y cerrando los ojos o relajando la mirada. Es necesario imaginar un círculo de protección alrededor; puede ser un círculo de piedras, tiza o sal. Hay que dedicar un momento para reconocer la tierra en la que uno está situado y dar las gracias por su apoyo. Si se conocen los nombres de los pueblos tradicionales de la tierra sobre la que se realiza el ritual, se deben recordar y decir su nombre en voz alta.

## PASO 2

A continuación, se vierte suavemente la mitad del agua de la jarra sobre una mano para que el agua caiga en el cuenco. Hay que pensar en purificarse de cualquier energía sobrante que haya quedado en el cuerpo después del invierno, soltando suavemente cualquier cosa que haya en el interior y que no se quiera traer a este próximo ciclo. Se vierte luego el resto del agua sobre la otra mano con la misma intención. Cuando se termine el agua, se deja que las manos goteen sobre el cuenco, continuando con la liberación de la vieja energía hasta sentir que el proceso se ha completado.

## PASO 3

Se secan las manos en la toalla con suavidad. A continuación, se enciende la vela. Mientras se mira suavemente la llama se piensa en qué tipo de energías se quiere atraer hacia el cuerpo y la vida en la estación primaveral. Hay que preguntarse: ¿Qué deseo? ¿Qué me entusiasmaría? ¿Qué estoy construyendo?

## PASO 4

Se colocan las manos sobre la llama de la vela, no tan cerca como para quemarse, pero lo bastante como para sentir un poco de calor en la piel. Es bueno imaginar que se está recogiendo la energía del fuego primaveral en las manos:

✦ Se colocan las manos sobre los ojos, sintiendo cómo el calor se propaga por la piel y llega a la mente.
✦ Se colocan las manos sobre el corazón, invitando a este calor a entrar en el cuerpo emocional.
✦ Se colocan las manos sobre el vientre, invitando al fuego digestivo, la pasión y la posibilidad creativa.

Si hay alguna otra parte del cuerpo a la que se quiere invitar a esta calidez, es el momento de hacerlo.

## PASO 5

Ahora se juntan las manos por delante y se realiza una inclinación suave. Se da las gracias por la práctica y se agradece también a la tierra, la región, el aire, el agua y el fuego.

## PASO 6

Al terminar el ritual, se apaga la vela, se lleva el agua al exterior y se la ofrece a la tierra. Es importante elegir un lugar adecuado, con la intención de que la energía de esta agua se recicle y no haga daño a nadie.

# Ritual para dejar ir con la luna llena de primavera

A finales de marzo o a principios de abril, finales de septiembre o principios de octubre en el hemisferio sur, la luna llena anuncia que está cerca la semana de Pascua, el tiempo que conmemora la muerte y el renacimiento de Jesús en la tradición cristiana, y el primer día de la Pascua judía, que celebra la liberación de los israelitas de la esclavitud en Egipto.

Es un momento propicio para homenajear y celebrar la luna llena. Tradicionalmente, esta época del año tiene que ver con la maduración, la cosecha y el dejar ir; está relacionada con la culminación, incluso, a veces, con la muerte. La primavera, en cambio, se asocia con el renacer y los nuevos comienzos. Es una estación de esperanza, liberación y de resurrección

después de la muerte, así que esta luna llena de primavera, la luna rosa, es un buen momento para pensar en cómo se quiere liberar uno de los obstáculos que se interponen en el camino y cuidar de la energía y esperanza renovadas que surgen en esta estación.

Este ritual está planteado para que cada uno tome lo que le resulte apropiado de él, y para ajustarlo según la intuición, o incluso con cualquier tradición con la que se sienta cercanía en esta época del año.

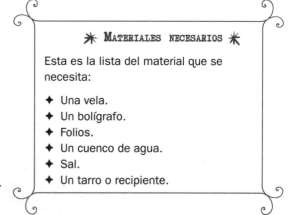

### ✳ MATERIALES NECESARIOS ✳

Esta es la lista del material que se necesita:

✦ Una vela.
✦ Un bolígrafo.
✦ Folios.
✦ Un cuenco de agua.
✦ Sal.
✦ Un tarro o recipiente.

### ●● INSTRUCCIONES ●●

Estos son los pasos a seguir:

#### PASO 1

Se enciende la vela para dar comienzo al ritual. A continuación, se dedica un tiempo para escribir sobre aquello a lo que se está dispuesto a decir adiós en este plenilunio: qué es lo que se está dejando ir, por qué se siente aflicción, qué es lo que se interpone en el camino para logar lo que se desea, etc.

#### PASO 2

En una hoja nueva, se escribe sobre aquello a lo que se le quiere dejar espacio mientras

se suelta lo que ya no sirve en esta luna llena. Se detallan las esperanzas, los sueños y los deseos.

#### PASO 3

Cuando se finalice el paso 2, se lee en voz alta lo escrito en el primer papel, incluyendo las palabras de despedida y, a continuación, se quema con cuidado y se echa sobre el cuenco de agua. No hay que preocuparse si no se quema del todo. El fuego representa la muerte y la transformación.

**PASO 4**

Se espolvorea un poco de sal en el cuenco que contiene el agua y las cenizas, lo que purificará simbólicamente el contenido.

**PASO 5**

Se dobla el segundo papel, el que contiene las esperanzas y los deseos, y se guarda en la cartera o en la mesilla de noche, por ejemplo. Se deja aquí hasta la luna nueva, cuando se vuelven a leer los deseos que se formularon y, si se desea, en ese momento se realiza otro ritual –el que se explica a continuación– dedicado a los nuevos comienzos.

**PASO 6**

Se vierte el agua, la sal y las cenizas en un recipiente. Se lleva el recipiente al exterior y se busca un lugar seguro para depositar los restos en la tierra, teniendo cuidado de no perjudicar ninguna planta ni ser vivo. Este gesto representa enterrar las pérdidas y permitir que se conviertan, cuando llegue el momento adecuado, en las semillas de algún nuevo nacimiento.

# Ritual de la luna nueva de primavera

Otra luna nueva aparece en mayo, noviembre en el hemisferio sur, después de la luna llena rosa. Las lunas nuevas son metafóricamente un momento para plantar semillas. La luna es oscura y la energía suele ser un poco más sosegada e invita a la reflexión. Muchas personas tienden a sentir que necesitan dormir y soñar un poco más y prefieren quedarse en casa en lugar de salir. Es un momento de introspección.

Entre las fases de luna nueva y luna llena, se puede reflexionar acerca de cómo la muerte y el nacimiento están entrelazados. Los finales siempre crean un espacio para que nazca algo nuevo, y los nuevos comienzos no pueden producirse hasta que ciertas cosas hayan llegado a su fin. Hay que respetar tanto el dolor como las esperanzas, que no son mutuamente excluyentes.

Hay símbolos universales que se pueden utilizar para rendir homenaje a la energía de los finales y los comienzos, para mantenerse cerca de los deseos y del dolor.

### ✳ MATERIALES NECESARIOS ✳

Para este ritual se necesita:

- ✦ Una vela.
- ✦ Un bolígrafo.
- ✦ Hojas de papel.
- ✦ Un cuenco con agua.
- ✦ Miel, vino o zumo.
- ✦ Pétalos de flores, hojas o un aceite aromático de libre elección.
- ✦ Un tarro o recipiente.

 ● • **INSTRUCCIONES** • ●

Estos son los pasos a seguir:

### PASO 1

Se enciende la vela. Si se tiene el papel con los deseos del ritual de la luna llena de abril, se saca y se lee. En una hoja que sea nueva, se añade cualquier otra cosa que surja en la mente por ejemplo, cuáles son los deseos que se tienen ahora o qué se desea hacer crecer en la vida aprovechando el estado de la luna creciente y el calor de la primavera.

### PASO 2

En un trozo de papel se escribe una palabra o frase que sea clave y ayude a recordar la intención principal. Se pone en algún lugar donde se pueda ver a menudo, como la nevera.

### PASO 3

Se lee cada hoja de papel en voz alta y, a continuación, se queman sobre el cuenco de agua. El fuego representa la transformación de los deseos de la mente en la realidad.

### PASO 4

Se añade un chorrito de vino, zumo o miel que representa la dulzura y la suerte para los deseos. Se espolvorean los pétalos de flores, hojas o aceite en la mezcla para enraizar los deseos en la realidad.

### PASO 5

Se apaga la vela. Se vierte el cuenco en un recipiente y se añade un chorrito de la mezcla al baño o ducha hasta la próxima luna llena.

# Ritual de apertura del verano

La luna nueva es siempre una oportunidad para abrir un nuevo capítulo y crecer. En este caso es el del verano, la estación del corazón, al que hay que escuchar. Es la época más cálida del año, y con este ritual se pueden derretir los miedos.

El cielo del verano invita a reinventar la pertenencia al mundo y el vínculo con el otro. La luna nueva está en Cáncer, el signo del hogar y la familia en el sentido más amplio: familia de sangre, corazón y alma. Tener paciencia y escuchar al corazón son los aliados perfectos para cruzar este portal energético.

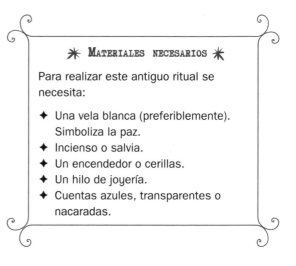

**✳ Materiales necesarios ✳**

Para realizar este antiguo ritual se necesita:

- ✦ Una vela blanca (preferiblemente). Simboliza la paz.
- ✦ Incienso o salvia.
- ✦ Un encendedor o cerillas.
- ✦ Un hilo de joyería.
- ✦ Cuentas azules, transparentes o nacaradas.

Este es un ritual yóguico que se desarrolla en dos etapas: un pranayama, es decir, una respiración consciente para reconectar con los latidos del corazón, y otra respiración que utiliza el símbolo del collar para reactivar la conexión con uno mismo, al mismo tiempo que con el otro y con el universo.

La mejor manera de abrir la puerta al corazón es escucharlo sincronizando la respiración con sus latidos. Se trata de encontrar el ritmo interior que conecta con el latido de la Tierra y con todos los seres con un corazón que palpita. Esta respiración es ideal para reconectar suavemente con el ritmo de la vida, siempre que uno se sienta excluido de su danza.

La columna vertebral debe permanecer recta y estirada, como para permitir que la respiración fluya desde la parte baja del vientre hasta la parte superior del cráneo. Las nalgas se colocan en contacto con la Tierra. La barbilla hay que dirigirla hacia dentro en

señal de humildad. Es necesario abrir el corazón y expandir el pecho en señal de dignidad. Se cierran los ojos y se busca la concentración en el tercer ojo, el ojo interno, relacionado con el chakra Ajana, situado en un punto invisible entre las cejas.

En ese momento hay que tomarse el pulso. Se colocan las yemas de los dedos de la mano derecha a lo largo de las venas de la izquierda. Se canta en silencio el mantra «SAT-NAM» al ritmo del corazón. En un latido se canta« SAT» y en otro «NAM».

Se continúa un mínimo de tres minutos, aunque se puede aumentar el tiempo hasta once minutos.

El mantra SAT-NAM, también conocido como el mantra de la semilla, encierra el secreto para devolver a la vida y reconectar con la identidad verdadera. La repetición del mantra tiene un efecto hipnótico: calma la mente y deshace las preocupaciones y los altibajos emocionales, que a veces están muy presentes en el momento de la luna nueva, especialmente en Cáncer. Como signo de agua, Cáncer puede hacer que uno se sumerja en las olas interiores de las emociones enterradas. Durante esta respiración, no existe nada más que el latido del corazón, señal de estar vivo y dispuesto a abrirse a todo lo que forma parte de la vida y al verano.

Sentirse excluido es una experiencia muy común. En respuesta, se aparta y aniquila cualquier posibilidad de solidaridad. El collar es un símbolo ancestral que reaviva el vínculo invisible y permanente entre todos los seres que respiran. Un mito de la India cuenta la magia del collar de Indra, señor del cielo y rey de los dioses. Tiene un número infinito de perlas de agua; cada una de ellas es diferente e igual al mismo tiempo y se refleja en todas las demás. Las células del cuerpo son como las perlas vivas del collar mágico. Se comunican constantemente entre sí a través de la vibración armónica de las moléculas de agua. Somos el agua de las cuentas del collar de Indra. Todos los seres vivos son como nuestras células, están en constante comunicación.

● ● INSTRUCCIONES ● ●

Se siguen los pasos indicados a continuación:

### PASO 1

Hay que sentarse con calma en un lugar tranquilo. Se realiza una respiración profunda colocando las manos en el corazón. Se pueden visualizar los miles de millones de células en comunicación, conectadas por corrientes eléctricas luminosas de color azul. Es importante pensar en el cuerpo como un sistema de comunicación permanente (sistema nervioso, receptores sensoriales, sistema circulatorio, etc.). Se realiza una respiración pensando en esta comunicación interior infinita.

### PASO 2

Se enciende la vela para abrir el espacio ritual. Se quema el incienso y la salvia para purificar el espacio sagrado. Se sujeta conscientemente el hilo como si se sostuviera el vínculo invisible que conecta a todas las personas de la Tierra. Se ensartan las cuentas una a una, pensando en lo que ha unido a la gente desde el principio de los tiempos. Con cada cuenta, se realiza una respiración y se repite en silencio :«Estoy conectado, soy el otro, soy el Mundo».

### PASO 3

Si se respira el espíritu de un colectivo concreto (de la familia, del equipo de trabajo, etc.) se proyecta una identidad humana específica en cada cuenta y se recrea el vínculo de este colectivo que necesita redescubrir el sentido de la solidaridad. Se realiza una respiración profunda, se dirige la concentración al hilo, a las cuentas, y se las deja pasar entre los dedos entre 3 y 31 minutos. Cada respiración consciente restablece los vínculos que deben renacer con el verano, invierno en el hemisferio sur. Cerraremos el ritual dando gracias al universo, por todos los dones recibidos, y volviendo poco a poco a la realidad que nos envuelve.

# Ritual lunar de otoño para dejar ir lo que ya no sirve

El otoño es la estación perfecta para desprenderse de lo que ya no sirve. En esta época se acogen con satisfacción los jerséis y las noches oscuras y lo bastante frescas para tomar baños calientes, pero también es una estación que representa la ralentización de la vida. Los árboles paran su crecimiento de forma espectacular y se marchitan con la promesa de un renacimiento posterior. Los días se acortan y se entra en una época en la que la noche gobierna sobre el día. Se dice adiós a la estación del sol y se da la bienvenida a la luna.

El estado de ánimo cambia durante esta época de transición. Se dejan atrás los días de diversión y relajación del verano y se recuperan las actividades realizadas en el interior de las viviendas. La energía invita a mirar hacia dentro, hacia la autorreflexión.

Rendir culto al sol tiene su importancia. El sol aporta la luz, y este hecho debe celebrarse en la floreciente primavera y la madurez del verano. Pero también hay algo en la estación de letargo que es nutritivo y medicinal.

La luna destaca más cuando las noches se alargan. Se puede sentir su luz con más facilidad, verla crecer desde la oscuridad, brillar en su plenitud y luego desaparecer lentamente en una nada que se prepara para nacer de nuevo.

Se puede observar cómo la luna se mueve, se gira, se desplaza y cambia igual que lo hacemos cada uno de nosotros, diferente cada día, aunque siguiendo siempre el mismo patrón: crecimiento y muerte, brillo y oscuridad.

Este ritual lunar ayudará a soltar y seguir adelante.

## ✳ MATERIALES NECESARIOS ✳

Para este ritual se necesitan los siguientes elementos:

+ Una hoja caída de un árbol.
+ Un cuenco ignífugo con agua.
+ Una vela.
+ Un mechero o cerillas.
+ Un pañuelo o antifaz.
+ Dos trozos de papel.
+ Un bolígrafo o lápices.

## ● ● INSTRUCCIONES ● ●

Estos son los pasos a seguir:

### PASO 1

Se empieza dando un paseo al aire libre. Se busca una hoja que ya se haya caído de un árbol (o que esté a punto de hacerlo). No se debe arrancar nada de un ser vivo que no se desprenda de forma natural.

### PASO 2

Se espera a que caiga la noche y se lleva a un lugar oscuro (idealmente con algo de ventilación) la hoja recogida junto con un cuenco ignífugo lleno de agua, una vela, un mechero o cerilla, dos pequeños trozos de papel y un bolígrafo. También se puede llevar algo para cubrirse los ojos, como un antifaz o un pañuelo. Ahora es el momento de sentarse cómodamente con los objetos colocados enfrente.

### PASO 3

Con los ojos cerrados, el antifaz puesto –si se desea– y con todas las luces apagadas, para disponer de la mayor oscuridad y tranquilidad posible en el espacio escogido, se sostiene la hoja caída entre las manos. Durante cinco o diez minutos se piensa en la última estación, en el último año o en el último episodio vivido. Hay que mantener la concentración en aquello de lo que se está despidiendo, lo que se está dispuesto a dejar ir con la estación otoñal.

### PASO 4

Cuando se sienta que esto se ha completado en el interior, se enciende la vela. En un trozo de papel se escribe la palabra «suelto» y se enumeran todas las cosas de las que se está dispuesto a desprenderse en este momento.

### PASO 5

Se enciende con cuidado el papel en el fuego y se deja que termine de arder sobre el cuenco de agua.

### PASO 6

Durante otros cinco o diez minutos, con los ojos abiertos, y contemplando el agua iluminada por las velas, se piensa en qué se desea transformar. Hay que preguntarse cosas del tipo: ¿Qué alimentarán esta agua y esta ceniza en el futuro? ¿En qué espero convertirme durante esta estación lunar?

### PASO 7

Cuando se sienta que esta contemplación ha llegado a su fin, se escriben las palabras «Me inspiro» en el segundo papel y se enumeran tantas esperanzas, sueños, deseos y planes para la próxima estación como se desee. Este papel se puede guardar en algún lugar que esté a mano, como en la cartera o en la mesilla de noche.

### PASO 8

Cuando se dé por terminado el ritual, se toma un poco del agua y se riega con ella una planta de interior, un árbol favorito o el jardín y se elimina el resto. Se apaga finalmente la vela.
El acto de liberar el pasado ayuda a atraer la esperanza del futuro.

# Rituales de purificación según la época del año

Los rituales y tradiciones varían mucho según la época del año. Durante algunas épocas, como la primavera, el verano y las fiestas de fin de año, se celebran rituales especiales con diferentes significados simbólicos.

En la primavera, otoño en el hemisferio sur, la llegada de la temporada de cultivo es motivo de una gran celebración. En muchas culturas, se llevan a cabo rituales para agradecer a la diosa madre el fruto de la cosecha y recibir su bendición. Esta celebración incluye bailes, cantos y ofrendas.

# Ritual para el equinoccio de primavera

El alma de la primavera es la vida, la renovación, el despertar. Es una oportunidad para cerrar el ciclo invernal y recibir con los brazos abiertos la nueva etapa. En el momento del equinoccio de primavera se abre un portal energético muy grande, favorable al éxito de las empresas que se quieran emprender.

Se puede aprovechar este tiempo para pedir al universo y a la tierra que ayuden a hacer realidad los deseos más anhelados y proporcionen la fuerza necesaria para seguir adelante con las aspiraciones más profundas.

El equinoccio es el equilibrio total entre el día y la noche, entre la luz y la oscuridad. El sol brilla durante más tiempo, la naturaleza florece, vuelven los colores a ella y los parques y las terrazas se llenan de vida; en resumen, el mundo se despierta de nuevo.

Probablemente se empieza a sentir la energía ascendente y expansiva que es perfecta para la renovación. Es el momento de aprovechar estas vibraciones que marcan el nuevo ciclo para hacer surgir lo que se desea para la vida, de sembrar la semilla de un proyecto que se quiera alimentar y ver crecer.

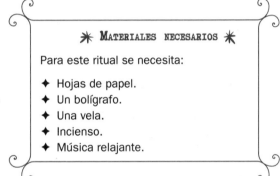

✳ **MATERIALES NECESARIOS** ✳

Para este ritual se necesita:

✦ Hojas de papel.
✦ Un bolígrafo.
✦ Una vela.
✦ Incienso.
✦ Música relajante.

● ● **INSTRUCCIONES** ● ●

Más que el ritual en sí, es la fe y la energía que se tiene en él lo que activa la magia del universo. Para practicar este ritual de deben dar los siguientes pasos:

## PASO 1

Se escoge un lugar tranquilo para poder llevar a cabo la práctica. Se enciende una vela y se colocan algunas flores en el suelo formando un círculo alrededor del cuerpo. También se puede hacer con una vela perfumada e incienso.

## PASO 2

Se pone la vela a un metro y a la altura de los ojos. Hay que sentarse en una posición cómoda e inspirar y espirar por la nariz mientras se mira fijamente la llama de la vela y se intenta no parpadear (por supuesto que se producirá algún parpadeo, aunque hay que intentar que sean los menos posibles).

Durante seis minutos, se observa la llama: su tamaño, sus movimientos, sus colores. Se empieza por mirar el interior de la llama y luego el contorno. Esta concentración permite, poco a poco, sentir su calor. Se empezará a percibir su luz como un reflejo de la luz interior y se será consciente de su energía.

Esta meditación ayuda significativamente a concentrarse, a calmar la mente y a reconectar con la sabiduría intuitiva.

También tiene beneficios físicos, ya que fortalece los músculos oculares y purifica el hígado, que está relacionado con el sentido de la vista.

## PASO 3

Se toman dos hojas de papel y un bolígrafo. Sin pensar demasiado, en una de las hojas se responde por escrito a estas preguntas de forma intuitiva:

✦ ¿Cómo me siento hoy?
✦ ¿Cuáles son las cosas, experiencias y personas que agotan mi energía?
✦ ¿Cuáles son las cosas, experiencias y personas que me hacen sentir bien y me aportan energía?
✦ Si tuviera una varita mágica y todo fuera posible, ¿cómo sería mi vida hasta junio?
✦ ¿Cuáles son las experiencias que quiero tener para esa fecha? ¿Qué emociones me gustaría sentir?

## PASO 4

En la segunda hoja se escribe la percepción que se tiene de los próximos meses, para esta época de renovación que es la primavera.

Se empieza así: «Para esta primavera, deseo...». Si se quiere, se puede también realizar dibujos o utilizar cualquier otra forma artística o personal de expresarse para reflejar esta intención.

Hay que tener cuidado de no confundir el objetivo con la intención. La intención aquí es una energía que se desea crear y dar vida, no un objetivo a alcanzar en sí mismo.

## PASO 5

Se cierran los ojos y calculando que queden a la altura del corazón, se juntan los dedos pulgares y los meñiques espaciando el resto de los dedos para formar una flor, que simboliza el mudra del loto.

Se empieza por visualizar una flor creciendo, floreciendo. Esta flor simboliza la intención, que ha sido plantada y ya está naciendo. El simple hecho de haber fijado una intención la hace ya real y presente. Ahora, durante seis minutos, hay que visualizarse con la mayor precisión posible con esta intención plenamente realizada e intentar sentir esta energía. Es necesario para ello ver el lugar en el que se encuentra uno, si se está solo o con alguien, qué se está haciendo en ese momento y, sobre todo, observar qué se siente y qué emociones aparecen.

## PASO 6

Cuando se dé por terminado el paso anterior, se apaga la vela.

## PASO 7

El papel que tiene escrita la intención se coloca en algún lugar de la casa en el que se pueda ver para leerlo cuando se necesite y poder disfrutarlo en la vida diaria.

# Ritual para el solsticio de verano

El solsticio de verano es el momento en el que el sol ejerce su máxima potencia. Es la ocasión para celebrar la alegría, el calor y las risas del verano. El comienzo de la estación representa un tiempo de purificación, de renovación de uno mismo, una oportunidad para liberarse de la tristeza, los miedos y las penas de la vida, de desprenderse de todo lo negativo, de lo no deseado y de invocar al principio divino para manifestar el poder interior.

Es un momento para bailar, cantar y llenarse de amor. Para renovar, liberar y fortalecer finanzas, salud, alegría, fe, amor, felicidad, amistades, familia, bendiciones, humor y abundancia, sin olvidar dar las gracias por todo lo que ha acontecido en la vida. Es vivir la sensación de ser «uno con el todo».

✷ **MATERIALES NECESARIOS** ✷

Esta es la lista de lo que se necesita:

- ✦ Un lápiz.
- ✦ Papel.
- ✦ Velas para los cuartos.
- ✦ Una vela blanca (grande) para el centro.
- ✦ Un crisol para quemar (o un cuenco ignífugo).
- ✦ Un altar decorado con flores (opcional).

Para esta celebración del solsticio de verano se aprovecha el poder del sol, se absorbe toda la energía, la luz y el calor posibles de los que poder echar mano cuando más se necesite.

● ● **INSTRUCCIONES** ● ●

Si es posible, es mejor realizar este ritual en el exterior. Se siguen estos pasos sencillos:

**PASO 1**

Antes del solsticio, se empieza por hacer limpieza tanto de la casa como de uno mismo. En ambos casos se utilizan agentes limpiadores como el jabón y la salvia.

**PASO 2**

Al amanecer del solsticio, cuando el sol acaba de aparecer en el horizonte, se comienza la práctica concentrándose en la respiración y centrando la atención en el momento presente, siendo plenamente consciente de él. Se realiza un escaneo corporal, empezando por los pies y subiendo hasta recorrer cada parte del cuerpo, concentrándose en lo que se va sintiendo en cada momento.

**PASO 3**

Hay que meditar y cantar (cualquier canto que surja espontáneamente) para atraer a los guías espirituales que pueden ayudar en el ritual.

**PASO 4**

Se encienden las velas, que previamente habremos colocado sobre el altar, primero las velas de los cuartos y, al final, la vela blanca grande del centro.

### PASO 5

Se hace una lista de las cosas que se quieren renovar, conseguir, mejorar o dejar ir. Se coloca el papel bajo la vela central del altar.

### PASO 6

Hay que meditar y cantar de nuevo para permitir que los guías espirituales muestren lo que puede estar produciendo un bloqueo que impide alcanzar el objetivo propuesto.

### PASO 7

Se toma la lista y se quema en el crisol. Si no se quiere quemar, se rompe en trozos pequeños y se dejan en el crisol o en el cuenco para tirarlos más tarde, o directamente sin guardarlos se arrojan a la basura.

### PASO 8

Se repite una afirmación que ayude en el desarrollo del objetivo. Por ejemplo:

- ✦ Confío en el devenir de la vida. Lo que necesito o anhelo siempre se me da. Estoy seguro de ello.
- ✦ Mi verdadero yo, radiante, poderoso, exitoso e Inteligente, brilla ahora intensamente para que todo el mundo, incluido yo mismo, pueda verme brillar.
- ✦ El pasado se ha acabado y lo dejo ir sin más.
- ✦ Ahora desecho todas mis creencias negativas y/o limitantes.
- ✦ No tienen ningún poder sobre mí.

- ✦ Estoy libre de mis heridas, penas, culpas, miedos y de todos los malentendidos del pasado.
- ✦ Me acepto profunda y plenamente tal como soy.
- ✦ Me aprecio a mí mismo.
- ✦ Ahora decido pensar en cosas que me hacen sentir bien.
- ✦ Estoy rodeado del amor de la gente que me apoya en la vida.
- ✦ Me desprendo fácilmente de cualquier juicio sobre mi vida.
- ✦ Sé que es bueno para mí cuidarme.
- ✦ Tengo energía ilimitada.

### PASO 9

Se muestra agradecimiento a los guías espirituales por su ayuda y al sol su poder y energía. Se apagan las velas.

# Ritual para el equinoccio de otoño

El equinoccio de otoño abre la puerta a temperaturas más frescas y a una disminución de la luz. Después del verano, se redescubre una alquimia muy especial que invita a dejar caer las hojas muertas.

El otoño es una oportunidad para desacelerar suavemente. Es una invitación a practicar una escucha interior y a despojarse de lo que ya no se necesita antes de la llegada del invierno. Los árboles pierden sus hojas, que son los verdaderos sensores de la luz, para entrar en una actividad vital cada vez más interior. El viento del otoño limpia, barre lo innecesario. Conectados al elemento aire, los pulmones se hinchan y deshinchan al ritmo de la inhalación y la exhalación y aportan una agilidad vital casi invisible. Gracias a ellos se conecta con el entorno y se comparte el aliento vital con el mundo.

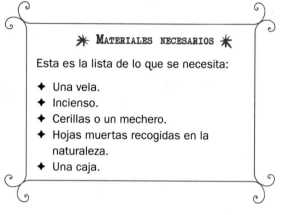

**✳ MATERIALES NECESARIOS ✳**

Esta es la lista de lo que se necesita:

✦ Una vela.
✦ Incienso.
✦ Cerillas o un mechero.
✦ Hojas muertas recogidas en la naturaleza.
✦ Una caja.

La naturaleza es bellísima en otoño. Las hojas se vuelven rojas, naranjas, doradas y caen sobre la tierra. Aunque se pueda sentir tristeza a medida que los días se hacen más cortos, la naturaleza celebra y festeja este tiempo de plenitud. Hay que celebrarlo con ella y liberar los pulmones.

La magia del equinoccio otoñal reside en el equilibrio perfecto entre el día y la noche (como ocurre con el equinoccio de primavera), una oportunidad para sentir íntimamente la reconciliación necesaria entre la luna y el sol interiores, entre lo masculino y lo femenino del ser. Es el equilibrio de las polaridades del mundo y el de las energías íntimas complementarias.

### ●•  INSTRUCCIONES  •●

Este ritual se puede realizar: En la época del equinoccio de otoño.
Cuando se sientan los pulmones demasiado pesados por la nostalgia o la tristeza.

**PASO 1**

Se recogen hojas caídas y de vivos colores que se encuentren en plena naturaleza. Cada una de ellas representa una de las propias hojas muertas interiores: una vieja creencia limitante («no tengo suficiente talento», «no soy lo bastante guapo», «no soy lo bastante competente», etc.), una

tristeza, un viejo hábito (comida, cigarrillos, etc.), una situación obsoleta (insatisfacción profesional, insatisfacción amorosa, etc.).

**PASO 2**

Hay que sentarse en un lugar tranquilo y realizar una respiración consciente en cada hoja y en lo que está representando.

### PASO 3

Se enciende una vela y el incienso para abrir el espacio de comunicación con las hojas muertas. Hay que escuchar el interior de cada uno para reconocer lo que está listo para ser devuelto al vaivén de los vivos y para acoger lo que ya está muerto en el interior, lo que pesa innecesariamente en la vida cotidiana y lo que no se quiere abandonar a pesar de la evidencia.

### PASO 4

Se tocan las hojas como si se acariciara el propio cuerpo. Se observa su belleza y las venas de vida impresas en ellas.

### PASO 5

Se realiza una meditación con las hojas muertas; cada respiración es un adiós consciente.

### PASO 6

Después de la meditación, se ponen las hojas en una caja ritual (una caja de zapatos decorada, por ejemplo). Hay que sentirse con la libertad de meditar con las hojas en cuanto se sienta la llamada de las hojas muertas del interior.

### PASO 7

Cuando se sienta que ya se está preparado, se devuelven las hojas a la naturaleza para abandonar simbólicamente lo que ya no le pertenece a uno. Simplemente se camina, y se dejan caer las hojas sin mirar atrás.
Lo ideal es devolver las hojas a la naturaleza como muy tarde en diciembre, en junio en el hemisferio sur.

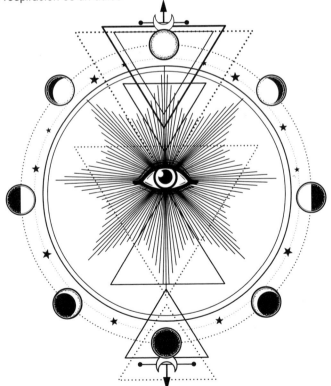

# Ritual de purificación y reflexión en el equinoccio de otoño

El equinoccio de otoño es un momento para evaluar, para volver atrás, mirar alrededor y hacer balance de cómo están las cosas, de lo que se tiene, de lo que se ha perdido, de todos los éxitos y los errores que se han cometido por el camino. Hacer esto ayuda a renovarse y marcar un propósito para el cambio de año.

Este ritual es una forma de hacer inventario de la vida. Ante todo, invita a que se eche un vistazo a la mentalidad de «nunca es bastante» y a todas las formas en que se duda y no se ve claramente lo que se ha recibido. Brinda la oportunidad de reorganizar todo esto y soltarlo. Luego propone escuchar con más atención lo cotidiano, a recibir cada instante con asombro. Es un momento para sentir la fragilidad y lo efímero –como ocurre con todo lo que hay alrededor– de estar vivos. Es una pequeña forma de volver a recibir lo que está aquí ahora mismo y dejar que eso sea más que suficiente.

> ✳ **MATERIALES NECESARIOS** ✳
>
> Para este ritual de purificación se necesita:
>
> ✦ Una rama grande llena con muchas hojas.
> ✦ Algo cómodo con lo que sentarse en el suelo.
> ✦ El diario y un bolígrafo (opcional).
> ✦ Frutas y verduras de otoño como manzana, calabacín, maíz y calabaza.

● • **INSTRUCCIONES** • ●

Estos son los pasos que se deben seguir:

### PASO 1

Hay algo mágico que fluye en el momento de la puesta de sol. Lo ideal es programar este ritual justo cuando el sol se oculta y el cielo refleja los colores de las hojas. Se puede hacer en el patio de la casa, en un parque, en la playa o en lo alto de una colina. Lo más importante es colocar el cuerpo en contacto con la tierra.

### PASO 2

Antes de hacer nada, es necesario sentarse, contemplar el final del día y ser testigo de ese momento observando lo que ocurre alrededor: cómo disminuye la luz y cambia la temperatura, qué hacen los pájaros, etc. Se trata de ir más despacio de lo que se va normalmente. No importa lo mucho o poco que hoy se haya conseguido, a cuántos lugares se ha ido, cuántos recados se han hecho, de quién y de qué ha habido que ocuparse, todas las tensiones y preocupaciones y ajetreos del día, etc. Hay que dejar que este momento traiga la tranquilidad y la consciencia al presente: a la respiración y a la tierra. Sincronizarse con el final del día es otra forma de volver al ritmo de la estación.

## PASO 3

El otoño, al ser una época de reflexión, invita a hacer balance de la vida. No es cómodo ver las partes de cada uno que son codiciosas, incrédulas, que dudan y se sienten insatisfechas.

En esta parte del ritual se realizan cuatro rondas, organizadas en torno a cuatro cuestiones. En cada ronda, hay que hacerse la pregunta y decir la respuesta en voz alta o anotarla en un diario. A continuación, se agita fuertemente la rama: el objetivo es que se caigan las hojas, los apegos.

1. ¿Qué partes de mi vida creo que me faltan y escasean? Se agita la rama.
2. ¿Cuándo me excedo y nunca me siento satisfecho? Se agita la rama.
3. ¿Cuándo he rechazado los dones este año? Se agita la rama.
4. ¿Cuándo me he apartado de recoger los dones de los demás este año? Se agita la rama.

Cuando se hayan terminado las cuatro rondas, se baja suavemente el cuerpo sobre la tierra. Si es posible sentarse encima de las hojas, mejor. Agitar la rama ha sido como el paso de una gran tormenta. Como consecuencia, hay que dejar que las cosas se calmen.

Se dirige toda la atención al cuerpo. Hay que escuchar cómo suena, cómo siente, hacia dónde se mueve ahora la energía. Sentir cómo la gravedad lo enraíza y lo devuelve a la quietud. A continuación, se observa lo que hay alrededor: se escuchan los sonidos animales, vegetales o humanos, se ve cómo cambia la luz, se siente el cuerpo sentado en este lugar, etc. Hay que dejar que la mente se fije en una simple cosa que esté sucediendo en ese momento y que ello sea suficiente. Incluso se puede decir en voz alta: «Esto es exactamente como tiene que ser».

## PASO 4

Se recogen las hojas que cayeron durante el ritual de zarandeo para utilizarlas en un altar de otoño casero. Estas hojas pueden convertirse en un símbolo de la transformación de la «no suficiencia» en una cosecha. Tanto si se elige colocar este altar en el exterior como en el interior, las hojas se emplean como base y se cubren con las frutas y verduras de la temporada: calabaza, manzana, maíz y calabacín, cada uno de ellas simbolizando la generosidad de la vida y del mundo en el que se vive. Es aconsejable regresar al altar a lo largo de la estación como recordatorio de que se debe bajar el ritmo, escuchar y recibir la plenitud que se encuentra en cada uno de los días de la vida.

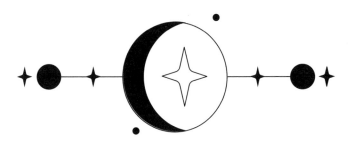

# Ritual celta para el equinoccio de otoño

Septiembre, marzo en el hemisferio sur, es un mes que se percibe antes de su llegada; hay una frescura en el aire cálido que señala la llegada del otoño. Las largas noches de verano se acortan ligeramente y al atardecer las hojas de los árboles brillan con tonalidades miel y ámbar. La naturaleza se aproxima a encontrar su equilibrio y armonía particulares a medida que se acerca el segundo equinoccio anual, el primero en el hemisferio sur.

Mabon, el nombre celta que se da al equinoccio de otoño y que se celebra en el mes de septiembre, es la segunda de las tres cosechas celtas: Lammas, Mabon y Samhain, que llega al mes siguiente. Mabon es la cosecha fuerte, mientras que Samhain es la cosecha de los muertos y en la que se asegura que las viñas estén limpias y preparadas para el descanso invernal.

✳ **MATERIALES NECESARIOS** ✳

Esta es la lista de lo que se necesita:

✦ Una vela blanca o crema para representar la cosecha de luz.
✦ Una piedra preciosa para representar la luz propia (selenita, escolecita, calcita clara, cuarzo o petalita, por ejemplo).
✦ Palo santo, copal o salvia blanca para sahumar y purificar.
✦ Una vela roja o negra para representar la recolección oscura.
✦ Una piedra preciosa para representar la oscuridad (turmalina negra, azabache, obsidiana de brillo dorado o aegirina, por ejemplo).
✦ Perfume o mezcla de aceites esenciales para integrar los aspectos de luz y oscuridad.

Aunque las energías de finalización y liberación de esta estación llevan la atención hacia el interior y propician la reflexión, la contemplación y la conexión, es también el momento de planificar las cosechas del próximo año. No puede haber retrasos. Mientras esta cosecha está fresca en la mente hay que pensar en lo que funcionó bien este año y en lo que no. Es el momento de realizarse la siguiente pregunta: ¿Qué podría haber hecho para asegurar un crecimiento más fuerte? Si las cosechas de este año superaron las expectativas, las preguntas que hay que hacerse varían: ¿Qué puedo hacer ahora para asegurar que el próximo año sea igual de próspero? ¿He disfrutado del proceso de crecimiento este año? ¿Qué puedo hacer para que el proceso sea más agradable?

En este ritual de Mabon, o segunda cosecha, se trata de equilibrar la balanza y reflejar la propia división de la naturaleza entre la luz y la sombra, que alcanzan un equilibrio perfecto en los dos equinoccios de cada año.

## INSTRUCCIONES

Estos son los pasos que se deben seguir:

### PASO 1

Cuando se reúnan todos los materiales, hay que dividirlos en dos grupos: herramientas de luz y herramientas de sombra. Para la primera parte de este ritual se deben mantener separadas; más adelante se mezclarán para reconocer la danza íntima de la luz y la sombra.

### PASO 2

En el lado izquierdo –o yin– del altar se colocan la vela roja o negra, el perfume o los aceites esenciales y las gemas que representan las sombras. En el lado derecho –o yang– se ponen la vela blanca o crema, las gemas que representan la luz y las hierbas para limpiar. Se realiza una respiración profunda para purificarse y reconocer a nivel energético que todas estas herramientas representan partes de uno mismo que necesitan integrarse en una expresión dinámica total. Encendemos las velas, el palo santo o la salvia blanca.

### PASO 3

Cuando se esté preparado, se invoca a los guías espirituales para que ayuden a discernir qué objetos del lado de la luz del altar están listos para ser trasladados al lado de las sombras, y viceversa, para saber si la vela de luz está lista para brillar sobre las piedras de las sombras. A medida que se avanza con este proceso hay que ir disfrutando de la liberación que supone ir difuminando los límites y saber que no se es solo luz o sombra.

### PASO 4

Hay que seguir adelante mezclando los elementos de los dos lados. En la mezcla reside la paz y el propósito más profundo. Se mueven las piedras, las velas, las ofrendas. Cuando se haya alcanzado un nuevo equilibrio, se da un paso atrás y se observa más de cerca la alquimia de la luz y de las sombras, el equilibrio entre los hemisferios de la conciencia. En este momento hay que tomarse un momento para respirar, conectar, centrarse y reflexionar en los aprendizajes que se han desvelado durante este proceso.

### PASO 5

Por último, se juntan las manos sobre el corazón y se da gracias por lo aprendido. Es la hora del equilibrio y se está en el centro del todo, justo donde se tiene que estar. Se da la bienvenida a este momento. Apagaremos las velas, el palo santo y todo lo que hayamos encendido, para evitar posibles accidentes y proseguiremos nuestro ritmo de vida.

# Ritual para el solsticio de invierno

El solsticio de invierno puede que sea el mejor momento del año solar. Es la época más oscura, la noche más larga, cuando el sol está en su punto más bajo en términos absolutos y, al mismo tiempo, anuncia el regreso de la luz.

Es un momento para honrar el dolor del último año, pero también para liberarse de él y avanzar hacia la esperanza y las nuevas posibilidades. Es una ocasión poderosa para hacer las paces con el pasado y así poder establecer las intenciones y pedir los deseos para el nuevo año solar.

Una de las razones por las que hay tantas fiestas religiosas diferentes en diciembre, junio en el hemisferio

✳ **MATERIALES NECESARIOS** ✳

Para este ritual se necesita:

- ✦ Un círculo de protección (puede ser imaginario, pero también es posible dibujar un círculo con tiza, piedras o sal si se desea).
- ✦ Una vela.
- ✦ Un objeto especial para sostener, como un cristal, una piedra o un juguete, lo que tenga significado para la persona que realiza el ritual.
- ✦ Un papel.
- ✦ Un bolígrafo.

sur, se debe a la magia del solsticio. En todo el mundo, la gente enciende velas y hogueras en esta época del año, se reúne, festeja y se queda despierta hasta tarde. El solsticio de invierno es una poderosa época de oscuridad, y la oscuridad es a menudo el lugar donde se produce la magia.

El solsticio también es una época poderosa para realizar un hechizo, que puede ser simplemente un ritual simbólico que signifique algo para el que lo pone en práctica. La intención importa más que cualquier otra cosa.

El siguiente ritual se puede hacer en solitario para invitar a la magia del solsticio de invierno, aunque, si es posible, es mejor buscar a alguien con quien compartir este momento.

## • • INSTRUCCIONES • •

Este ritual para invitar a la fuerza mágica del solsticio de invierno se realiza mejor sentado en un círculo (real o virtual) y con otras personas.

### PASO 1

Se dibuja un círculo de protección alrededor del grupo con sal, tiza o de forma imaginaria. Se debe establecer la intención de que este será un contenedor seguro. Solo las energías beneficiosas son bienvenidas aquí; todo lo demás quedará eliminado. Hay que dedicar un momento para dar las gracias a la tierra y nombrar las poblaciones tradicionales de ese lugar, si se conocen. Se puede llamar a cualquier otra deidad o ancestro que se desee involucrar.

### PASO 2

Hay que sentarse en la oscuridad y cerrar los ojos. Se piensa en las pérdidas, en lo que ha quedado atrás durante el año. Se recorre el círculo y se comparte con los demás lo que se esté dispuesto a compartir, mientras se pasa el objeto especial de la persona que está hablando (si se reúnen varias). Cuando todos hayan terminado de hablar, el grupo puede responder: «Honramos vuestras pérdidas».

### PASO 3

Llega el momento de pensar en qué se quiere guardar de este último año, en reflexionar sobre lo que se ha aprendido y en cuáles han sido los dones recibidos. Se recorre de nuevo el círculo a la vez que se nombran los dones. Después de que cada persona haya compartido, el grupo puede responder: «Celebramos tus dones».

### PASO 4

Ahora, se enciende la vela o las velas. Es el momento de mirar al futuro y expresar los deseos y esperanzas. Lo que se desea para uno mismo, para la familia y para el planeta. Si hay varias personas realizando el ritual, se expresan estos deseos en voz alta, juntos y a la vez, para formar entre todos una enorme e intensa comunión de deseos. Hay que tener en cuenta que la energía de cada deseo se comparte con todos los demás en el círculo, así que es necesario asegurarse de que los anhelos expresados son para el bien de todos. Cuando se complete este paso, se escriben los anhelos en un papel.

Al finalizar, se da las gracias al Sol, a la Luna y a la Tierra por ser testigos del ritual. Se apaga la vela y se abandona el círculo. Se puede decir algo como «bendito sea», «que así sea» o simplemente «gracias». Cualquier cosa que parezca adecuada será bienvenida. Hay que mantener cerca el papel con los deseos. Si se puede, es mejor ponerlo en algún lugar donde se vea a menudo.

# Ritual de fin de año

Las fiestas de fin de año pueden ser entrañables, pero también conllevan cierto grado de estrés. Normalmente, los ciclos de dolor y drama familiar se repiten durante las fiestas, y lo que sea que esté pasando en las relaciones personales tiende a intensificarse durante este periodo. A veces se tiene la tendencia a precipitarse en el nuevo año, a despedirse de lo que haya ocurrido durante el último ciclo y a intentar empezar de cero. Sin embargo, para permitir un nuevo comienzo, a menudo también hay que llegar a algunos finales.

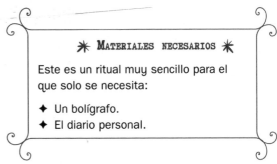

✳ **MATERIALES NECESARIOS** ✳

Este es un ritual muy sencillo para el que solo se necesita:

✦ Un bolígrafo.
✦ El diario personal.

Este tiempo tan frágil está lleno de rituales de muchas tradiciones, en parte porque esta época del fin de año puede ser muy difícil. Es un momento para reunir a los amigos, encender velas y ayudarse mutuamente a atravesar el fin de un ciclo que anuncia también un nuevo comienzo.

Los rituales estacionales pueden ser sanadores y ayudan a avanzar. Para algunas personas el encendido de las velas de la menorá con motivo de la Hanukkah, o adornar el árbol de Navidad, resulta una experiencia contemplativa que brinda la oportunidad de reflexionar. Además de rituales colectivos, es muy importante tener rituales privados y personales que permitan llorar las pérdidas y expresar las esperanzas para el futuro.

Un ritual de fin de año sencillo y eficaz es reservarse un poco de tiempo para meditar y escribir en el diario aquellas cosas que se han descubierto durante la meditación.

● • **INSTRUCCIONES** • ●

Durante un periodo de siete días, se reserva un momento en cada jornada para reflexionar y meditar. Estas son las preguntas que hay que realizarse (se pueden anotar las respuestas en el diario):

## DÍA 1

✦ ¿Qué ha ocurrido en mis relaciones este año?
✦ ¿Quién estaba en mi vida en invierno? ¿En primavera? ¿En verano? ¿En otoño?
✦ ¿Quién se fue y quién se ha quedado?
✦ ¿A quién me gustaría llamar o volver a llamar de mi círculo social?

## DÍA 2

✦ ¿Qué ha pasado este año en mi trabajo o en mi proyecto de vida?
✦ ¿He afrontado retos?
✦ ¿He aprendido algo nuevo?
✦ ¿He avanzado?
✦ ¿Cómo me siento con este trabajo?
✦ ¿Qué me gustaría cambiar?

## DÍA 3

✦ ¿Qué le ha pasado a mi cuerpo este año?

✦ ¿Qué se ha dañado o ha ido mal y qué se ha sanado?

✦ ¿Qué esfuerzos he hecho para cuidarme y tratar a mi cuerpo con amabilidad?

## DÍA 4

✦ ¿Qué es lo que he perdido este año?

✦ ¿Qué pérdidas pesan todavía en mi corazón?

✦ ¿Qué he ganado por haber tenido a esa persona o a ese objeto en mi vida que sigue formando parte de mí, aunque el objeto o la persona ya no estén?

## DÍA 5

✦ ¿Cómo he cambiado como persona?

✦ ¿Me gustan las decisiones que tomé o hay algo que quiera cambiar de mí?

## DÍA 6

✦ ¿Cómo me siento respecto al paso del año?

✦ ¿Estoy preparado para dejarlo ir?

✦ ¿Me siento aliviado?

✦ ¿Me siento emocionado por un nuevo comienzo?

✦ ¿Siento ansiedad por los posibles cambios?

✦ ¿Afronto con energía el nuevo año?

✦ ¿Me siento cansado?

## DÍA 7

✦ ¿Cómo quiero que sea el próximo año en términos de relación, trabajo, salud y en general?

# Ritual para el Año Nuevo

La Nochevieja no siempre es la fiesta que más nos puede gustar. Es quizá la celebración con más presión del año: parece obligado divertirse, tener a alguien a quien besar a medianoche y hacer un propósito de Año Nuevo que parecerá imposible de cumplir al día siguiente. Estas tradiciones no son las más beneficiosas para el espíritu.

Tanto si se va de fiesta en Nochevieja como si no, he aquí un pequeño ritual para dar la bienvenida al nuevo año con un poco más de amabilidad e intencionalidad. Hacerlo garantiza que, pase lo que pase esa noche, se sentirá que se ha dado la bienvenida al nuevo año con la mejor de las intenciones.

Este ritual puede realizarse en solitario o en compañía de otras personas.

> ✳ **MATERIALES NECESARIOS** ✳
>
> Para este ritual se necesita:
>
> ✦ Velas.
> ✦ Una flor.
> ✦ Unas gemas.
> ✦ El diario o un papel.
> ✦ Un bolígrafo.

● • **INSTRUCCIONES** • ●

Si se está con otras personas, se forma un círculo. Puede ser alrededor de la mesa o de un círculo más formal. Hay que marcar el círculo cerrado de alguna manera, por ejemplo, encendiendo velas. Si se está solo, se organiza el espacio de forma similar para sentirse conectado con uno mismo.

### PASO 1. APRENDIZAJE

En la primera fase, se echa la vista atrás, al último año, y se piensa en todo lo que se ha aprendido. Es mejor tomarse unos momentos para reflexionar antes de que hable nadie. Se elige un objeto para representar la atención de un orador cada vez. Cualquier cosa servirá: una pluma, una flor, una gema especial o una figurita. La persona que sostenga el objeto debe expresar las experiencias adquiridas al grupo, que está en el papel sagrado de testigo y solo puede responder diciendo las palabras: «Te escuchamos».
Si el ritual se realiza en solitario, los aprendizajes se escriben en el diario.

### PASO 2. DESEOS

La segunda fase trata de los deseos para el nuevo año. Se da una vuelta al círculo, esta vez expresando los deseos para el año que comienza. Puede ser cualquier cosa, simplemente se avanza y se pide un deseo. Los testigos pueden responder únicamente con las palabras: «Lo deseamos contigo». Si el ritual se realiza en solitario, los deseos se escriben en el diario.

## PASO 3. PROPÓSITOS

La fase final del ritual trata de los propósitos para el futuro. Se trata de acciones que se tiene intención de llevar a cabo en algún momento del próximo año –no tiene por qué ser el mismo día de Año Nuevo y pueden o no estar relacionadas con los deseos expresados–. Se piensa en tres acciones y se trata de ser tan específico como se pueda –no se dice simplemente, «dedicaré más tiempo a mí mismo», sino más bien, «reservaré una tarde a la semana libre para pasarla conmigo mismo»–. Se da una última vuelta al círculo y cada persona nombra sus tres acciones. Los testigos solo pueden responder: «Creemos en ti».

Al terminar, los participantes se pueden tomar unos momentos para anotar sus aprendizajes, deseos y propósitos, guardando la hoja de papel en algún lugar cercano.

Si el ritual se realiza en solitario, se escribe en una hoja las tres acciones que se piensa emprender. Este papel hay que guardarlo en algún lugar donde se pueda volver a consultar, como en la cartera o en la mesilla de noche.

Cuando se haya terminado con las partes oficiales del ritual, toca celebrarlo. Tradicionalmente eso significa tiempo para festejar, para comer y compartir comida y bebida, si se desea.

Si el ritual se realiza en solitario, se hace algo agradable para cerrar y celebrarlo: se puede comer, darse un baño, bailar, o cualquier actividad que proporcione bienestar.

# Purificación de energías

La purificación de las energías se refiere a la limpieza y armonización de los chakras, que son centros energéticos en el cuerpo humano, según la filosofía hindú y la medicina ayurvédica. Se cree que cada chakra está asociado con ciertos aspectos emocionales, físicos y espirituales, y que la purificación de estos centros de energía puede ayudar a mejorar la salud física y emocional y a aumentar la conciencia espiritual. Esto se puede lograr a través de técnicas como la meditación, la visualización, el yoga, la terapia y otros enfoques holísticos.

El conocimiento de los chakras no es imprescindible para trabajar con las energías, aunque conocer algo de los mismos puede ser útil. Los chakras son centros de energía en el cuerpo invisible. La idea procede de muchas tradiciones orientales y ha sido adoptada por algunos trabajadores energéticos occidentales. La palabra «chakra» procede del sánscrito y significa 'rueda' o 'círculo'. Aunque existen muchos chakras, la mayoría de los practicantes occidentales se centran en los siete principales: corona (violeta), tercer ojo (índigo), garganta (azul), corazón (verde), plexo solar (amarillo), sacro (naranja) y raíz (rojo). Si se busca en Internet el término «chakras», se encontrarán muchas imágenes que muestran su ubicación, la energía y los problemas que representan.

# Ritual de purificación para captar energías positivas

La meditación visual es un método de purificación útil y muy versátil. Deja mucho espacio para la imaginación y permite dar rienda suelta a los pensamientos.

El fuego puede ser también un poderoso aliado para la purificación. Se puede incorporar en el trabajo de purificación energética mediante la quema real de cosas, el uso de velas y, al igual que con el agua, a través de la visualización.

A continuación se describe un ritual de purificación destinado a captar energías positivas.

> ✳ **MATERIALES NECESARIOS** ✳
>
> Para este ritual se necesita:
>
> ✦ Salvia para la purificación.
> ✦ Cedro para la energía positiva.
> ✦ Hierba dulce para la limpieza.
> ✦ Palo santo para la claridad y la conexión a tierra.
> ✦ Una vela blanca.
> ✦ Incienso.
> ✦ Un cuenco o una taza de agua.
> ✦ Sal.
> ✦ Un cuenco vacío.
> ✦ Papel.
> ✦ Un bolígrafo.

●• **INSTRUCCIONES** •●

Se deben seguir estos pasos:

**PASO 1**

Se elige un lugar tranquilo donde no haya distracciones y uno se pueda sentar o tumbar cómodamente. No tiene por qué ser un espacio grande, y puede aprovecharse cualquier rincón de la habitación. En caso de que hubiera algo de desorden, hay que quitarlo para no distraerse.
Otra posibilidad es salir al exterior para realizar el ritual. Esto también permitirá conectar con la naturaleza, lo que puede ayudar a potenciar la energía positiva.

**PASO 2**

Se colocan las hierbas para sahumar en un cuenco resistente al calor o en una concha de abulón y se prenden. A continuación, se utiliza una pluma o la mano para esparcir el humo por el cuerpo, desde la cabeza hasta los pies. Después se hace lo mismo por todo el espacio de la estancia.
Otra opción es emplear un bastoncillo para hacer sahumerios. Se puede utilizarlo solo o con una concha de abulón para apoyarlo.

**PASO 3**

Se disponen los utensilios en el espacio del ritual. Pueden colocarse en el suelo, en la mesa o sobre una manta. Se pueden distribuir de la manera que se quiera. Una forma es colocar la vela al sur, el incienso o la varilla de incienso al este, la sal al norte y el cuenco de agua al oeste. Cualquier otro utensilio, como el cuenco vacío, irá en el centro.

Se enciende a continuación el palito de incienso o de sahumerio para que el humo llene la zona.

## PASO 4

Hay que sentarse en una posición cómoda –bien en el suelo, sobre una almohada o en una silla–, cerrar los ojos y concentrarse en la intención de purificarse de energías negativas o bloqueos en la vida.

Poner la atención en la respiración ayuda durante este proceso. Contar las respiraciones despeja la mente.

## PASO 5

Se expone la intención, por ejemplo: «Me libero de toda negatividad» o «Con este ritual, me limpiaré de toda negatividad y bloqueos».

## PASO 6

Se enciende la vela blanca y se deja encendida hasta que se apague. Se utiliza un mechero, una cerilla o el extremo del incienso para encenderla. A continuación, se reflexiona sobre el deseo de deshacerse de la energía negativa o de los bloqueos.

Una vela blanca es una gran opción porque representa la energía positiva. Sin embargo, también se puede utilizar una vela negra que simboliza la energía negativa que se está eliminando.

## PASO 7

Se hace una lista de las energías negativas o bloqueos que se desea eliminar. Puede expresarse de una manera general, como «negatividad» o «angustia», o concretar más, como «miedo al fracaso» o «envidia de mi amigo».

Otra opción es enumerar las energías negativas y bloqueos mentalmente o en voz alta.

Una variación que se puede hacer en el ritual es utilizar un huevo crudo, en vez de papel, para purgar las energías. Se sostiene el huevo contra la frente y se imagina que la energía negativa se transfiere al huevo. Después, se aplasta el huevo en el cuenco para destruirlo.

## PASO 8

Se sujeta la lista o se pone junto al cuenco vacío. A continuación, se cierran los ojos y se visualiza cómo se disuelven las energías negativas mientras se siente como si un peso grande se quitara de encima.

Otra opción es manifestar la intención de dejar que esas cosas se vayan. Se puede decir: «Dejo ir mi miedo, envidia y negatividad» o «Destierro toda la negatividad de mi vida».

## PASO 9

Se quema la lista para liberar la energía negativa de la vida. Se abren los ojos y se sostiene la esquina del trozo de papel sobre la llama de la vela y se deja caer inmediatamente en el cuenco vacío resistente al calor. Se observa cómo el papel se reduce a cenizas. Mientras se hace esto, hay que imaginar las energías negativas y bloqueos flotando en el humo. Si el fuego sigue ardiendo, se rocía con el agua que se colocó en la zona del ritual.

## PASO 10

Se realiza una meditación hasta que uno se siente preparado para levantarse y terminar el ritual. Se vuelve a cerrar los ojos y a concentrarse en la respiración para lograr la concentración. La meditación se termina tan pronto como uno se siente preparado para volver a las actividades cotidianas.

Se deja que la vela se consuma hasta el final.

# Ritual védico catártico del fuego

El ritual del fuego es una práctica chamánica tradicional que consiste en realizar ofrendas en un fuego sagrado para liberar energía, apegos o creencias y dejar espacio a nuevas intenciones. Arraigadas en antiguas tradiciones, las ceremonias y rituales se utilizan a menudo para marcar el cambio de estación o de año, limpiando el aire y conectando con el espíritu a través del humo, y empleando el fuego para descomponer, quemar y liberar lo viejo. Puede ser una forma poderosa de dar la bienvenida a nuevos hábitos o simplemente despejar el espacio para que entren próximamente.

**✳ MATERIALES NECESARIOS ✳**

Para este ritual se necesita:

✦ Papel.
✦ Un bolígrafo.
✦ Cerillas o un mechero.
✦ Un recipiente o una superficie segura y apta para el fuego (como un recipiente de metal o cristal o una chimenea).

Con el tiempo, es habitual aferrarse a patrones específicos de pensamiento, personas, creencias o formas generales de moverse por el mundo. A medida que estos se establecen o arraigan, resulta más difícil cambiar la mentalidad, pues se van formando patrones rígidos. Al igual que el fuego hace con la leña y las brasas, las llamas calientes y vigorosas pueden derribar estas viejas formas de ser, pensar o sentir, dejando espacio para sentirse más ligero y más abierto a nuevas maneras de experimentar el mundo. En lugar de un propósito de año nuevo, se puede pensar también en una ceremonia de fuego que ayude tanto a reflexionar sobre el año que termina, como a liberarse de él y dar la bienvenida al nuevo que se avecina.

Realizar un rito de incineración puede hacerse solo o con los seres queridos. Se necesita un espacio y un recipiente que ofrezcan la seguridad necesaria para trabajar con el fuego en la ceremonia.

### ● ● INSTRUCCIONES ● ●

Un ritual del fuego no debe realizarse en un espacio cerrado o reducido, ya que puede suponer una amenaza tanto para uno mismo como para los demás.
Para realizar este ritual védico se deben seguir los pasos indicados a continuación:

**PASO 1**

Hay que tomar conciencia del entorno o ambiente en el que se está: debe ser tranquilo, para poder concentrarse completamente en el ritual, y también un lugar seguro para tratar con el fuego, por ejemplo que tenga una chimenea.

**PASO 2**

A lo largo del ritual del fuego hay que mantener la calma y la base de la intención. La ceremonia no debe realizarse para librarse de la ira o la frustración. Si no es posible deshacerse de un estado de ánimo negativo, es necesario meditar para relajarse antes de comenzar la ceremonia. Algunas intenciones que funcionan bien son:

✦ Estoy en paz.
✦ Estoy conectado con la tierra.
✦ Dejo ir los apegos.
✦ Encuentro la paz cuando dejo ir.

Cuando las intenciones estén claras y centradas, se puede concretar lo que se desea de este ritual. Se pueden escribir los sentimientos e intenciones para estar más abierto y preparado para desprenderse.

## PASO 3

Hay que ponerse de pie con ambos pies situados firmemente sobre el suelo durante unos instantes mientras se está presente en el aquí y ahora. Hay que dejar que la negatividad o la tensión se vayan liberando poco a poco del cuerpo. Se recomienda permanecer en silencio, rezando o meditando, mientras se acepta el compromiso de cambio.

## PASO 4

Se escribe en un papel lo que se está dispuesto a soltar.

Ahora que se ha hecho una lista de lo que se quiere soltar, es el momento de quemarla. Se prende fuego al trozo de papel y se coloca en un recipiente apto para el fuego. Se observa mientras arde y se respira profundamente unas cuantas veces. Es aconsejable frotarse las manos para liberarse definitivamente del apego que se acaba de soltar. Cuando finalicemos el ritual, podemos enterrar las cenizas, en el jardín, un tiesto o en un campo de nuestro entorno más cercano.

Al quemar el pasado, uno puede liberarse de cualquier remordimiento, pena, dolor o apego y mirar hacia un futuro más brillante. Además de purificar el pasado, se puede limpiar el aura y superar fácilmente una mala racha. La ceremonia de la quema permite tener una sensación de cierre y de seguir adelante, y es una de las mejores formas de liberarse de la energía negativa.

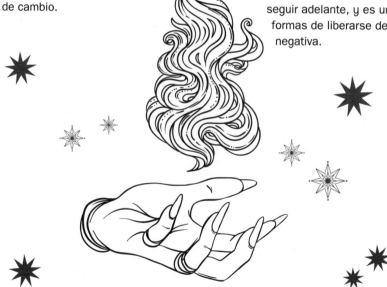

# Rito del fuego purificador de las tribus Hopi de Arizona

Durante siglos, los pueblos indígenas de diversas culturas han utilizado el fuego y el humo como portadores y símbolos de sus pensamientos y plegarias. Tienen la creencia de que el humo conduce sus plegarias al Gran Espíritu o a un ser superior.

Los rituales del fuego se siguen utilizando hoy en día como medio para renunciar al pasado y liberar la conciencia de recuerdos y condiciones no deseadas. Esto ayuda a hacer espacio para nuevos comienzos positivos, dejando ir cualquier energía estancada del pasado. Esto significa deshacerse de cualquier negatividad pertinaz o resentimiento que aún se pueda albergar en el interior, por el motivo que sea.

A continuación se explica cómo realizar el ritual del fuego de las tribus Hopi de Arizona.

## ✳ MATERIALES NECESARIOS ✳

Para realizar este antiguo ritual se necesita:

- ✦ Amazonita.
- ✦ Cianita negra.
- ✦ Cuarzo transparente.
- ✦ Aceite esencial de incienso.
- ✦ Aceite esencial de mirra.
- ✦ Aceite esencial de eucalipto.
- ✦ Aceite esencial de menta piperina.
- ✦ Aceite esencial de menta verde.
- ✦ Aceite esencial de raíz de jengibre.
- ✦ Madera de cedro.
- ✦ Madera de ciprés.
- ✦ Una hoja de papel.
- ✦ Un bolígrafo.
- ✦ Un mechero o cerillas.
- ✦ Un cuenco ignífugo.
- ✦ Una vela (opcional).

## ● • INSTRUCCIONES • ●

Se deben seguir estos pasos:

### PASO 1

Lo primero que se debe hacer para preparar la ceremonia es encontrar un espacio sagrado. Puede ser el salón de casa, el dormitorio o incluso se puede realizar al aire libre bajo las estrellas y junto a una hoguera. Es importante elegir un espacio en el que uno se sienta cómodo. Si se realiza en el interior, hay que bajar las luces y utilizar la luz de las velas.

### PASO 2

Es necesario encontrar un equilibrio que funcione para cada uno. El objetivo es sentirse tranquilo y conectado a la tierra. Para conseguirlo, se pueden añadir cristales o utilizar aceites esenciales.

Los cristales tienen una capacidad innata para dirigir la energía y restablecer la mente. Algunos de los mejores para utilizar son:

✦ **Amazonita.** Conocida a menudo como «la piedra de la esperanza o del coraje». Esta piedra azul verdosa ayuda a traer esperanza y éxito a los nuevos propósitos.

✦ **Cianita negra.** Posee las mismas propiedades curativas que su homóloga azul (corta los miedos y fomenta la comunicación sincera). Ayuda también a mantener el contacto con la tierra y a alejar la energía negativa.

✦ **Cuarzo transparente.** Es una de las piedras más versátiles. Ayuda a despejar la negatividad y proporciona fuerza y claridad.

Junto con los cristales, los aceites esenciales también ofrecen bienestar y orientación. Es aconsejable probar con los siguientes aceites esenciales que ayudarán en el proceso de curación y en el nuevo comienzo espiritual:

✦ **Aceites de resina.** El incienso y la mirra son fantásticos sanadores. Si uno se siente maltratado –física y/o mentalmente– estos aceites de resina ayudan a curar las heridas a la vez que fomentan la conciencia espiritual.

✦ **Aceites de hojas.** Entre ellos, el eucalipto, la menta piperina y la menta verde son estupendos para insuflar nueva vida. Ayudan a liberar las emociones sobrantes que puedan estar atenazando.

✦ **Aceites de raíz.** Al igual que las raíces de una planta la anclan al suelo, los aceites de raíz, entre los que se incluyen el jengibre, la madera de cedro y el ciprés, ayudan a centrar el Qi moviendo la energía por el cuerpo y ofreciendo estabilidad y sabiduría.

**PASO 3**

Se escriben las cosas de las que uno se quiere desprender en pequeños trozos de papel. Se puede entrar en detalles sobre los objetos a los que se renuncia o simplemente enumerar en una o dos palabras. Estos términos representan las viejas heridas, los patrones insanos y la negatividad de los que se está deshaciendo tanto la mente como el cuerpo.

**PASO 4**

Se lee cada palabra o descripción una última vez. Es preciso vaciar la mente y abrir el corazón. Se deja fluir las emociones mientras uno se prepara para liberarlas.

**PASO 5**

Utilizando un mechero, una vela o una llama abierta, se enciende la esquina de cada papel de uno en uno y se deja caer en un cuenco a prueba de fuego o en un pozo de fuego. Mientras se prende cada papel, se dice en voz alta: «Decido liberarte ahora». Hay que imaginar que el humo arrastra los pensamientos no deseados y libera de ellos.

**PASO 6**

Una vez quemados todos los papeles y pensamientos, se cierran los ojos y se medita durante unos minutos. Hay que concentrarse en lo que se ha aprendido y aceptar el cierre a medida que el pasado se purifica. Las cenizas podemos enterrarlas cuando finalicemos el ritual en el patio, un maceta o en un campo cercano.

Ahora se está preparado para permitir la entrada de nuevas experiencias positivas y satisfactorias en la vida sin verse afectado por la negatividad del pasado. Se está listo para empezar una nueva andadura con intenciones claras y un sinfín de posibilidades.

# Ritual de purificación del espíritu

Es posible hacer una purificación espiritual cuando uno se sienta agobiado por las preocupaciones o la negatividad o espiritualmente bloqueado. También se puede optar por limpiar el espíritu de forma regular para favorecer el crecimiento espiritual.

Hacer un ritual de purificación o tomar un baño ritual permite purificar el espíritu. Además, también se puede meditar o rezar para aliviar las cargas.

La suciedad y otras impurezas no deben impregnar el agua del baño. Es necesario ducharse antes de tomar un baño ritual para estar limpio. Durante este tiempo, se centran los pensamientos en el propósito de purificar el espíritu. Por ejemplo, es muy eficaz repetir un mantra en la cabeza mientras se está en la ducha. Se podría decir: «Libero la negatividad para que mi espíritu se eleve» o «Estoy lavando mis preocupaciones y afanes».

## ✳ Materiales necesarios ✳

Para realizar este ritual se necesita:

✦ Una taza de sales de baño (sal marina del Himalaya, sal marina sin refinar o sal de Epsom).
✦ Un aceite o hierba, o se puede crear una mezcla utilizando algunos de ellos:
  • Aceite esencial de lavanda o hierbas secas.
  • Aceite esencial o hierbas secas de romero (no apropiado para mujeres embarazadas).
  • Aceite esencial de vetiver.
  • Aceite esencial de madera de cedro.
  • Aceite esencial de rosa.
  • Pétalos de rosa.
  • Salvia seca.

## ●● Instrucciones ●●

Para realizar el baño purificador de espíritu se siguen estos pasos:

### PASO 1

Se prepara un baño caliente, a una temperatura adecuada para que la piel sienta el bienestar y no se queme. Antes de meterse dentro de la bañera, se puede probar el agua con el dorso de la mano. Si está demasiado caliente, se espera unos minutos hasta que el agua se enfríe.

Si el agua está demasiado fría, se puede vaciar un poco de agua de la bañera y añadir más agua caliente para calentarla.

### PASO 2

Se añade una taza (273 g) de sales de baño al agua para ayudar a purificar la energía. A continuación, se utiliza la mano para agitar el agua y ayudar a que la sal se disuelva. Esta se utiliza habitualmente como purificador, por lo que es perfecta para un baño ritual. Se puede utilizar sal común o una mezcla de sales de baño hecha para un baño espiritual. Entre las opciones está la sal marina de Himalaya, sal marina sin refinar o sal de Epsom.

Es importante añadir hierbas limpiadoras o aceites esenciales para obtener más beneficios. El aroma puede ayudar a limpiar el espíritu. Se puede utilizar un aceite o hierba o hacer una mezcla de varios. Si se emplea un aceite, se añaden de tres a cinco gotas directamente en el baño. Si se recurre a las hierbas, se espolvorean sobre el agua del baño.

## PASO 3

Se entra en el agua y se permanece dentro de ella entre 20 y 30 minutos. Hay que sumergir la mayor parte posible del cuerpo bajo el agua y relajarse. A continuación, se cierran los ojos y se mantiene la concentración en la intención de limpiar el espíritu.

Para llevar suavemente la conciencia al cuerpo, y a lo que se está haciendo, es bueno centrarse en la respiración, lo que ayudará a reflexionar sobre la intención.

## PASO 4

Se medita sobre las energías que se desea purificar. Se respira lenta y profundamente mientras se reflexiona sobre la intención. Hay que pensar en las razones por las que se siente que el espíritu necesita una purificación. A continuación, se imagina que las preocupaciones, negatividad o bloqueos espirituales se disuelven en el agua.

Si se desea, se puede rezar o pedir apoyo espiritual para recibir ayuda en la purificación.

## PASO 5

Cuando se sienta que se está preparado, se sale del baño espiritual para finalizar el ritual. En lugar de utilizar una toalla, hay que dejar que el agua se seque al aire de forma natural para que se evapore de la piel. Esto ayuda a completar el proceso de limpieza. Se puede utilizar una bata, pero sin secarse previamente con una toalla.

El baño de purificación no hay que dárselo muy a menudo. Si se siente que se necesita una purificación regular, se puede tomar un baño espiritual una vez al mes o, como máximo, una vez a la semana. De lo contrario, se podría agotar el espíritu por exceso de purificación.

Es mejor probar diferentes horarios de purificación para encontrar el que mejor se adapte a uno.

# Ritual de purificación del campo energético y de conexión con los cinco elementos

Este ritual es ideal para soltar el estrés cotidiano y establecer una conexión con los cinco elementos, para obtener una energía pura, poder de renovación y la integración de mente-cuerpo-espíritu.

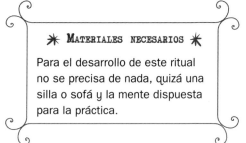

**✳ MATERIALES NECESARIOS ✳**

Para el desarrollo de este ritual no se precisa de nada, quizá una silla o sofá y la mente dispuesta para la práctica.

● ● INSTRUCCIONES ● ●

Se siguen estos pasos:

**PASO 1**

Hay que visualizarse en el lugar de la naturaleza que se quiera y que permita sentirse tranquilo y a gusto, ya sea ambiente de montaña, marino, una pradera, etc. Se imagina el paisaje que existe alrededor y se percibe la energía que hace crecer a las plantas, los árboles y las flores. Es preciso acoger en el cuerpo la energía arraigada que emana de la tierra. Para ello hay que centrarse en la mitad inferior del cuerpo, como si realmente se estuviera conectado y abrazado por el calor de la Madre Tierra.

Se realizan seis respiraciones profundas y completas para conectar con la tierra.

**PASO 2**

Ahora se da la bienvenida al elemento agua. Es preciso imaginar los sonidos del agua cerca y visualizar cómo fluye. Se percibe el flujo del agua en el interior: en caderas, pelvis y abdomen.

Se inspira y se espira seis veces mientras se da la bienvenida al flujo y a la fluidez de la energía en el cuerpo.

**PASO 3**

Se trabaja ahora con el elemento del fuego. Se visualiza la llama de una vela. Se observan los colores brillantes de la llama y se da la bienvenida a esta energía de pasión en el plexo solar.

Se realizan seis respiraciones completas y profundas y, con cada respiración, se permite que la llama de la vela se haga más brillante. Se hacen girar los colores por todo el cuerpo y la mente.

**PASO 4**

Ahora hay que centrarse en elemento aire e imaginar el cielo. ¿Hay nubes o el cielo está despejado y claro? ¿El viento es suave o fuerte? Si existe cualquier energía emocional molesta dentro del corazón hay que visualizarse despejándose de ella e imaginar que el elemento aire trae ahora energía fresca y clara a todo el cuerpo. A continuación, se hacen seis respiraciones completas y profundas para poder dar la bienvenida a la liberación que viene con el aire.

## PASO 5

Es el momento de pasar al elemento éter. Para ello, se lleva la conciencia a la fuerza de la energía que está alrededor. Se visualiza la energía de las estrellas, el interior de una flor y las células del rico suelo fértil. Sentir que todo esto forma parte de uno. Se imagina el elemento éter, el misterio de lo divino arremolinándose alrededor, dentro de uno mismo y logrando la conexión con la esencia espiritual divina de la vida.

Se realizan seis respiraciones completas y profundas mientras el cuerpo se llena de esta energía viva y expansiva.

## PASO 6

Se vuelve ahora a prestar atención a la respiración, al espacio en el que se está sentado en ese momento, y se reflexiona sobre cualquier cambio que se sienta o perciba desde el interior.

Hay que ser testigo de cualquier cambio de perspectiva o actitud, y dar la bienvenida a esta energía fresca mientras se mueve a lo largo del día.

Se hace una afirmación positiva del tipo «yo soy», «yo haré» que resuene por todo el ser. Por ejemplo, si se está dispuesto a activar tanto la energía del fuego como la de la tierra, puede ser algo como: «Soy un fuego candente de energía de la tierra. Hoy encenderé mi yo equilibrado y radiante, en todos los sentidos».

Se repite esta afirmación tres veces y se anota. Hay que ir incorporándola a lo largo del día, cuando sea necesario recordársela a uno mismo.

# Ritual de revelación de las energías arquetípicas interiores

Con la luna nueva de octubre llega la época de la cosecha y el festival hindú de Navaratri, un momento para deleitarse bailando, cantando, adorando y festejando, como forma de celebrar la victoria de la luz sobre la oscuridad y del bien sobre el mal.

Navaratri es también una ocasión propicia y bella para homenajear a la energía creadora del universo en la forma de la divinidad femenina. Diosas mitológicas como Durga, Lakshmi y Saraswati son energías arquetípicas que existen en cada uno de nosotros. La llegada del festival Navaratri brinda la oportunidad de honrar estas cualidades en cada uno de nosotros.

✦ Durga, la diosa guerrera, aporta intrepidez y la capacidad de superar los obstáculos para que se puedan alcanzar los objetivos propuestos.

✦ Lakshmi, la diosa de la abundancia, trae los dones de la prosperidad y la capacidad de experimentar plenamente el potencial que se posee.

✦ Saraswati, la diosa de la sabiduría, trae los dones del aprendizaje, la creatividad, las artes y la autoexpresión.

Representa un momento ideal para empezar de nuevo, para emprender otra aventura en la vida; brinda la oportunidad de abrazar las potencialidades interiores y de avanzar en el viaje personal del «héroe».

Este es un ritual que permite revelar las energías arquetípicas que se poseen. Puede realizarse en solitario o en grupo.

**✳ MATERIALES NECESARIOS ✳**

Esta es la lista de lo que se necesita para el ritual:

✦ El diario o una hoja de papel.
✦ Símbolos arquetípicos.
✦ Colores.
✦ Símbolos que conmuevan a uno.
✦ Una campana (opcional).
✦ Una vela (opcional).

● ● INSTRUCCIONES ● ●

Se siguen estos pasos:

**PASO 1**

Se escribe una intención en un papel bonito. Si se quiere, se puede decorar también.

**PASO 2**

Se busca un símbolo para cada cualidad arquetípica descrita. Hay que ser creativo, pensar en colores y formas que evoquen un sentimiento positivo, símbolos que conmuevan e inspiren tanto al corazón como a la mente. Se puede elegir una piedra, una pluma, una concha, un recuerdo, un icono religioso, un amuleto, una flor, o cualquier objeto importante para cada uno.

**PASO 3**

Se reúne la intención y los símbolos. Pueden envolverse, ponerse en cajas, forrarlos, colocarlos en un altar, depositarlos en un cuenco o apoyarlos en una roca.

**PASO 4**

Es necesario «impregnar» los símbolos con el propósito mediante un rezo, haciendo sonar una campana, encendiendo una vela o incienso, cantando o realizando cualquier acción similar.

**PASO 5**

Hay que sentarse en silencio y meditar sobre la cualidad que surge en uno mismo.

**PASO 6**

Se da expresión a esa cualidad en las acciones diarias, ya sea dando un paso de valentía diario hacia un objetivo que deseamos ver cumplido, compartiendo la plenitud con otra persona de nuestro agrado o interés o inspirando a alguien con una perla de sabiduría. Se escriben las experiencias en un diario, o en un papel, para reflexionar sobre ellas.

Por último, una bendición: «¡Que las bendiciones de Durga, Lakshmi y Saraswati concedan una experiencia de coraje, abundancia y sabiduría plena y profunda!».

# Baño ritual para fomentar la creatividad

Todos nacemos con espíritus creativos. Es el hecho de definir, condicionar y categorizar lo que arrebata la creatividad y la aniquila. Muchos niños son increíbles artistas a los que se le dicen que no pueden ganarse la vida con eso. Así que estudian algo más razonable. Más adelante descubrirán que sus artistas interiores no están satisfechos con ese panorama anodino que les han dado. Si son valientes, vuelven a la verdad de lo que son.

Al llegar a la época adulta, para reconectar con la creatividad interior se necesita ayuda. Lo que antes era natural ahora resulta difícil, forzado. A veces se siente que surge una nueva idea, pero por alguna razón aparece el bloqueo. Normalmente es el ego controlador el que impide que entre la energía creativa. Esa energía creativa bloqueada es la principal fuente de depresión. El cuerpo, la mente y el espíritu quieren expresarse de forma diferente, pero por alguna razón se les frena. No es necesario centrarse tanto en una gran obra maestra como en los pequeños cambios que impulsan la creatividad en la rutina diaria. Es necesario hacer ajustes que rompan la monotonía. Cualquier pequeño cambio que se haga liberará la energía creativa.

Este ritual ayuda a enfocar la voluntad y a aclarar la mente mientras se realiza el compromiso de seguir adelante. Esté diseñado específicamente para desbloquear la creatividad y sentirse libre de hacer cualquier cambio que se desee.

## ✳ MATERIALES NECESARIOS ✳

Esta es la lista de los materiales que se necesitan:

- Una taza de sal de Epsom, para limpiar el espíritu.
- Selenita, para limpiar el aura de cualquier energía.
- Tres naranjas cortadas en rodajas, para enraizar en la alegría e inspirar.
- Hojas de albahaca fresca, para la activación, la estimulación y la abundancia.
- Tres ramas de canela, para cuando se necesite protección, conciencia y calidez.
- Una tetera de té Chai. Este té es bueno para la productividad y la inspiración.
- Una lata de 250 ml de leche de coco, para tranquilizar.
- Diez gotas de cada uno de los aceites esenciales de vainilla (para atraer la dulzura ) y naranja dulce (para crear desde un lugar de alegría).
- Cristales de citrino (para la abundancia), piedra lunar (para conectar con la tierra al más soñador) y cornalina (para cuando llega la hora de empezar a funcionar).
- Orquídeas vainilla (simbolizan el amor y el encanto) y un cristal de zafiro (para ayudar a expresar la verdad). Son más difíciles de encontrar, pero son muy buenos complementos.
- Una vela.

## ● ·  Instrucciones  · ●

Se siguen estos pasos sencillos:

**PASO 1**

Se prepara el agua de la bañera a la temperatura que se prefiera y, a continuación, se colocan todos los ingredientes en el interior y se enciende una vela.

**PASO 2**

Se limpia el aura con una varita de selenita (si se tiene una).

**PASO 3**

Hay que meterse en la bañera y sumergir un instante la cabeza bajo el agua.

**PASO 4**

Se coloca un cristal de zafiro o piedra lunar sobre el tercer ojo, situado entre las cejas, y un citrino sobre el vientre. Se hacen diez respiraciones profundas y poderosas y se inhalan los aromas del baño.

**PASO 5**

Se relajan las mandíbulas y se siente la energía pura en el corazón. Se deja que esa energía suba por la garganta y salga por la boca, liberando el sonido del corazón. Hay que bañarse en este sonido y en el agua.

**PASO 6**

Se pide a todo aquello de lo que se está impregnando, y a la luz interior, que envíe inspiración creativa. Es el momento de sumergirse completamente en el remedio que se ha creado.

El baño ritual se cierra saliendo del agua con cuidado y secándose con la toalla. El secado, también hay que hacerlo con cierto respeto ya que forma parte del ritual.

Experimentar el baño ritual es una forma de ir hacia el interior y acceder a la propia medicina curativa.

# Rituales de purificación para tratar sentimientos

Un ritual de purificación para tratar los sentimientos consiste en realizar una limpieza y liberación de energías negativas que pueden estar afectando el estado de ánimo. Esto incluye la visualización de la liberación de estas energías, la respiración profunda, la recitación de mantras u oraciones, el uso de incienso o velas, la meditación y la visualización de la luz curativa. El objetivo es limpiar el cuerpo, la mente y el espíritu, y dejar que la luz curativa de la Fuente Universal entre para llenar el espacio con energía positiva.

# Ritual para superar la soledad

Cuando los hijos son pequeños, y a lo largo de sus primeros años, gran parte de la actividad social suele girar en torno a sus intereses: padres que van a los partidos deportivos, a las representaciones escolares, a las celebraciones de cumpleaños. A medida que los niños crecen y salen al mundo, y las propias vidas sociales y profesionales se retraen, puede aparecer un enorme vacío o soledad.

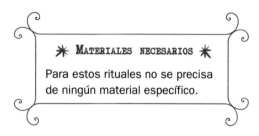

**✳ MATERIALES NECESARIOS ✳**

Para estos rituales no se precisa de ningún material específico.

La soledad puede ser también el resultado de una pérdida en la vida. La jubilación puede hacer que se pierda la red social que se tenía en la esfera profesional; la muerte se lleva a compañeros queridos; y la pérdida de movilidad, o los problemas de salud mental, pueden limitar cómo y cuándo se puede salir al exterior e interactuar con los demás. También puede afectar el alejamiento de seres queridos, o las turbulencias en las relaciones que alejan de algunas compañías.

No importan las razones por las que uno se siente solo; siempre se pueden encontrar formas de conectar con los demás. A continuación se exponen algunos rituales para poner en práctica.

## ●• INSTRUCCIONES •●

Lo que se aconseja en este caso es seguir estos rituales:

### RITUAL 1. SALIR

El simple hecho de salir de casa e interactuar con cualquier persona con la que uno se cruza puede ser un gran paso para sentirse más conectado con los demás. Hablar con la persona que está en la fila en el supermercado, con el vecino de escalera, con el dependiente de la tienda, etc. También se puede pensar en quién se conoce que pueda sentirse solo y tenderle la mano.

### RITUAL 2. CONSTRUIR UNA RED DE SEGURIDAD

Todos necesitamos saber que alguien se preocupa por nuestro bienestar, por cómo nos ha ido el día. Si no se tiene una red de amistades, se puede crear una a través de la comunidad, invitando a otras personas a una reunión semanal o encontrando un grupo ya existente que esté comprometido en algo que nos interese. Este tipo de comunidad es como una creación de rituales de supervivencia, formas de conectar con los demás y mantener nuestras vidas en su sitio.

### RITUAL 3. REFORMULAR EL TIEMPO DE SOLEDAD

Si se está acostumbrado a pasar gran parte del tiempo con otras personas –los extrovertidos parecen ser los más afectados por esta situación–, cualquier tiempo a solas puede provocar un sentimiento de soledad. Hay que conseguir reformular este tiempo que se pasa solo como tiempo positivo y encontrar más formas de disfrutar de uno mismo. Se puede hacer una lista de las películas que se quiere ver, libros que apetece leer o aficiones creativas que siempre se han querido probar. Se puede también adquirir el compromiso de cocinar sabrosas comidas saludables, en las que el único paladar que se trate de complacer sea el propio.

Sentirse solo puede hacer que uno se retraiga, lo que lleva a un mayor aislamiento y desesperación. Además de descubrir formas de crear y fomentar relaciones significativas con los demás, cultivar una serie de actividades que se puedan disfrutar a solas puede llevar incluso a apreciar el tiempo que se pasa en soledad. Cuando se utilizan las habilidades para alimentarse bien y para fomentar conexiones más profundas con las personas que permanecen en nuestras vidas, la soledad se transforma en solitud, que no es otra cosa que la agradable sensación de estar a gusto con uno mismo, sin ninguna tristeza.

# Ritual de la diosa Lakshmi para calmar la ansiedad

Cuando se hace un ritual a una deidad determinada, en lo que hay que fijarse, en el caso de no ser creyente, es el simbolismo del ritual o lo que simboliza este dios en cuestión.

Lakshmi es la adorada diosa india de la buena suerte. Personifica la pureza y la bondad y preside los reinos de la riqueza material y espiritual. Ha sido venerada durante tres milenios por los hindúes, y también la honran los jainistas, los budistas y los que siguen el camino de las diosas.

Aunque es universalmente apreciada como una diosa que trae dinero y oportunidades, Lakshmi también es conocida por traer esperanza y un renovado sentido del optimismo. Su presencia puede ser un bálsamo curativo para calmar la ansiedad.

La historia del nacimiento de Lakshmi, relatada en el Visnú Purana, es uno de los relatos históricos de su particular magia. Narra su salida del océano lechoso, completamente formada, sentada sobre un loto, sosteniendo una flor de loto adicional en dos de sus cuatro manos. Su presencia ayudó a sacar a los dioses y al mundo del borde de la desesperación. Ella también puede hacer lo mismo por los humanos, cuando se experimenta una ansiedad abrumadora.

Es importante hacer caso a los propios sentimientos y buscar apoyo emocional cuando se necesita. También se puede recurrir a Lakshmi como madre espiritual que trae consuelo en los momentos más oscuros. Ella no solo trae buena fortuna, también ayuda a eliminar la negatividad y ofrece la fuerza espiritual para superar las dificultades de la vida.

Este ritual ayudará a entregar la ansiedad a Lakshmi. El viernes es su día de culto, pero puede practicarse este ritual cualquier día de la semana.

## ✳ MATERIALES NECESARIOS ✳

Para realizar este interesante ritual se necesita:

+ Una imagen de Lakshmi en su loto.
+ Música relajante para crear un ambiente tranquilo.
+ Un diario y un bolígrafo para tomar notas.
+ 30 minutos de tranquilidad.
+ Un espacio relajante donde no haya interrupciones.
+ Una silla para sentarse.
+ Una copia impresa de la invocación del Paso 1.
+ Una copia impresa del ejercicio del Paso 2.

● • **INSTRUCCIONES** • ●

Se siguen estos pasos:

## PASO 1. INVITAR A LAKSHMI AL HOGAR

Se pone música relajante, se contempla la imagen de Lakshmi y se lee (o se recita en voz alta) este fragmento del Sri Sukta, su antigua oración de adoración:

«*Invoco a Sri, la diosa dichosa,*
*Que es de dulce sonrisa*
*Que vive en un salón de oro*
*Quien está llena de compasión y bañada en*
*ella desde el corazón,*
*Que está resplandeciente en la sede del loto,*
*Que tiene el color del loto, y que otorga todos*
*los placeres a sus devotos*».

## PASO 2. PRACTICAR LA INHALACIÓN DE BONDAD

Hay que ponerse cómodo en la silla y cerrar los ojos. Es necesario descalzarse y poner los pies firmemente anclados en el suelo. Se hacen varias respiraciones y se suelta el aire por la boca con un suspiro, sin forzar la respiración ni hiperventilar. Si se desea, se puede escribir o imprimir este ejercicio en una tarjeta y llevarla encima para echarle un vistazo que ayude a recordarlo cuando se necesite durante este ritual.

✦ Se inspira paz y calma. Se exhala el estrés y las preocupaciones.
✦ Se inspira gracia y fe. Se exhala inquietud y temor.
✦ Se inspira equilibrio y serenidad. Se exhala agobio y agotamiento.
✦ Se inspira felicidad y alegría. Se exhala miedo y dudas.
✦ Se inspira amor. Se exhala toxicidad.
✦ Se inspira la energía calmante de Lakshmi. Se exhala la ansiedad.

## PASO 3. VISUALIZARSE UN ESTANQUE DE LOTOS

A medida que la tensión abandona el cuerpo a través del ejercicio de respiración, es necesario imaginar que se entra en un exuberante jardín a la vez que se siente cómo el ánimo se eleva.

En el centro del jardín hay un estanque de loto sagrado que está bendecido con los poderes curativos de Lakshmi. El loto es una planta fuerte que surge del barro para florecer en algo bello. Hay que pensar que se es como el loto: fuerte y bello, y capaz de levantarse por encima de los problemas. En este jardín, es seguro expresar y liberar las preocupaciones.

Con los ojos de la mente se camina hasta el estanque sintiéndose firmemente arraigado a la tierra. Hay una suave brisa que roza la piel. Se siente el cuerpo más ligero, pero centrado, fuerte y conectado a la tierra. Los pies están descalzos y la hierba está fresca bajo ellos. Se mira hacia abajo y se descubre un cáliz vacío en la mano.

Se mira al estanque y se ve el propio reflejo. Hay que visualizarse como si se fuera la diosa, sentada en su propio loto. Desde esa posición privilegiada, es posible apartarse de la negatividad y ver el mundo a través de sus ojos espirituales con una perspectiva más sabia. Este es el yo superior, el lugar interior que conoce la verdad. Hay que preguntarse: ¿Por qué me siento ansioso?

## PASO 4. PONER NOMBRE A LAS ANSIEDADES

Hay que permanecer inmóvil en la visualización, sin juzgar, permitiendo que las respuestas fluyan de los propios labios.

Es necesario concederse un momento para dar un lenguaje a la ansiedad y a las situaciones concretas que causan estrés. Se dicen en voz alta y se imagina que las palabras caen suavemente, como gotas de lágrimas, en el cáliz. Es un recipiente sagrado que puede contener las cargas con seguridad. Se dan las gracias al yo superior y a Lakshmi por ayudar a esclarecer las fuentes de la ansiedad.

### PASO 5. LIBERAR EL DOLOR

Cuando se esté preparado hay que visualizarse vertiendo el contenido del cáliz en el estanque. Hay que liberar la mayor cantidad posible de la ansiedad que se experimenta hacia Lakshmi y sus aguas curativas. Los lotos absorberán y transformarán la ansiedad en algo útil. Se vacían las últimas gotas del cáliz y se observa cómo se alejan flotando las cargas.

### PASO 6. ABRAZAR LA BUENA FORTUNA

Se dirige ahora la conciencia hacia esta diosa amable y generosa. Su gracia puede sentirse como paz mental, alegría y promesa. Hay que visualizarse saliendo del jardín, con la luz titilante de muchas velas bordeando el camino. Lakshmi camina al lado.

### PASO 7. EXPRESAR AGRADECIMIENTO

Se abren los ojos y se vuelve a traer la conciencia a la habitación. Se dedica un tiempo a reflexionar y se anota cualquier cosa que se desee recordar. Se agradece a Lakshmi su presencia tranquilizadora con una ofrenda de gratitud como esta:

*«Queridísima Lakshmi: Gracias por bendecirme con tu sagrada presencia, por ayudarme a superar la ansiedad y por ayudarme a encontrar la dicha y la paz mental. Gracias, de antemano, por seguir bendiciendo mi vida».*

Se puede volver al estanque de loto de la visualización en cualquier momento para relajarse y recargarse. Se coloca la imagen de Lakshmi en un altar o en el escritorio como recordatorio de que se tiene una madre espiritual que está ahí en momentos de necesidad. Si vienen pensamientos angustiosos a la mente, hay que fijarse en ellos, colocarlos en un loto imaginario, y dejar que se alejen flotando.

# Ritual de purificación de la autoestima para atraer el amor y la sensualidad

Proyectamos al mundo lo que creemos que somos. La importancia de realizar rituales que tengan la intención, la integridad y la responsabilidad adecuadas reside en que aportan lo que realmente necesitamos y, a menudo, ponen de relieve lo que podemos desarrollar en nuestro interior para manifestar una mejor experiencia de la vida.

Los rituales pueden utilizarse de muchas maneras, entre ellas para atraer más positividad, alegría y placer a la vida.

Incorporar un mayor nivel de autoestima a la vida cotidiana aporta, sin duda, una mayor sensación de bienestar. A medida que aumenta la autoestima, y se abre el corazón, se da pie a otras conexiones. Lo más importante es el cultivo de la propia sensualidad.

La autoestima es la puerta de entrada a la conexión sensual: es el momento de deleitarse con el yo sagrado a través de este ritual que se realiza en solitario.

## ✳ MATERIALES NECESARIOS ✳

Para este ritual se utiliza:

- ✦ Una vela.
- ✦ Un espejo.
- ✦ Un pastelito o una copa.
- ✦ Una hoja de papel.
- ✦ Un bolígrafo.
- ✦ Un traje bonito.
- ✦ Música que abra el corazón para un baile de celebración.

## ● • INSTRUCCIONES • ●

### Se siguen estos pasos:

### PASO 1

Se elige un día propicio para realizar el ritual. Para ello, se puede utilizar la astrología, el conocimiento de los ciclos de la luna o simplemente seleccionar un día festivo o un viernes (un día para el amor y la alegría dedicado a Venus). También es posible dejarse llevar por la intuición y seleccionar el día que parezca apropiado y proporcione intimidad.

### PASO 2

Se empieza con una ducha de purificación para lavarse simbólicamente las penas, frustraciones y miedos. Hay que nombrarlos y visualizarlos yéndose por el desagüe, uno a uno.

### PASO 3

Hay que ponerse algo sensual, una ropa que haga sentirse una persona atractiva.

### PASO 4

Se enciende una vela para bendecir el espacio con la luz del amor.

### PASO 5

Hay que dedicar un momento para conectarse con la tierra. Se apoyan los pies firmemente en ella y se alzan los brazos hacia el cielo. Hay que imaginar que se está protegido desde arriba, desde abajo y desde dentro, rodeado por un círculo protector de amor. Se puede entonar una plegaria a la Divinidad:

*«Espíritu divino de todo lo que hay, por favor llena este lugar con tu sagrada presencia. Apóyame en mis esfuerzos por profesarme a mí mismo amor y devoción. Ayúdame a ver mi propia luz y alegría divinas. Haz que las palabras que pronuncie hoy se impregnen en mi corazón. Haz que se hagan realidad en mi alma. Deja que me den poder para ser el ser sensual al que estoy destinado».*

### PASO 6

Se pone música que abra el corazón. Hay que elegir algo que pueda inspirar sentimientos de amor propio.

### PASO 7

Se hace una pausa para reflexionar y se piensa en cómo se quiere que le traten a uno en una relación. A continuación, se piensa en las palabras y deseos que gustaría oír de los labios de la persona que se ama.

### PASO 8

Se escriben los deseos de autoestima expresando los sentimientos en forma de juramento. Hay que dejarlos plasmados en un papel.

### PASO 9

Cuando se sienta que se está preparado, hay que ponerse delante de un espejo, o levantar el espejo de mano, y conectar con los ojos. Hay que mirarse intensamente y mantenerse concentrado con los ojos abiertos mientras se siente cómo la energía del amor brota del interior.

### PASO 10

Se toma la lista elaborada anteriormente y se lee cada promesa o voto por separado. Se mira hacia abajo para ver las palabras escritas en el papel, pero se vuelve a llevar los ojos al espejo para pronunciarlas. Hay que mantenerse conectado con los propios ojos.

He aquí algunos ejemplos de votos:

✦ Te amo y te adoro.
✦ Juro honrarte y valorarte.
✦ Prometo respetarte y escucharte.
✦ Prometo estar a tu lado en los buenos momentos y en los difíciles.
✦ Prometo ser tu mejor amigo y aliado.
✦ Prometo alimentar tus esperanzas y tus sueños.
✦ Prometo honrar tu sensualidad y darte placer.
✦ Me comprometo a honrar lo divino que hay en ti.

### PASO 11

Se respira hondo y se deja que la alegría y el gozo de este momento se apoderen uno. Se eleva también una plegaria de gratitud:

*«Espíritu divino de todo lo que hay, gracias por tu presencia y apoyo. Y por ayudarme a continuar en el camino hacia la autoestima y el despertar sensual. Que así sea».*

### PASO 12

Cuando se sienta que se está impregnado plenamente del momento, se celebra con un sorbo de una copa o con un dulce. Se pone a continuación música para bailar libremente, contoneándose y disfrutando del momento.

# Ritual de purificación para liberar resentimientos en la pareja

Hay numerosas razones por las que el resentimiento se acumula en una relación. Y aunque se suele ser muy consciente de los defectos de la pareja y de lo que molesta de ella, no se ve tan fácilmente lo que le puede molestar de uno mismo.

La clave para un ritual de dejar ir es centrarse en cómo se manejan las situaciones irritantes. A veces se puede optar por considerar las transgresiones de la pareja como «rarezas», aceptando que estos comportamientos forman parte de la personalidad del ser querido o racionalizando que es simplemente la forma que tiene la pareja de hacer las cosas.

Puede que confrontar a la pareja con algo que le disgusta, o que le hace daño, provoque tanta ansiedad que se evite el tema por completo. Resulta tentador desestimar las situaciones irritantes, esperando que se resuelvan por sí solas, pero a menudo no es así, y los resentimientos se acumulan.

El hecho de ocultar algo importante de la relación puede crear distancia emocional, lo que se traduce en sentimientos de desconfianza y soledad. ¿Merece la pena este resultado ocultando un malestar del que parece demasiado difícil hablar?

Un enfoque más constructivo consiste en utilizar un ritual de comunicación como método para identificar y liberar los resentimientos que se han ignorado o acumulado. El ritual de soltar que se describe aquí puede ayudar a encontrar en pareja una solución a los disgustos del pasado, creando un espacio para que se puedan volver a comprometer felizmente en el presente y también avanzar.

Expresar y liberar un resentimiento concreto deja espacio para el amor en este ritual de liberación de resentimientos para parejas.

## ✳ MATERIALES NECESARIOS ✳

Para realizar este ritual se necesita:

✦ Un bolígrafo.
✦ Una hoja de papel.
✦ Una vela rosa o blanca.
✦ Un mechero o cerillas.
✦ Un plato ignífugo o una pala metálica.
✦ Rosas o aceite de rosas.

## ● ● INSTRUCCIONES ● ●

Este ritual de dejar ir hay que realizarlo en pareja. Es necesario buscar un espacio tranquilo donde nada pueda provocar una interrupción. Se puede efectuar en un lugar de la casa o en un entorno cómodo en la naturaleza. Es importante compartir de antemano los pasos de este ritual con la pareja para arrancar desde el mismo punto de conocimiento y disposición.

### PASO 1

Antes del ritual, es necesario identificar un rencor o un viejo asunto que ensombrezca la relación. Se debe dedicar unos minutos para dar respuesta a las siguientes preguntas:

✦ ¿Por qué he permitido que este disgusto se mantenga latente?

✦ ¿Qué me impide decir abiertamente lo que siento?

✦ ¿Qué precio está pagando nuestra relación por no hablar?

✦ ¿Qué beneficios puede reportar sacar a la luz esta preocupación?

Se anotan las respuestas a estas preguntas en un papel para ayudar a aclarar las ideas.

### PASO 2

Se comienza el ritual poniéndose uno frente al otro, manteniendo el contacto visual todo el tiempo. Si se está haciendo este ritual en casa, se enciende una vela. En un pequeño trozo de papel, se escribe la vieja ofensa y luego se muestra a la pareja. Hay que contarle con detalle lo que dolió o molestó en ese momento, y compartir cualquier sentimiento que esté aflorando en ese instante mientras se rememora ese recuerdo.

El papel de la pareja es escuchar o, tal vez, hacer preguntas, no defenderse ni dar explicaciones.

### PASO 3

Hay que hablar de lo que se podría haber hecho de otra manera para obtener un resultado más constructivo y decirle a la pareja lo que se desearía que se hubiera hecho de otra manera. Mientras, se observa cuál es la reacción del otro miembro de la pareja. Si se tiene una petición actual que ayude a liberarse de la negatividad que se arrastra, se comparte también.

Si es necesaria una disculpa por parte de uno de los dos, o de ambos, se pide.

### PASO 4

A continuación, hay que hablar de lo que debe cambiar en la relación para que ambos puedan seguir adelante. Es necesario ser específico y comprometerse verbalmente a cualquier acción que sea necesaria.

Si la pareja también ha estado guardando algún resentimiento, se repiten los pasos 1 a 4.

### PASO 5

Para liberarse del resentimiento, se queman los rencores escritos sobre el plato ignífugo. Si se está al aire libre, se cava un pequeño agujero con una pala y se entierran ambos trozos de papel. Hay que expresar el agradecimiento por haberse reunido para escuchar y soltar, y añadir un compromiso verbal de hacer las cosas de forma diferente a como se han hecho hasta ahora. Para sellar la intención se da un abrazo, un beso o un apretón de manos.

### PASO 6

Si se ha encendido una vela, se rocía aceite de rosas a su alrededor para sellar el amor, o se intercambian rosas como símbolo de entrega. Las rosas hay que colocarlas en un jarrón como recordatorio del ritual de soltar y del amor que mantiene esa unión.

# Ritual de purificación por una pérdida a través del fuego

Tanto si uno se enfrenta a una pérdida física, como emocional o espiritual, los rituales de sanación energética pueden ayudar a liberar el miedo y aliviar el dolor para que se produzca el cambio a una vibración positiva. Al igual que con cualquier otra liberación, ese espacio que queda tras una pérdida tiene la capacidad de volver a llenarse de amor y luz. No hay que tener miedo ni sentirse culpable por llorar: las lágrimas son una forma de liberación.

Dar ese primer paso hacia la curación de una pérdida puede ser tan sencillo como escribir una carta. Se puede utilizar este ritual de sanación para liberar la pena y crear un espacio para el amor. Es muy útil para todo tipo de pérdida, ya sea profesional, de amistad, de un ser querido, etc.

Si se prefiere trabajar con el elemento tierra frente al fuego, o se vive en un lugar donde no es seguro utilizar el fuego, también se puede optar por enterrar la carta, conectando las palabras con la querida Madre Tierra para sanar y limpiar el apego de las emociones de pérdida.

## ✳ MATERIALES NECESARIOS ✳

Para este ritual se necesita:

- ✦ Un bolígrafo (la tinta azul activa el chakra de la garganta y expresa la verdad, pero vale cualquier color).
- ✦ Una hoja de papel.
- ✦ Una vela de intención.
- ✦ Un encendedor o cerillas.
- ✦ Una vasija ignífuga.

● • INSTRUCCIONES • ●

Es importante seguir los siguientes pasos:

### PASO 1

Se crea un espacio sagrado destinado al propósito y se enciende la vela.

### PASO 2

Se escriben las palabras, sentimientos, emociones y/o pensamientos no expresados anteriormente. Si se trata de una pérdida también se puede expresar la gratitud por el tiempo transcurrido y todo lo aprendido. Hay que leerlas para uno mismo en voz alta.

### PASO 3

Se enciende el papel y se coloca en la vasija para que arda con seguridad mientras se visualizan las palabras elevándose al universo, con la confianza de que el mensaje se libera para ser recibido.

### PASO 4

Concederse un momento para agradecer que el mensaje será recibido. Se apaga la vela. Las cenizas se pueden tirar o enterrar. La acción de escribir físicamente las emociones es realmente útil para adquirir una nueva perspectiva. Permite sacar todo lo que se ha estado guardando en el interior y convertirse en un testigo de las emociones en lugar de limitarse a sentirlas, lo que aporta claridad y paz.

# Ritual de la Gran Madre para un envejecimiento sagrado

La Gran Diosa es la Madre de todas las cosas, la fuente de todo lo que es. Ha sido venerada desde el principio de los tiempos, y su culto continúa hoy en día por los practicantes de las religiones que se fundamentan en la Tierra.

La Gran Madre es la tierra que se pisa, el aire que se respira, el fuego con el que se cocina, las aguas de la vida que sostienen y el espíritu que vive dentro de cada uno y alrededor. Se la siente a través de las flores y los árboles, la luna y el mar, los ciclos de la vida y la naturaleza, y en todos los seres vivos.

La podemos encontrar en la historia, la mitología, los textos sagrados y el folclore de todas las culturas. Desde las primeras civilizaciones, se la ha conocido con muchos nombres, como Madre Ancestral, Pachamama, Cibeles, Bhumi, Danu y Gaia. También la conocemos como Madre Naturaleza y Madre Tierra.

Puesto que ella representa la vida en cada etapa, puede ayudar a abrazar los años de vejez con energía espiritual. La pérdida, el dolor, un cuerpo cambiante y la sensación de sentirse sin rumbo pueden formar parte del envejecimiento, pero la Gran Madre puede ayudar a insuflar nueva vida a la propia existencia.

Este ritual dedicado a la Gran Madre y a las madres ancestrales puede guiar con sus años de sabiduría.

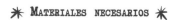

**✳ MATERIALES NECESARIOS ✳**

Esta es la lista de lo que se necesita para el ritual de la Gran Madre:

✦ Un altar: una mesa auxiliar ligera, una estantería o un escritorio son apropiados.
✦ Una estatua o imagen que represente a la Gran Madre.
✦ Unas cuantas fotos de los antepasados femeninos.
✦ Unas cuantas fotos de uno mismo.
✦ Una pieza o joya significativa.
✦ Representaciones de los elementos: aire (una pluma), agua (una pequeña taza de agua tibia), fuego (una vela) y tierra (tierra en una pequeña maceta o cuenco).
✦ Un bolígrafo y papel o un diario.
✦ Once semillas de la flor favorita.
✦ Una copia impresa de las oraciones de las partes 1, 4, 7 y 8.

## •• INSTRUCCIONES ••

Para realizar este ritual se siguen estos pasos:

### PASO 1

Se comienza con una oración:

*«Madre ancestral, por favor, guíame y protégeme. Por favor, empodérame para conocer mi fuerza, mi valor y mi sabiduría. Ayúdame a deleitarme en mi papel de ser sabio. Permíteme sentir el poder de las madres que vinieron antes que yo. Que así sea».*

### PASO 2

Se crea un altar de la sabiduría para honrar a los ancestros. Muchas tradiciones milenarias honran a los antepasados como una forma de renacimiento del ser. Para representar las raíces se colocan fotos de las mujeres familiares más queridas: madre, abuelas, hermanas, tías y parientes. Se añaden las fotos propias de los momentos más felices.

Se pone una estatua o imagen de la diosa favorita y se incluyen las representaciones de los elementos (aire, agua, fuego y tierra). Se escoge una joya: puede ser algo heredado o algo brillante y nuevo. Hay que optar por un anillo, una pulsera o un collar que dé poder cuando se lleva puesto o se contempla.

Se reúnen once semillas de flores. Simbólicamente, son las semillas mágicas que la Diosa nutrirá y que ayudarán a dar vida.

### PASO 3

Se elaboran las intenciones. Para ello hay que sentarse junto al altar y escribir once objetivos para el proceso de envejecimiento continuo. Por ejemplo: envejecer con gracia, invocar a mi ser salvaje interior, encontrar por fin mi voz o viajar y disfrutar de la vida.

### PASO 4

Se ofrece una oración por el envejecimiento sagrado. Se puede permanecer de pie o sentado. Se comienza el ritual invocando a la Gran Madre, a los ancestros y a los elementos de todas las direcciones. Hay que prepararse para representar simbólicamente cada elemento y mirar a cada dirección mientras se pronuncian estas oraciones.

Se surra con delicadeza sobre la mano: *«Llamo a la Gran Madre del Este. Honro al viento y a los ancestros y pido que mis sueños, metas e intelecto sean bendecidos. Por favor, inspira creatividad y nuevos propósitos en mis años de sabiduría».*

Se levanta la vela: *«Llamo a la Gran Madre del Sur. Honro al fuego y a los ancestros y pido ayuda para encontrar mis auténticas y más profundas pasiones. Por favor, dame entusiasmo mientras me acerco a la vejez».*

Se sumerge un dedo en el agua y se humedece la frente: *«Llamo a la Gran Madre del Oeste. Honro al agua y pido ser limpiado y purificado para mis próximos pasos. Por favor, bendice y estabiliza mis emociones y hazme resiliente a medida que envejezco».*

Se levanta una cucharada con tierra: *«Llamo a la Gran Madre del Norte. Honro a la Madre Tierra y ruego permanecer enraizado con unos cimientos fuertes bajo mis pies. Por favor, ayúdame a encontrar la sanación y la plenitud en la naturaleza a medida que mi cuerpo se transforma».*

Se cierra con esta oración final: *«Llamo a los Espíritus de arriba, de abajo y de dentro. Ruego por la armonía y la alegría mientras me comprometo a seguir la llamada de mi corazón y de mi alma y a cumplir mi* verdadero propósito. Que pueda abrazar el envejecimiento como un honor sagrado».

## PASO 5

Se hace una pausa para reflexionar un momento y luego se lee la lista de intenciones como si se hablara con la Gran Diosa. Hay que sostener las semillas en la mano derecha y colocarlas cerca del corazón para bendecirlas con amor.

## PASO 6

Utilizando la vasija de tierra del altar, se entierra cada semilla diciendo: «Gracias, Gran Madre». Cuando estén todas plantadas, se toma el agua del altar y se vierte, lanzando un beso mientras se hace esto.

## PASO 7

Es el momento de ponerse la joya que sea significativa para cada uno. La pieza de joyería que se ha elegido ha sido bendecida por la energía del ritual que hemos hecho y por tanto, llevarla significa ser portador del poder de la tierra, de sus antepasados y de la Diosa. Se ofrece una oración: «Querida Madre, gracias por ayudarme a abrazar mi época de envejecimiento sagrado con gracia y resiliencia».

## PASO 8

Por fin, se puede completar el ritual con una última oración que dice así: «Doy las gracias a la Gran Diosa y a los elementos del Este, Sur, Oeste y Norte; de arriba, abajo y dentro por bendecir mi cuerpo, mente y alma. Doy las gracias a las direcciones, a los ancestros y a los elementos de nuestro ser común por ungirme hoy con amor. Que recorra el camino del envejecimiento sagrado con gracia y entusiasmo. Que así sea».

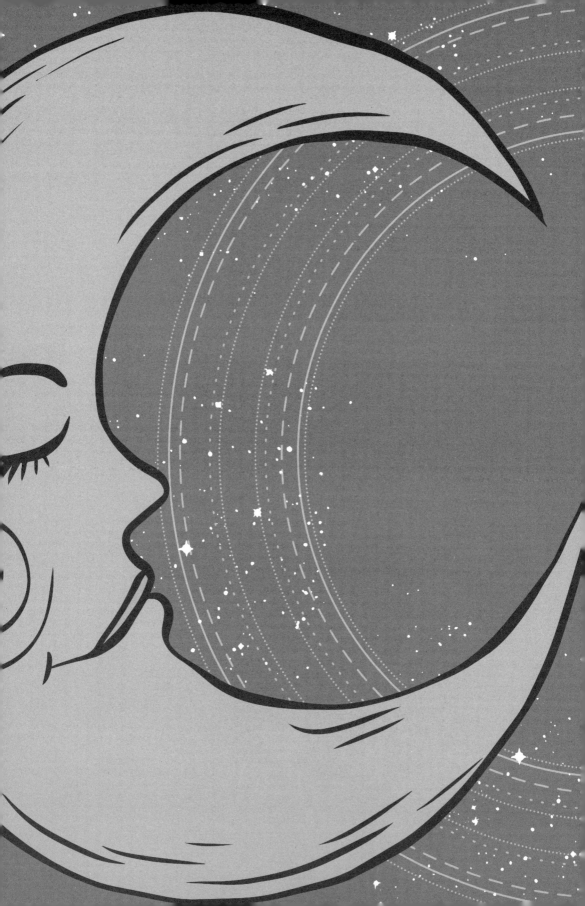

# BIBLIOGRAFÍA

Achterberg, J. (1995). Imagery in Healing: Shamanism and Modern Medicine. Boston, MA: Shambala.

Adler, G. (1989). Arquetipos y símbolos en la psicología junguiana. Madrid: Paidós.

Alarcón, R. (2009). Ritus de protecció i purificació a l'antiga Grècia. Barcelona: Edicions 62.

Antolín, R. (1991). El ritual de la protección: Una forma de curación. Madrid: Ediciones de la Torre.

Apollonius, R. (2002). The magical ritual of the sanctum regnum: interpreted by the Tarot trumps. Westport, CT: Greenwood Press.

Aubet, M. E. (1992). The Phoenicians and the West: Politics, Colonies and Trade. Cambridge University Press.

Bair, D. (2003). Jung, a Biography. New York: Little, Brown & Company.

Bakker, E. J. (1997). A commentary on Herodotus books I–IV. Leiden, The Netherlands: Brill.

Barton, J. (2019). The Way of the Shaman: A Guide to Power and Healing. New York, NY: HarperCollins.

Beard, M. (2012). Rituals of the Greek gods: A study of Greek cults and their origins. Cambridge: Cambridge University Press.

Bédou, J. (1988). Les rites de passage au sein des familles françaises. In L. Hennet (Ed.), L'enfant et les rites de passage (pp. 103-119). Paris, France: L'Harmattan.

Berenguer, J. (1987). Rituales de purificación en el antiguo México. México: Fondo de Cultura Económica.

Bertaux, D. (1980). Les rites et les cérémonies dans leur milieu social: une étude sur la France rurale. Paris, France: Editions des Archives contemporaines.

Bertolucci, M. (2012). Riti di protezione e purificazione nell'antica Grecia. Milano: Il Mulino.

Boardman, J., Griffin, J., & Murray, O. (Eds.). (1983). The Oxford History of the Classical World. Oxford University Press.

Bogatyrev, P. (2015). El mito de los arquetipos junguianos: Una aproximación antropológica (Vol. 19). Nueva York, NY: Palgrave Macmillan.

Botezatu, M. (2015). Ritualuri de protecție și purificare în antichitatea greacă. București: Editura Universității din București.

Bres, M. (2009). Magia en la cultura visual. Madrid: Ediciones Akal.

Brugnolo, A. (2003). La magia e i rituali magici. Roma: Newton.

Burkert, W. (1985). Greek religion. Cambridge, MA: Harvard University Press.

Burkert, W. (1996). Ancient Mystery Cults. Harvard University Press.

Cabezas, A. (2004). Los rituales de los wicca. Barcelona: Ediciones Robinbook.

Cairns, D. (2004). Ritual Texts for the Afterlife: Orpheus and the Bacchic Gold Tablets. Routledge.

Caldas, L. (2010). Rituales mágicos no Brasil: Ocultismo, magia e religiosidade de raíz africana. Revista de Estudos Afro-Asiáticos, 8(15), 175-199.

Caldwell, R. (2008). Magia e idioma en el mundo antiguo. Nueva York: Cambridge University Press.

Campbell, J. (2004). El héroe de las mil caras. Madrid: Siruela.

Capra, F. (1982). The Tao of Physics: An Exploration of the Parallels between Modern Physics and Eastern Mysticism. Boston, MA: Shambala.

Clendenin, M. (2013). Protection and purification rituals in ancient Egypt. Oxford: Oxford University Press.

Currie, B. (2005). Magic and the power of words in ancient Greece. Oxford: Oxford University Press.

D'Aquino, F. (2009). La magia en el lenguaje: una mirada a las prácticas mágicas en diferentes lenguas. Roma: Editores Laterza.

D'Elia, L. (2001). Magia e rituali d'amore. Milano: Mondadori.

Dooling, D. (2008). Shamanism: A Beginner's Guide. New York, NY: Sterling.

Dronke, P. (1974). Women writers of the Middle Ages: A critical study of texts from Perpetua (203) to Marguerite Porete (1310). Cambridge: Cambridge University Press.

Eliade, M. (1959). Shamanism: Archaic Techniques of Ecstasy. Princeton, NJ: Princeton University Press.

Fabris, G. (2001). Magia e rituali nella tradizione italiana. Bologna: Il Mulino.

Faraone, C. A., & Obbink, D. (1991). Magico-religious groups and rituals in the Greek and Roman world. Leiden, The Netherlands: Brill.

Fernández, M. (1998). Rituales de protección y purificación: Su significado en el mundo antiguo. Madrid: Biblioteca de Autores Cristianos. I

Fränkel, H. (1955). Early Greek Poetry and Philosophy. Oxford University Press.

Frazer, J. (2011). The Golden Bough: A study in magic and religion. London: Macmillan & Co.

Gagarin, M. (2008). Early Greek Law. University of California Press.

Galeazzi, F. (1996). Riti di protezione e purificazione nell'antica Roma. Roma: Laterza.

García, M. (2012). Ritus de protecció i purificació a l'antiga Roma. Barcelona: Editorial Empúries.

Gebauer, J. (2008). Schutz– und Reinigungsrituale in der alten Ägypten. Berlin: Verlag Walter de Gruyter.

Gheorghiu, C. (2011). Ritualuri de protecție și purificare în antichitatea romană. București: Editura Universității din București.

Girard, J. (2016). Rituales de protection et de purification dans le monde ancien. Paris: Armand Colin.

Göbel, M. (2004). Rituale und magie: Das geheimnis der alten deutschen sitten und bräuche. Stuttgart, Germany: Ullstein.

González-Echeverría, J. (2004). Magia y lenguaje en la antigüedad. Madrid: Akal Ediciones.

González, J. (2017). El arquetipo de la sombra en C. G. Jung. Psicología y Mente, 13(1), 13-24.

González, L. (2005). El ritual de los wicca: una moderna magia pagana. Madrid: Ediciones Nowtilus.

Gorostiza, P. (1996). Magia wicca: rituales, hechizos y recetas. Madrid: Ediciones Nowtilus.

Gourdon, J., & Delmas, P. (1993). Les cérémonies et rituels religieux dans l'Europe médiévale (XIe-XIIe siècles). Paris, France: L'Harmattan.

Graf, F. (1993). Magic in the Ancient World. Cambridge, MA: Harvard University Press.

Halifax, J. (1979). Shaman: The Wounded Healer. New York, NY: Crossroad Publishing.

Hall, J. (1996). Greek Laughter: A Study of Cultural Psychology from Homer to Early Christianity. Cambridge University Press.

Hammond, P. (2006). Magia en el lenguaje: el uso de la poesía y la magia en la antigüedad. Londres: Routledge.

Harner, M. (1980). The Way of the Shaman. San Francisco, CA: HarperOne.

Harrison, S. (2002). Magia, lenguaje y cultura: una perspectiva lingüística. Oxford: Oxford University Press.

Harvey, G. (2004). Animism: Respecting the Living World. Rochester, VT: Inner Traditions.

Hillman, J. (1992). La imagen de la anima. Barcelona: Paidós.

Hillman, J. (1992). The Myth of Analysis. Evanston, IL: Northwestern University Press.

Hoffner, H.A. (2003). Protection and purification rituals in the ancient Near East. Washington D.C.: American Oriental Society.

Husserl, E. (2009). Ideas para una fenomenología pura y una filosofía fenomenológica. Madrid, España: Trotta.

Huxley, A. (1954). The Doors of Perception and Heaven and Hell. New York, NY: Harper Perennial.

Janko, R. (1987). The Iliad: A Commentary (Vol. 4). Cambridge University Press.

Jilek, W. (1992). Indigenous Healing: Native American Spiritual Traditions. Seattle, WA: University of Washington Press.

Jung, C. G. (1921). Psicología y alquimia. Barcelona, España: Paidós.

Jung, C. G. (1951). Psicología y alquimia. México: Fondo de Cultura Económica.

Jung, C. G. (1953). The collected works of C. G. Jung. Princeton, NJ: Princeton University Press.

Jung, C. G. (1964). Tipos psicológicos. Buenos Aires: Kier.

Jung, C. G. (1968). Arquetipos y el inconsciente colectivo. Madrid: Alianza.

Jung, C. G. (2008). Tipos psicológicos. Barcelona, España: Herder. Moore, R. (1987). El arquetipo de la curación. Nueva York, NY: Harper & Row.

Kerenyi, C. (1975). Dionysus: Archetypal image of indestructible life. Princeton, NJ: Princeton University Press.

Kerényi, K. (1976). The gods of the Greeks. London: Thames and Hudson.

Koch, R. (2014). Schutz– und Reinigungsrituale im alten Nahen Osten. Berlin: Verlag Walter de Gruyter.

Kratzsch, M. (2006). Magische riten und zauberworte: Germanische magie und kultur. Berlin, Germany: Verlag Herder.

Krippner, S. (1987). Spiritual Dimensions of Healing: From Tribal Shamanism to Contemporary Health Care. New York, NY: Brunner/Mazel.

Kupperman, J. S. (1991). Magical practice in the Latin West. Cambridge, MA: Harvard University Press.

Lang, A. (1999). The Secret of the Totem: Religion and Society from the Dawn of History to the Present Day. New York, NY: Routledge.

Larner, A. (1981). The Healing Power of Shamanism. New York, NY: Penguin.

Laski, M. (1961). Ecstasy: A Study of Some Secular and Religious Experiences. London, UK: Routledge & Kegan Paul.

Leuner, H. (1995). Arquetipos e inconsciente colectivo. Barcelona: Paidós.

Lévi-Strauss, C. (1963). Les structures élémentaires de la parenté. Paris, France: Presses Universitaires de France.

Lévi-Strauss, C. (1966). La pensée sauvage. Paris, France: Plon.

Lewis, I. (1971). Ecstatic Religion: An Anthropological Study of Spirit Possession and Shamanism. London, UK: Routledge & Kegan Paul.

Linden, S. (2013). Die magie der germanischen riten. Frankfurt am Main, Germany: Wilhelm Fink.

Lopez, D. (1998). The Story of the Cosmos: The Primal History of the Universe. New York, NY: Square One.

López, E. (2002). Magia y lenguaje: una discusión sobre la magia en diferentes idiomas. Madrid: Akal Ediciones.

López, R. (2004). Magia wicca: rituales y hechizos. Madrid: Ediciones Nowtilus.

Macy, J. (1991). The Spiritual Dimension of Healing: From Ancient Wisdom to Modern Medicine. San Francisco, CA: Harper Collins.

Maggi, D. (1998). I rituali magici e i loro segreti. Torino: Einaudi.

Manzoni, G. (2003). Magia e rituale nell'antica Mesopotamia. Milano: Mondadori.

Matthews, J. (2004). The Shaman's Doorway: Opening the Imagination to Power and Myth. Rochester, VT: Inner Traditions.

Mauss, M. (1992). A general theory of magic. London: Routledge.

Mauss, M. (2010). Essai sur le don: Forme et raison de l'échange dans les sociétés archaïques. Paris: Presses Universitaires de France.

McKenna, T. (1993). Food of the Gods: The Search for the Original Tree of Knowledge. New York, NY: Bantam.

McNally, E. (1997). Soul Journeys: A Guide to Sacred Sites and Rituals. Berkeley, CA: North Atlantic Books.

Meillassoux, C. (1971). Femmes, greniers et capitaux. Paris, France: Mouton.

Merlin, M. (2009). Magia, lenguaje y cultura. Barcelona: Ediciones Bellaterra.

Metzner, R. (1999). Sacred Mushroom of Visions: Teonanacatl: A Sourcebook on the Psilocybin Mushroom. Rochester, VT: Park Street Press.

Montali, S. (2006). I rituali magici della tradizione italiana. Roma: Carocci.

Müller-Ebeling, C., Storl, W. D., & Wolf, B. (2003). Hexenmedizin: Heilrituale und magische heilmittel der alten deutschen. München, Germany: Droemer Knaur.

Neihardt, J. (1984). Black Elk Speaks. Lincoln, NE: University of Nebraska Press.

Neumann, E. (1995). La gran madre. Barcelona: Anthropos.

Nicolás, J. (2006). Rituales y hechizos de los wicca. Barcelona: Ediciones Robinbook.

Nilsson, M. P. (1940). Greek popular religion. New York: Columbia University Press.

Oliveira, A. (2012). Os Rituais Mágicos nas Tradições Africanas no Brasil. Revista de Estudos Afro-Asiáticos, 10(19), 123-145.

Ortiz, A. (1996). The Tewa World: Space, Time, Being, and Becoming in a Pueblo Society. Chicago, IL: University of Chicago Press.

P. (1993). Les archétypes et la psychologie analytique. Revue Française de Psychanalyse, 57(3), 605-619.

Pache, C. (1988). Ritual and power in ancient Greece. Chicago: University of Chicago Press.

Parkes, M. B. (1992). Pausanias: Travel and Memory in Roman Greece. Oxford University Press.

Pazzaglia, E. (2009). La magia dei rituali italiani. Pisa: ETS.

Perez, J. (2000). Magia, lenguaje y ritual en el mundo antiguo. Madrid: Akal Ediciones.

Pinto, P. (2007). O Culto Afro-Brasileiro dos Exús: Elementos para a Análise dos Rituales Mágicos. Revista de Estudos Afro-Asiáticos, 5(10), 77-91.

Plato. (1930). The Republic. London, UK: Penguin Classics.

Plutarch. (1936). Moralia. Loeb Classical Library. Cambridge, MA: Harvard University Press.

Popescu, A. (2012). Magia rituală în cultura română. București: Institutul de Folclor.

Pouillon, J. (1971). Les rites de passage et leurs implications sociales. In J. Pouillon (Ed.), Les rites de passage: Essai sur le symbolisme de la mort et de la résurrection dans les religions (pp. 5-48). Paris, France: Presses Universitaires de France.

Pozzi, F., & Romano, M. (2000). I riti magici nel linguaggio italiano. Roma: Laterza.

Price, S. R. F. (1999). Rituals and power: The Roman imperial cult in Asia Minor. Cambridge: Cambridge University Press.

Puig, M. (2007). Ritus de protecció i purificació a l'antiga Mesopotàmia. Barcelona: Editorial La Campana.

Rădulescu, D. (2018). Magia rituală în cultura română: o privire de ansamblu. București: Editura Universității din București.

Raffan, J. (2008). Greek and Roman magic: A sourcebook. London: Routledge.

Reichel-Dolmatoff, G. (1975). The Shaman and the Jaguar: A Study of Narcotic Drugs Among the Indians of Colombia. Philadelphia, PA: Temple University Press.

Ripinsky-Naxon, M. (1993). The Nature of Shamanism: Substance and Function of a Religious Metaphor. Albany, NY: State University of New York Press.

Roca, J. (2005). Magia en el lenguaje: una aproximación antropológica. Madrid: Akal Ediciones.

Röhrich, L. (1984). Germanische magie: Rituale und magie der germanischen völker. Stuttgart, Germany: Klett-Cotta.

Rousselle, A. (1988). Porneia: On desire and the body in antiquity. Oxford: Blackwell.

Rubin, D. (1995). Voices of Wisdom: A Multicultural Philosophy Reader. Belmont, CA: Wadsworth.

Sallmann, J. M. (1973). Les rites de passage et leurs implications religieuses. In J. Pouillon (Ed.), Les rites de passage: Essai sur le symbolisme de la mort et de la résurrection dans les religions (pp. 49-80). Paris, France: Presses Universitaires de France.

Samuels, A., & Shorter, B. (Eds.). (1985). A critical dictionary of Jungian analysis. London: Routledge & Kegan Paul.

Samuels, A., Shorter, B. y Plaut, F. (1986). Diccionario de los conceptos de C. G. Jung. Barcelona: Herder.

Sánchez, F. (2008). Magia en el lenguaje: una mirada a la poesía y el lenguaje mágico en la antigüedad. Madrid: Akal Ediciones.

Sandner, D. (1979). Navaho Symbols of Healing. Phoenix, AZ: Phoenix Press.

Santoro, G. (1997). La magia e i rituali magici. Milano: Garzanti.

Sauer, K. (1993). Archetypen in der psychotherapie. Göttingen: Vandenhoeck & Ruprecht.

Schmidt, L. (2001). Schutz– und Reinigungsrituale in der alten Griechenland. Berlin: Verlag Walter de Gruyter.

Schultes, R. (1992). The Botany and Chemistry of Hallucinogens. Springfield, IL: Charles C. Thomas.

Schütz, B. (1998). Magische rituale: Handbuch für die praxis. Stuttgart, Germany: Klett-Cotta.

Schütze, F. (1996). Archetipi e processi. Roma: Edizioni Ares.

Sfameni Gasparro, G. (2001). Greek and Roman religion. Baltimore: Johns Hopkins University Press.

Silva, R. (2009). Os Rituais Mágicos nas Tradições Africanas no Brasil: Um Estudo de Caso. Revista de Estudos Afro-Asiáticos, 7(14), 57-69.

Silverman, J. (1989). Shamanism and the Mystery Lines: Ley Lines, Spirit Paths, Shape-Shifting, and Out-of-Body Travel. Rochester, VT: Inner Traditions.

Sîrbu, G. (2005). Magia rituală în cultura românească. București: Editura Humanitas.

Smith, R. (2002). Sacred Plant Medicine: Explorations in the Practice of Indigenous Herbalism. Rochester, VT: Bear & Company.

Sommerstein, A. H. (Ed.). (1993). Ritual and Cult at Ugarit. Eisenbrauns.

Sorrentino, D. (2007). Magie et religion dans l'antiquité. Paris: Editions du Cerf.

Souza, M. (2018). Os Rituais Mágicos do Candomblé: Uma Abordagem Teórica. Revista de Estudos Afro-Asiáticos, 16(26), 341-353.

Stan, A. (2015). Magia rituală în cultura românească: Studii și cercetări. București: Editura Enciclopedică.

Stanciu, E. (2005). Ritualuri de protecție și purificare în antichitatea mesopotamiană. București: Editura Universității din București.

Stănculescu, G. (2009). Magia rituală în literatura și cultura românească. București: Editura Universității din București.

Stevenson, M. (2001). The Shaman's Touch: A Guide to Traditional Healing Practices. Berkeley, CA: North Atlantic Books.

Tresoldi, I. (2005). I rituali magici della tradizione italiana. Firenze: Giunti.

Trigg, D. (2004). Archetypal patterns in fairy tales. Woodstock, CT: Spring Publications.

Turner, V. (1988). The Ritual Process: Structure and Anti-Structure. Ithaca, NY: Cornell University Press.

Underhill, R. (1939). Mysticism: A Study in the Nature and Development of Spiritual Consciousness. New York, NY: E.P. Dutton.

Van Gennep, A. (1960). The Rites of Passage. Chicago, IL: University of Chicago Press.

Vázquez, L. (2002). Magia y lenguaje: una historia de los textos mágicos. Madrid: Akal Ediciones.

Vernant, J.-P. (1989). The religion of ancient Greece. Chicago: University of Chicago Press.

Versnel, H. S. (1993). Inconsistencies in Greek and Roman religion II: Transition and reversal in myth and ritual. Leiden, The Netherlands: Brill.

Veyne, P. (1988). Les rites de famille en Gaule romaine. Paris, France: Fayard.

Vitebsky, P. (2005). The Shaman: Voyages of the Soul: Trance, Ecstasy and Healing from Siberia to the Amazon. London, UK: Duncan Baird.

Von Franz, M. L. (1986). Psicología y mitología. Barcelona: Herder.

Von Franz, M.-L. (1998). La sombra: Un estudio psicológico de los arquetipos junguianos. Barcelona, España: Herder.

Walker, B. (1983). The Woman's Encyclopedia of Myths and Secrets. San Francisco, CA: HarperCollins.

Walsh, R. (1990). The Spirit of Shamanism. Los Angeles, CA: Jeremy P. Tarcher.

Walsh, R. (1993). Essential Spirituality: The Seven Central Practices to Awaken Heart and Mind. New York, NY: John Wiley & Sons.

Weidner, T. (1998). Rituals of the Way: The Philosophy of the Middle Kingdom. Wheaton, IL: Quest Books.

West, M. L. (2007). Indo-European Poetry and Myth. Oxford University Press.

Wright, R. (2006). The World's Religions: Understanding the Living Faiths. New York, NY: HarperOne.

Yoder, J. (2000). The Way of the Sacred: Discovering the Power of Rituals. New York, NY: Penguin.

Yung, J. (2005). The Tao of Chaos: A Path to Enlightenment in the Modern World. Boston, MA: Shambala.

Znamenski, A. (2007). Shamanism: Critical Concepts in Sociology. London, UK: Routledge.

Zöllner, F. (2004). Germanische magie: Rituale und magische heilmittel der alten deutschen. Schöningh, Germany: Ferdinand Schöningh.